彝族文化研究中心资助

支格阿鲁民间故事选

杰觉伊泓　何刚　编著

民族出版社

四川省教育厅重大资助专项
铸牢中华民族共同体意识研究子课题：
“支格阿鲁精神综合研究”成果编撰委员会

主　任：彭正松
副主任：曲木伍各　沈良杰
成　员：沙马打各　杰党伊泓　叶文学　邱金华
罗边伍各　何刚　安康　李小彬

支格阿鲁诞生

长成神人

阿鲁射日射月

移山填水

阿鲁遇龙女

阿鲁定乾坤

阿鲁平地

阿鲁捉雷神

阿鲁治魔蟒

制伏食人马

阿鲁打害虫

降伏孔雀魔

阿鲁打特比魔

阿鲁结姻缘

阿鲁悼母亲

阿鲁降妖婆

阿鲁斩杜瓦

阿鲁除食人魔

阿鲁坠海

阿鲁重返人间

展毕摩神威

迁都南国

阿鲁灭虎王

封阿鲁做天圣

前　言

据彝文文献记载，支格阿鲁是真实的历史人物，距今4000多年。作为彝族先民的首领，支格阿鲁带领彝族人民战天斗地，治理山水，开发山川，农耕畜牧，制定历法，统一彝族各部落，统一彝族文字，为彝族社会的进步和发展做出了历史性的贡献。在传说中，支格阿鲁被神性化，无所不能，无处不在，是顶天立地的英雄。

关于支格阿鲁的事迹。传说在远古，龙鹰滴血在贤美的蒲莫列伊姑娘身上，蒲莫列伊受孕，于龙年龙月龙日生下支格阿鲁。龙鹰是天郎恒扎祝的化身，蒲莫列伊是地女啻阿媚的化身。支格阿鲁历经不平凡的成长后，测天量地、治理天地、制定历法、射日射月、移山填水、降妖伏魔，战胜强大的敌人，建立丰功伟绩。支格阿鲁的英雄事迹感人至深，其故事在民间广为流传。彝族人将支格阿鲁神化，反映的是历史上彝族人民对英雄的崇拜，对新世界的向往。关于支格阿鲁的传说、典故、神话、英雄史诗、史书、谱牒、天文历算书等，遍布整个西南彝族生活地区。

同时，有关支格阿鲁的故事也真实地反映了我国西南地区古代部落民族之间的生活发展状况，展现了人类经由母权氏族社会转入父权氏族社会、经由石器时代进入青铜器时代的历程，从而艺术地反映了彝族古代社会的进程。“支格阿鲁”这个名字在彝族社会家喻户晓，各地区彝族人都把支格阿鲁作为崇敬的英雄来颂扬。可以说，支格阿鲁是古代彝族最崇拜的人物，是古代彝族人民精神和力量的代表。由此，我们应该也必须有一部至少能概括性地反映大西南彝族这一共同母题的支格阿鲁的故事集。

由于彝族分布呈大分散小聚居，支系繁多，加上方言不一，各地对支格阿鲁的称呼也不相同。如四川彝族聚居区为“支格阿鲁”“支格阿龙”“支格阿尔”“吉赤格阿鲁”等，云南彝族聚居区为“阿鲁举热”“阿倮”“智嘎阿鲁”等，贵州彝族聚居区为“支嘎阿鲁”“智嘎阿鲁”“直括阿鲁”“戈阿楼”等，有的汉文文献还写成“阿倮”“哀牢”“阿卢”等，支格阿鲁名称的统一书写问题受到学界广泛关注。2017 年在贵州威宁召开的“第三届支格阿鲁文化研讨会”上，经与会专家学者研究讨论，最终确定以“支格阿鲁”为统一称呼。近几年来，国内对支格阿鲁文学和文化的传承、保护以及研究成绩斐然，出版了《支格阿龙》《中国彝族支格阿鲁文化研究》《支嘎阿鲁王》《支格阿鲁》等彝、汉文史诗、电视剧本、研究专著和长诗故事集等成果。2009 年，在西昌学院举办了“首届中国彝族支格阿鲁文化研讨会”。这是一个全国性学术会议，开创了国内彝学专题研究之最。会议就研究支格阿鲁文化的重要性和必要性、支格阿鲁文化学术团体和研究机构建设、支格阿鲁文化资料建设、开展支格阿鲁文化项目研究、非物质文化遗产申报、推进支格阿鲁文化资源开发等方面达成了共识。同时，为了不排除国外（主要是东南亚毗邻国）同一民族也有支格阿鲁故事的可能性，本书并未收录相关资料。

关于本书的编写，根据“科学性、全面性、代表性”原则，在选编过程中，在《中国彝族支格阿龙故事精选》① 的基础上进行整合，按支格阿鲁人生历程的先后顺序编写。为了加强本书的可读性和研究价值，添加了附录“相关故事”。我们在收集川黔滇桂彝族聚居区支格阿鲁故事时，发现同一故事的不同版本，针对这一情况，用两种方法来处理。一是情节比较接近的故事置于“另版参考”里；二是相关又难以归纳的故事，放在附录中的“相关故事”里。望以此能尽量概括各地有关支格阿鲁的故事。

在此感谢四川的贾司拉核先生，贵州的王明贵先生、王继超先生、苏世成先生、陈卫军先生，广西的王光荣先生，他们为编者提供了各地丰富的支格阿鲁故事的不同文本。同时我们参考和选用了额尔格培讲述、新克搜集整理的《支格阿鲁故事精选》（彝文版）以及《支嘎阿鲁传》《楚雄民间文学资料》《中国民间故事集成·四川卷（少数民族）》等资料。收录故事时关注了在地区、

① 杨正勇、何刚主编:《中国彝族支格阿龙故事精选》，内蒙古人民出版社，2010 年。

民族、内容、形式、风格、类型等方面的代表性，这些故事基本上反映了支格阿鲁英雄神话在我国彝区口头流传的面貌。

由于支格阿鲁故事流传面广，历史跨度大，关涉人群复杂，故事变异严重，难免有疏漏之处，敬请不吝赐教。在此一并诚谢！

编者

2021 年 8 月 15 日

目 录

第一章　奇特的孕育

支格阿鲁诞生奇特，在川滇黔桂等地有关支格阿鲁诞生的故事有多个版本，最重要的区别在于对支格阿鲁亲生父母的不同说法。有的版本认为是鹰人结合，即神人结合；有的版本认为是天神和地神结合，即神神结合；有的版本省略了孕育和诞生过程，直接叙述支格阿鲁的英雄事迹。至于孕育过程，不同的版本之间在叙述上有详略之别，即使是同一版本，因流传地区和叙述者的表达不同，有繁简之差。各个版本对支格阿鲁出生及相关身世各有侧重，但总体而言都体现了支格阿鲁受孕和诞生的奇特和美妙。

一、神龙鹰

在既远又古的时候，从地上的东方到西方中间的一个地方，有座长满了杉树的大山，人们叫它舒祖山。这山端端正正地耸立在像波涛般起伏的群山中间，成天被一团团白云和一朵朵红云半遮半掩着，或者纠缠在缥缥缈缈的灰雾与黑雾里，像个羞答答的少女，叫人望得见，看不清，又像个顶天立地的勇士，既挺拔俊秀，也雄伟壮观。真是座仙山，谁见了都爱。

早晨，这座舒祖大山突然变得分外漂亮：五彩的云做头帕，白色的雾做披衫，碧绿的杉树像件紧身的短褂，落天的瀑布像横挎的英雄带，那叮咚的潺潺流水像悠扬动听的月琴。住在这山里的人们，无论是挖土犁地，还是牧羊打猎，都会在这同一个时间里，睁大眼睛，抬头仰望舒祖大山，自己心里想着什么，大山就会变成什么，是男，是女，是英雄好汉，是神童仙女，随人所思，任人所想，都会按各人的心愿变化。谁不赞美舒祖大山！大家都在讲说那每天按时飞来的八只大雕，就是那八只不怕风暴、驱云散雾、飞翔在天空中的神鹰。

这四对神鹰，一对是从敌火迭落飞来；蒙克的一对鹰，是从质恩山飞来；硕比的一对鹰，是从达洛山飞来；额蒸的一对鹰，是从尼尔维山飞来。它们一飞到舒祖山的上空，便低翔慢游，翻扑盘旋，展翅搏击风云，将山里的灰云黑雾冲散，让雄伟的舒祖山完全露出在人们的眼前，使大家把山里的奇景异色看得清清楚楚后，才各自飞回去。

这四对一公一母的八只神鹰，每天从四方起飞，都在非常准确的龙时，所以山里的人不仅以它们飞来的时间计时作息、出猎、打鱼、远行，而且凡是婚丧嫁娶、念经“作帛”（作道场）、年节宴会，也要以它们飞来的日时来卜算吉凶。因此，人们便在称呼神鹰时增添了一个“龙”字，叫它们“神龙鹰”。

这神龙鹰，比山里一般的“觉”（山鹰）更壮更大，两只眼睛能在墨黑的乌云里，看清前后左右飞行的航向；两扇像围席的大翅膀，能将山顶的古树老枝，劈成两半；两个锋利的脚爪，会将睡在深谷里的铁嘴野猪抓上天空再扔下沟底。可是，这四对八只神龙鹰，却从来不抓地上的鸡，不打林中的鸟，不伤山中的羊，不吃地里长出的庄稼，只是扑打天空中的乌云，驱散山里的浓雾，迎击狂猛的暴风，搏击凶横的骤雨。所以，人们都很喜欢它们，爱护它们，把它们当作每天龙时必会降临的吉祥，不可缺少。

二、蒲莫列伊

在舒祖大山里，住着一户人家，不仅家族很大，而且家世来源也很久远，是一户很有来历、祖籍源流极长的蒲姓人家。

据说，这山里的白云嫁给了乌云，乌云的女儿嫁给了谷戳截洪山，生了一个女儿叫阿芝；女儿阿芝再嫁到俄敌尔曲山，生下一个女儿，嫁到底斯所洛山；底斯生下一女叫玛吉，嫁到了俄尔哲勿山；哲勿生女叫黑英，嫁到了握竹达日；握竹生了个女儿叫紫兹，紫兹的女儿嫁耿家，耿家的女儿嫁到了蒲家。这个蒲家生了三个女儿，大女儿叫蒲莫姬玛，出嫁到了姬家；二女叫蒲莫达果，达果姑娘嫁到了达家。幺姑娘蒲莫列伊，是家中的一颗明珠，藏在阿达（父亲）阿嫫（母亲）的眼睛里，谁也休想随便来看看；更像父母掌上的一粒宝石，捏紧了怕埋没了她的光华，耀不了眼，手松了又怕滚落到地上，污染了她的洁白。这样一个既聪明又漂亮的幺姑娘，怎不想挑选既勇敢又彪悍的英雄青年？所以，东选东不就，西挑西不成，九座大山里的小伙子的月琴声哑了，没一根琴弦弹出的声音使幺姑娘动心；七条大河旁边的年轻后生的竖笛不响了，没一个笛孔里吹出的调儿使幺姑娘动情。这样，蒲莫列伊幺姑娘长到一十五岁，还没有出嫁。不过，幺姑娘确实是天天想出嫁了。

长到一十六岁的蒲莫列伊，真是越长越漂亮：她那身材长得像歌赫赫（匀称的白杨树苗）那样窈窕，丰神绰约；她那腰身，就像业莫吕只（蜂腰）那样细长；她那颈项，如蚩莫谷勒（山羊的颈子）那样灵活；她那黑油油的辫子，像黑天鹅的翅膀那样发光闪亮；她那白嫩嫩的脸蛋儿，像九十九丈高的瀑布，落到岩塘里溅起来的雪白水花；她那会说话的眼睛，像掉进了清澈见底的深潭中闪光的星星；她那一对秀眉，像扑在一丛索玛花上的彩蝶的弯眉那样细长；她那眼边的睫毛，像雪山岩缝中生长的青蓑那样长；她那白生生的牙齿，像闪烁在晨光下的露珠那样晶莹洁净；

她那细长的手指，像刚出林的金竹笋那样均匀细嫩。她坐在屋子的下方，光彩照亮着屋子；她站在山巅，美丽的影子映到了山下；她来到泉边，泉水流到哪里哪里都要把她歌唱；她去到草坪，云雀的笑声洒满了天空。幺姑娘蒲莫列伊呀，她的美名，像春天的雷声，像翻山飞来的布谷，在舒祖大山里里外外传响了。谁都知道舒祖大山中的蒲家出了个聪明绝顶无比漂亮的幺姑娘蒲莫列伊。

三、神鹰落下三滴血

漂亮的蒲莫列伊幺姑娘，不仅会放猪放羊，会砍柴背水，还能推磨舂碓、煮粮蒸酒、烧茶弄饭；她最巧的手艺，要算是捻线织布了。她左手握住像白云的羊毛絮，右手从纺缚上捻出来的线，比挂在屋檐上的蛛丝还轻还细；捻出的羊毛线团，像堆在山谷里的云朵那样松柔厚实；她钉在屋旁草坪上的排线桩，像秋夜蓝天上的星星那样密；她梳出来织裙布的线排，像早晨挂在天边的彩虹那样鲜艳美丽；她织布穿来穿去的梭子，像春天飞往花间的蜜蜂那样匆忙迅速；她压线用的杼刀，像海鹰击水的翅膀那样敏捷轻快。每天早上，当蒲莫列伊幺姑娘做完锅灶边的活路后，便会来到屋右边的草坪上，坐在一棵大杉树下，轻轻哼唱着神龙鹰的调儿，轻快地织起她的裙子布来。

有一天，从四方飞来的那八只神龙鹰，把舒祖山中的灰雾冲散了，将天空的黑云驱走了，那搭着花头帕、披上青披衫的舒祖山，顿时便出现在蓝天白云之下，显得更加雄伟壮观，绚丽多彩。这时，坐在大杉树下正织着裙布的蒲莫列伊幺姑娘，看见这么晴朗的天空，如此漂亮的山色，忙停下手中织布的梭子，慢慢抬起头来，仰望天空，可把她惊呆了。

只见那八只神龙鹰，高翔在蓝天，时而俯冲低扫，时而直上云霄，时而盘旋慢飞，时而急翅翻扑，双双翅尖上有风啸，对对利爪上挂流云，既有搏击风浪的刚毅猛勇，也有轻翔漫游的悠闲逸情。幺姑娘越看越羡慕。她想，要是自己找到个表哥，像神龙鹰这样展翅高飞，敢于同风雨搏斗，有这样勇敢、英俊，那该多好。她越想越喜欢这八只神龙鹰，特别是从蒙可飞来的那对鹰中的一只大黑鹰，只见它猛冲时，比闪电滚雷还快三分；慢翔时，较晚风中的落叶还迟缓五成。她看这只大黑鹰简直看呆了。突然，这只大黑鹰也像看迷了蒲莫列伊幺姑娘，一个俯冲低飞下来，贴近杉树下坐着呆望的幺姑娘时，展翅轻轻一扫，然后唏飂一声，又冲上蓝天去了。这下，可把幺姑娘吓呆了。当她清醒过来，才大声惊呼起来，顿时驱跑了七只神龙鹰，独独那只大黑鹰没飞走。

留在天空的大黑鹰，更加疾飞迅扑，猛旋陡转，奋翅翻滚，横冲直扫。一瞬之间，突然又一个俯冲下来，刚刚挨上蒲莫列伊幺姑娘时，从鹰的身上滴下了三滴鲜红的血，一滴端端正正落在幺姑娘的头上，她忙用手一摸，头上断了九根黑发；一滴端端正正落在幺姑娘的腰上，她忙用手一摸，穿透了七层衣服；一滴端端正正落在幺姑娘两腿之间的裙子上，穿透了三层百褶裙。

幺姑娘蒲莫列伊一见，臊得脸红耳赤，吓得痴痴呆呆的，心中急得想不出办法来，口里结巴得说不出半句话，两只黑眼珠不转动了，两串珊瑚耳坠不动了。她顿时变得心神不安起来，连忙解开腰间的织布绳子，停了梭子，卷起织布的排线，拿上压线杼刀，匆匆离开了杉树下的草坪，急急忙忙跑回家去了。

四、毕惹呷呷

幺姑娘蒲莫列伊回到家里，整天整夜心神难静：这三滴血，滴落了九根黑发，穿透了七层衣裳，穿过了三层百褶裙，这是什么原因？那只大黑鹰多么矫捷英武，多么潇洒利落，要是我……她越想越是心神不安，由不安到愁闷，由愁闷而生病了。

一十三天了，蒲莫列伊浑身有些发冷发热，口干舌又燥，心跳眼也涩，有点像感冒又不像感冒。她找不出病因，只有去请毕摩算吉凶祸福。幺姑娘去到寨子的上头，转了三圈，三圈都没有问到毕摩的住地，只好回家了。

又一十三天了，幺姑娘蒲莫列伊胸中更加闷得慌，口中冒酸水，怕闻菜饭香，不喝羊肉汤，有点像胃不消化隔食了，可又不像隔食病。她没办法找出病根来，只有又去问毕摩。幺姑娘去到寨子的下方转了三圈，还是没有问到毕摩的住地，只好回家去了。

再一十三天了，蒲莫列伊幺姑娘的病更重了，浑身酸软无力，不想行走劳动，常闭着眼睛打瞌睡，有点像害了呐史病①，又不是呐史病，她更找不出病因来，只有再去找毕摩。这次，她到了寨子的中间。转了三圈，她问到了毕摩的住地。幺姑娘来到毕摩家中，恰好毕摩大师不在家。只有毕惹（徒弟）呷呷在家里。毕摩家中的锅庄上边，铺着用山巅遭过九年霜雪没压倒的金竹腊篾编成的黄色的垫席，垫席中间铺着一块用洗过七年花露水的白羊毛擀的厚毡，厚毡上铺着一张黄中间黑、黑里带红的彪子虎皮，虎皮上放着一个麂子皮包着獐子毛做的坐垫，毕惹呷呷端端正正坐在这垫子上。

幺姑娘蒲莫列伊走进屋内，坐在锅庄的下边，低着头说明了来意。毕惹呷呷还是徒弟，心里没装着经书，一下回答不出姑娘的问话来，只好去翻经书。他左手开柜门，右手摸柜底，取出一本金壳皮子的经书来。先翻两篇，一篇翻在左手掌，一篇翻在左手腕上，拿近眼前一看，纸上没有话，黑字不回答；又翻过四篇，两篇翻在左手掌上，两篇翻在左手腕，拿近眼前一看，纸上有话了，黑字中答的是凶恶，毕惹呷呷的一对黑眉毛，微微皱了

① 是一种传染病，此处为音译。

一下，眼中闪了一下惊奇的光；幺姑娘蒲莫列伊看了，也暗中皱了三次眉头，眼睛中同样闪出了一道惶惑不安的光；再翻八篇，四篇翻在左手掌，四篇翻在左手腕上，挨近眼边一看，纸上也有话，黑字里说的是幺姑娘有大喜了，毕惹呷呷的一对黑眉毛，略微弯了一下，眼睛中有了笑眯眯的光彩，幺姑娘蒲莫列伊的眉头也展开了，眼睛里也流露出喜悦和轻松的心情来；翻到十篇时，五篇仍翻在左手掌，五篇还是翻在左手腕上，纸上也有话，黑字里回答的是：这个喜，要用一只黄母鸡，拿上一束哲果（金枝）洒水，念了格拉非益苦（生育经）后，就会生一个非常勇敢、聪明过人的英雄后生。毕惹呷呷便把五双十篇经书上黑字说的话，一字不漏地说给了幺姑娘。幺姑娘一听，忙用双手十个指头紧紧蒙住脸，十个指缝中间露出了她那早已羞红了的脸；她一声不响，心中突突跳着，又惊又慌，急匆匆地跑回去了。

五、支格阿鲁出生

回到家里，幺姑娘蒲莫列伊怀着羞怯的心情，悄悄按照毕惹呷呷从经书上翻出的话做了——杀了一只黄鸡婆，洒了金枝水，念了生育经。刚满七个月，便在家中的尔底合喜（东南方向）处，生下了一个男孩子。

这孩子大头方脸，鼻直嘴阔，有一双圆圆的大眼睛。可是他却不挨着阿嫫蒲莫列伊睡，不吃奶，一直不停地哭。蒲莫列伊怕孩子哭病了，用了很多安哄孩子的办法，都没止住哭声，最后实在没有办法了，只好去找毕摩卜算吉凶祸福。

第一次去毕摩家中，不巧毕摩大师又不在家，就连毕惹呷呷也没见着，蒲莫列伊只好回家。可是一回到家，孩子仍不停口地哭，哭声又大又莽，左邻右舍，以及住在九里以外的人家，都能听见；就是住在七条河水以外的人，也听到传去的哭声；白云带着哭声在天上飞，山风追着哭声在杉树林中跑，山泉把哭声变成了蒲莫列伊的泪水，在肚中流。蒲莫列伊的心里，像扎上了九根钢针，眼里淌出了三碗泪水。实在没有办法了，只好第二次去找毕摩，哪知毕摩师徒还是不在家。蒲莫列伊回到家里，孩子的哭声更大更莽了，远在九里以外的人家，都能听见哭声；远在三个九条河外的人们，也全闻到哭声；乌云抱着哭声在天上滚，狂风吞下哭声在山里旋，河水把哭声掀在岩上，推向岸边，丢进深谷。哭声把整座舒祖大山全搅乱了。

蒲莫列伊生怕孩子被乌云卷去，被狂风刮散，被河水冲远，她紧紧把孩子抱在怀中轻轻摇晃，用最柔软的细毛毡密密捆住孩子的身子，唱最好听的催眠调去引孩子的瞌睡，弹最优美动听的口弦，去逗孩子笑。她把自己知道诓哄孩子的办法，都做尽了，可是仍然没停止孩子的哭声。蒲莫列伊只好第三次去找毕摩。这次，她遇见了仍坐在原地方的毕惹呷呷。说明情况之后，报了孩子出生的生辰以及出生地的方位。毕惹呷呷又是去翻经书，三次从柜内取出那黄壳子的经书，从一双两篇翻到了四双八篇后，经书上才有了话，黑字里说：这孩子“苦果勒过”（生辰太硬）了，即孩子出生的年、月、日、时和方位，都是凶恶，恰好是龙年、龙月、龙日、龙时和龙位，这孩子的阿达阿嫫、哥哥弟弟、姐姐妹妹均不吉祥。毕惹呷呷把经书上的话全告诉了蒲莫列伊，并问她给孩子取了名字没有，如果没有，可以按照孩子出生的年、月、日、时的龙辰，取名叫“支格阿鲁”。但是最后，毕惹呷呷也没有从经书上翻出医治支格阿鲁爱哭的办法来。

蒲莫列伊没有办法医治孩子的哭声，只能任支格阿鲁日夜不停地啼哭。这哭声，驾上彩云，吼住了山风，吓溜了河水，搅乱了舒祖山的日日夜夜，惊扰了住在木刻地方一个叫特比阿嬷的吃人妖魔。这吃人妖日夜难安睡，便派她的儿子特比惹来到舒祖大山，将蒲莫列伊和儿子支格阿鲁全抓走了。

当特比惹抓住这母子两人，路过一座名叫洛觉瓦峨的极陡的悬岩时，蒲莫列伊便偷偷地将支格阿鲁放在岩边，想等到山上放羊的人看见后，去救孩子。她自己被特比惹抓到了木刻地方，任由吃人妖魔特比阿嬷处置。哪知，当蒲莫列伊丢下孩子走后，支格阿鲁又在瓦峨岩边大哭大叫起来。他边哭边乱滚，滚到万丈悬崖边去了，岩下是条奔腾澎湃的大河，平常就是滚下一块石头，也要滚得粉碎，半天才落进河水中，然后无影无踪。何况这滚下岩去的支格阿鲁，还是一个不满一月的婴儿，是活是死，是凶是福，谁也难卜。

不同版本参考

人神之子

古时候，白马与白马开亲，黑马与黑马开亲，森林与崖石开亲，岩石与大路开亲，大路与金河开亲，金河与鱼儿开亲，鱼儿与井字鸟①开亲，阿俄虎与山水开亲。

天上的龙生下龙子，下到地上来居住；地上生龙子，居住在江中，金鱼作陪，大鱼作伴；江中生龙子，到岩上居住，巨石来作陪，大蜂来作伴；岩上生龙子，到杉林里居住，鹿子来作陪，麂子来作伴；杉林生龙子，住在鸿雁乡。多少年以后，一支龙族子孙居住在鸿雁乡这个地方。雁氏有个女儿叫阿芝，嫁给雪山；雪氏的女儿名字叫里扎，嫁给黄云山；黄氏的女儿名字叫马结，嫁到相嵌地方；相氏的女儿里莫，嫁到西昌庐山；庐氏的女儿紫兹，嫁到耿家；耿家的女儿嫁到蒲家；蒲氏生下三女，大女蒲莫基玛嫁到姬家，二女蒲莫达果嫁到达家，幺女蒲莫列伊未出嫁。

有一天，蒲莫列伊正坐在屋檐下织布。机桩密集得像星星，织刀像老鹰的翅膀上下扇动，梭子像蜜蜂一样来回奔忙，纬线像

---

① 是一种彝区常见鸟名。此处为彝语音译。

彩虹一样漂亮。这时，从驱鹰沟飞来一对鹰，从直恩山飞来一对鹰，从蕨草山飞来一对鹰，从尼尔委飞来一对鹰，四对八只神龙鹰，在天空中飞翔，蒲莫列伊看得出神。突然，龙鹰滴了三滴血，滴在蒲莫列伊的身上。一滴滴头上，发辫穿九层；一滴滴腰间，毡衣穿九层；一滴滴尾部，裙褶穿九层。蒲莫列伊有孕了，满了十个月，于龙年、龙月、龙日、龙时，生下了一个男孩子，取名叫支格阿鲁。

讲述者：毕尔念尔，61 岁，彝族，雷波县乌角人，农民
采录、整理者：赵富香、以卡
翻译：芦其好梅
流传地区：雷波县

天朗地女之子

支格阿鲁王，是彝族全民族都崇敬的英雄王。支格阿鲁王，是彝族传统历史文化的最高象征。支格阿鲁王的传奇，流传在大西南所有彝族人的火塘边上。支格阿鲁王的灵魂，飘荡在大西南彝族居住区的天空，行走在西南彝族人的历史中，浸透在所有彝族人的血脉里，激励着所有彝族人的英雄气概，鼓舞着所有彝族人勇敢、正义、英勇无畏的精神！而所有的传奇，都是从天地初开的时候开始……

太古之初，宇宙间什么都没有。天地昏昏沉沉，世界混混沌沌。有一种叫做哎哺的东西最初出现，它在不停地运动着。运动个不停的哎哺终于有一天，形成了人模人样的哎和哺。哎和哺这两夫妇为传宗接代生了一男一女，那就是最初的大力神鲁叟佐和朵叟佐两兄妹。①

大力神鲁叟佐和朵叟佐两兄妹还没有出现之前，宇宙是分不出上下左右的，天和地、山和水、太阳和月亮都是连在一起的，他们又都是一对对水乳交融的情人。鲁叟佐和朵叟佐觉得上下左右、天和地、山和水、太阳和月亮都连在一起，非常拥挤，非常窒息。他俩就分别把铜锁和铁锁打开，倏忽之间，闪过一道强光。这样一来，天在上、地在下，分开了，昼夜与白天分开了，太阳和月亮分开了。从此以后，有了东西方向的开通，有了南北方向的形状。

当初的天地刚刚生成，苍天在不停地抖动，大地在不停地晃动。也就在这个时候，名叫米古鲁的第一个天神和称靡阿那的第一个地神生下了策举祖②与恒度府③两兄妹。策举祖又名更纪、耿兹，他当了天神中的王，人们称他为天上的君长，还有的称他为天上的帝王，他是天地间所有神人的总主宰神。从此，上天就由

① 鲁叟佐、朵叟佐，是鲁朵氏族中的两位大力士。

② 策举祖，宇宙万物的最高主宰神。

③ 恒度府，管地的最高主宰神。

他来主宰。恒度府效仿策举祖，做了大地的主宰，辅佐天神管理天地万物。策举祖与恒度府都要担当他们主宰的责任，于是先后派出蜘蛛编织天地，九千天女和八万地男修补天地。蜘蛛编织出的天地，像彝家女子绣在长衣摆上的涡云图案一样，滚出的黑涡云是大地，留下白的部分是苍天。在蜘蛛布的经线上穿过纬线，就成了早晚的彩色云霞，蜘蛛丝编织出的天地飘忽不定，工程始终不能结束。修补天地的重担又落到九千天女和八万地男的肩上。修天的工程十分艰巨，天的高度深不可测，于是设计做九层来修理。

第一层天由六个心灵神和八个巧手神修理；第二层天，是名叫米特特、米置置、纳武武的三位大力神来摊开；修理第三层天的是星界的君长舍舞舞，他挑选颇博博、苦妥妥、叟蒙蒙、里若厄四位星神做助手；在第四层天上，雨丝线和彩虹线交叉在一起，发出闪闪的亮光，是索谷索、踏洪尼、采莫莫、舍武武等若干天神织成；第五层到第九层天，又是由九千天女中的六千人和八万地男中的四万人编织、修理。

然而，如此费时费力地修补天地，因为修理各层天的神灵各自为政，天女勤劳，扎实苦干，天修宽了；地男懒惰，偷闲睡觉，地修窄了。决心很大的天地主宰策举祖接着又派名叫恒扎祝[①]的

① 恒扎祝，彝族英雄支格阿鲁之父。

天郎专门从事修天的工作，派地女啻阿媚[①]专门从事补地的工作。昼夜与南北分开，天地四极分为八方后，太阳精灵天郎恒扎祝化形为白鹤，月亮精灵地女啻阿媚化形为杜鹃来继续修理，他们用白鹤线和青鹃线来织补和修整天和地。经过他俩持之以恒的努力修整，出现了像金银一般闪光的生辉多彩的世界。恒扎祝天郎和啻阿媚地女，这一对日月精英、鹤鹃精灵，正是英雄神王支格阿鲁的父亲母亲！

经过多方的编织修整，天地总算是有了一番秩序，一番起色。天上的帝王策举祖就派了巨面人九掐白脸人把守北方，猪毛黑人把守南方，鸡冠黄人把守东方，虎头红人把守西方。

天郎恒扎祝和地女啻阿媚的修天补地，是从他们居住的支嘎山出发的，一直到了北方的姆古勾才停下来。姆古勾这地方，云缭雾绕，挥之不去，拨之不开，连着天地的云雾没有被驱散，算不上修天补地的圆满。在修天补地的漫长岁月里，他们已经合作了九万九千年，他们也已经相爱了九万九千年，九万九千年的爱情如初恋的第一天。但在这个时候，恒扎祝已经衰老，啻阿媚也精疲力竭。在修天补地的共同劳作中，恒扎祝和啻阿媚播下了爱情的种子，常言说：“叶落归根，人老归祖。”恒扎祝带着啻阿媚，无可奈何地回到老家的支嘎山，啻阿媚身怀有孕，她孕育的一代神王也正待降生。

① 啻阿媚，彝族英雄支格阿鲁之母。

天郎恒扎祝和地女啻阿媚修天补地经历了九万九千年，也恋爱了九万九千年。虽然天和地还没有修补圆满，但是他们已经逐渐老了，他们的爱情也有了果实，他们再也没有精力修天补地。于是，他们回到了最初的支嘎山。而他们修天补地的最后一站是姆古勾，这里的迷雾仍然肆虐在天地之间，天上人间都没有一个清明的气象。

九万九千年过去了，天帝策举祖派出使者来巡察修天补地的情况，得知天地虽然基本修补好了，但是天地间的迷雾仍然迷漫肆虐，大地山川无法仔细辨别。而恒扎祝和啻阿媚却又回到了支嘎山。策举祖查得实情，又了解了这对天郎地女的行踪，一面对他俩辛辛苦苦地修天补地的功劳作了肯定，一面又对他们还没有完成任务就直接回到了支嘎山感到不满。假若天地不会分开，天郎地女就不会分开，但是天地分开了，他们也只得分开；假若日月不会分开，他们就不会分开，然而日月分开了，他们也只得分开；假若昼夜不会分开，他们就不会分开，然而昼夜分开了，他们也只得分开；假若山水不会分开，他们就不会分开，然而山水已经分开，他们也只得分开了。天帝策举祖把恒扎祝收回天上，做了巡视苍天的神鹰，成为普天下的鹰族之王；把啻阿媚留在地上，等待生下孩子之后，便成为大地上的龙族之主。

索玛花开了又谢了，一年的布谷鸟又叫了，又一年的雪花飘落了，秋去冬来已三年。啻阿媚孕育了三年整，她的孩子没有诞生。啻阿媚又孕育了六年，她的孩子还是没有诞生。孕育到了第九年，婴儿在母腹中与母亲对话了，问为什么不带他去看神鹰。这年的春天，天上的一只神鹰出现了，他在啻阿媚的头顶上盘旋，左边九十九个转，右边九十九个圈，冲天九十九次，俯地九十九回。于是，天空出现一对鹰，是从驱鹰沟飞来；地上出现一对鹰，是从直恩山飞来；上方出现一对鹰，是从蕨草山飞来；下方出现一对鹰，是从尼尔委飞来。又有四只神龙鹰，来自大杉林。啻阿媚再也坐不住了，她要去看神鹰，她要去追神鹰，她要去会神鹰。天上的神鹰掉下三滴血，滴到了啻阿媚的身上。这三滴血滴得真出奇：第一滴血滴在啻阿媚的头上，穿透了九层发辫；第二滴血滴在啻阿媚的腰间，穿着的毡衣穿透了九层；第三滴血滴在啻阿媚的臀部，穿着的裙褶穿透了九层。

啻阿媚心里害怕，认为是遭遇了不吉祥的事情，就独自做了清洁仪式，砍来神树枝，设了毕摩神座，祭祀了天神，请求天神毕摩吐实楚，请他翻看羊皮经书。吐实楚坐在神座上，座下垫着黄竹笆，中间铺着獐子和麂子的毛，面上铺着花毛毯。左手打开经卷柜的门，右手向柜底去摸经书。取出羊皮大经书，先翻一双两篇看，经卷上面没有任何文字，吐实楚毕摩沉默无语言。再翻开两双四篇看，经书之上有文字，但说的是凶恶之兆。啻阿媚的心中起忧伤。再翻开三双六篇看，吐实楚面带笑容，告诉忧伤的啻阿媚，说是有吉祥和喜事。啻阿媚再问，吐实楚不再回答，说是翻毕摩经书有规矩，问事情不能超过三件，翻经书不能超过三次。叫她有事情，可以再去问另一个天神毕摩那乍姆。啻阿媚没有办法，只能又去求助那乍姆毕摩。那乍姆毕摩拿出了经卷，翻开一双两篇看，说是大吉大利的喜事。翻开两双四篇看，说是要用牲才行。翻开三双六篇看，说是要念《生育经》，念了《生育经》之后，要诞生一个英雄大神人。那乍姆已经翻了三次书，啻阿媚不好再问事情。

她回到支嘎山，准备好了一只黄母鸡和要用的物事，同时请了天师毕摩吐实楚和那乍姆来做法事。毕摩大师来到支嘎山，恒始楚拿来了一束“则果”枝，那乍姆用了黄母鸡，两人念起了《生育经》。

《生育经》念过后的龙年龙月龙日这一天，支嘎山马桑树才伸出了第一枝，巴地的杜鹃才开叫第一声，艳丽的索玛花才开第一朵，卯时起白雾，雷鸣惊天地，闪电照宇宙。辰时一只神鹰搏击长空，忽然苍天大地抖了三抖，一个婴儿呱呱降生，他的哭声震动了天地——一位天地间的英雄神人就这样诞生了！孩子生下第一夜，不肯吃母乳，哭声响四方；孩子生下第二夜，不肯同母亲睡，哭声震长夜；孩子生下第三夜，不肯穿母亲做的衣服，哭声震天庭。啻阿媚害怕生了个不吉祥的孩子，孩子被丢在岩洞口的马桑树下。山岩本是龙住处，孩子懂龙的话语，自称“我也是条龙”，饿时吃龙饭，渴时喝龙乳，冷时穿龙衣。白天有神鹰的护佑，夜晚有马桑树覆盖。由于没有父母亲给他取的名字，人们都称他为“巴若”[①]。旱莲叶死后又萌发，活省笃树万古长青。巴若经历大难不死，迅速地成长起来。

选自杨正勇、何刚主编:《中国彝族支格阿龙故事精选》，内蒙古人民出版社，2010年。

① 巴若，意为弃儿。

第二章　神奇的成长

支格阿鲁出生以后被迫母子分离，从小受到神灵的抚养，以惊人的速度长大成人，经过向牧羊神人和打铁神人学习，掌握了弯弓射箭的本领，经努娄则举荐，天君派六位天神下降到凡间找神童，经过神湖洗礼，改面换容，天君赐名，从人间上升到天庭，拜师举奢哲和吐咪沓学习经书文字，跟恒勒易和僰阿吉优学做摩史，向恒阿武和特鲁莫学习武术技能，还向其他天神学习变身法术，成了无人能比的神人英雄。

一、支格阿鲁获救

像一头失蹄的小鹿，连翻带滚从万丈悬岩上往下落去，没一棵爬岩草能接住支格阿鲁，没一株弯脚树能挡住支格阿鲁。这一滚动，天翻地转，他却没有啼哭，反而安静下来。支格阿鲁在悬岩边倒转了三遍，翻滚了三回，突然轻轻落在岩中间的一个洞口里。

洞中没有野兽，也无飞禽，只有三个同样大小、一样光滑发亮的石头，堵在洞门前。当支格阿鲁睁开眼睛，用他那小小胖手去摸身边一块石头时，却听见那石头说话了："今天是个好日子，英雄的支格阿鲁来了，我们要好好地接待他，不能半点怠慢。"支格阿鲁完全听懂了石头的话，便很安静地住在石洞中，饿了吃石头的饭，渴了喝石缝中的水，冷了就穿石头上的苔藓衣，闷了就同崖边的雀鸟唱歌，乐了就和洞口的三个石头谈话，日子过得安乐极了。

长到一岁了，支格阿鲁比一般九岁的孩子还高大结实。这时，他可以从岩缝中爬上山去玩。他看见山里的放羊人，就去帮助放羊。放羊人很喜欢他，用荆竹竿做弓、蓑茅秆做箭、火麻绳做弦，送给支格阿鲁玩耍，并教他如何射箭。支格阿鲁有了这样的弓箭，便用来射天空中飞叫的云雀，一箭射一对，三箭射三双。放羊人看了，非常惊诧，忙问他的名字，他说不知道，问他的阿达、阿嫫姓什么，他说不知道，问他几岁了，还是回答不知道，这使放羊人更加惊讶和奇怪，心想：这个孩子聪明伶俐，并且有臂力，能射双雕箭，可怎么连自己的名字都不晓得，连自己的阿达、阿嫫姓什么全不知道，可能是个傻子，或者是个笨孩子。放羊人有些不喜欢他了。

回到洞中，支格阿鲁很生气地问洛觉瓦峨岩石，要岩石回答放羊人问他的那些话。岩石说："你是神龙鹰的儿子，叫支格阿鲁，你阿嫫叫蒲莫列伊。因为你日夜不停地啼哭，惊动了吃人魔特比阿嬷，便抓去你母子俩，途中经过这座岩子边时，因这洛觉瓦峨岩子是神龙鹰常来歇脚的地方，你阿嫫便悄悄将你放在岩子边，把你还给神龙鹰或许能救活你，她自己任由特比阿嬷抓去，我洛觉瓦峨岩子是神龙鹰的舅舅，你是我的外孙，所以我才把你救了，如今已养你一年了。"支格阿鲁听后，很着急地问岩石："我的阿嫫被吃人魔抓到什么地方去了？"洛觉瓦峨岩石说："听说抓到木刻地方去了。"支格阿鲁把手中的弓箭向前一甩，生气地说："我一定要找到阿嫫，非向特比阿嬷报仇不可！"

到了两岁的时候，支格阿鲁到山上玩耍，看见一个打铁的老铁匠，就去帮助打铁。老铁匠很喜欢他，便用铜做弓、铁做箭、牛筋做成弦，送给支格阿鲁玩耍，并教他射箭。有了这个比竹做的好不知多少倍的铜弓铁箭，他便射来了山中的獐子、鹿子、麂子与狗熊，老铁匠更喜爱他了。

有一天，他独自去山里射猎，遇见了原来那个放羊人，由于支格阿鲁的身材已长得魁梧高大，粗膊长手，腰阔腿圆，放羊人没认出来了。支格阿鲁从腰中拿出那把竹弓草箭来，放羊人吃惊地问："你现在几岁了？"

"快满三岁了，我叫巴若。"

"那为啥以前说不知道？"放羊人有点疑惑起来。

“以前，是我真不知道，不是哄骗你，请不要生气。”支格阿鲁刚说完，突然一只金钱花豹子从树林里钻出来，龇牙咧嘴，一头扑进了羊群。顿时，羊群大乱，放羊人吓呆了，不知所措。支格阿鲁却轻蔑地笑了笑，不慌不忙地拿出铜弓铁箭，拉圆弓，搭上箭，瞄准那豹子咧开的嘴巴，嗖地一箭射去，只听见花豹子猛吼了一声，一下转过头来，举起前爪一纵，就向支格阿鲁扑来。它刚立起前爪，要扑上去，又听见嗖嗖两箭，那豹子便双眼流血，倒在地上乱滚乱抓起来。支格阿鲁忙去骑在它的颈子上，抓住脑顶皮，几拳头便将这只大花豹打倒在地上一动也不动了。花豹子死了，支格阿鲁提起来看了看，一下甩给放羊人说：“河水在巨石上咆哮，是羡慕它坚强挺立；大风对杉树呼喊，是喜爱它宁折不弯。这个就送给你吧，报答你给我做了竹弓草箭，教我学会了拉弓射箭的本领。”

从此，支格阿鲁的英雄美名，就像布谷鸟报春那样轻快，像羊群贪恋青草那样恳切，像一条条解冻的山溪那样欢跳，到处传扬。没过三天，便被放羊人传遍了五座山外、三条江下，被小小的蚂蚁传进了泥土内，被蹦跳的鱼儿传进了江河里，被轻柔的春风传进了山寨里，被欢唱的云雀传进了天空里。舒祖大山里，山外的九重山，河外的九条河，所有的人家，一切有生命的东西，都知道了这个刚满三岁的英雄——巴若。

二、又逢龙年龙月龙日

到了第二轮龙年、龙月、龙日、龙时，支格阿鲁长到一十三岁了，他比任何一个彝族小伙子都高大，又壮又结实，他头上用发绺扎起的英雄结，足有三尺三寸高，他耳边那颗吊穗的朱红蜜蜡珠，像飞龙抢吞的那个闪光的神宝；他身披一件比神鹰翅膀更黑更轻捷的披衫，能叫山风倒旋、云雾让路；肩挂老铁匠铸的那副铜弓铁箭，会使雀鸟惊飞、野兽乱蹄；他那双眼睛像闪电般夺目，再坚硬的岩石碰着也要裂缝，遇着再浑浊的河水也能看清。这样英俊魁梧的支格阿鲁，不论走到哪里，人们都会惊呼狂欢，热情招待这个英雄人物。

哪知，就在这个时候，天空突然出现了六个太阳、七个月亮，地上变成了七天不黑，九夜全亮。山上的树木都被晒死了，只留下一棵棠梨树没死去；所有山沟里的水都晒干了，只有阿木暑体（小海子）没晒干。因为这棵棠梨树长在这个小海子边，树子把自己的密枝繁叶张开，顶住六个火烈烈的太阳的烘烤，严严实实遮住小海子；小海子也把自己全部清凉的水，团成了紧紧的一塘，不许乱翻乱滚溅出塘外一滴，尽量满足棠梨树需要的水分，保住这棵树的存在，就这样相互依靠，相依为命，才没被太阳晒死。地上的草全晒枯了，只有一苗丕且（牛耳大黄草）没死；

所有的庄稼都晒焦了，只有额失（苦荞）还活着；所有的动物齐晒死了，只有阿尺罗多（花脚猫儿）还在跑跳。人们身上的汗水流干了，像挂在火塘上的烘鸡，只有嚼牛耳大黄草苦汁去润润嘴唇，只有靠苦荞来吊命，只有靠花脚猫儿来互相传递信息。整个大地被六个太阳烤得像块焦炭，人们越来越像烫锅上的蚂蚁了，伸长着脖子，张着焦渴的嘴唇，瞪着突出了眼眶的眼珠，望着火炎炎的天空，奄奄一息，谁也想不出办法，拿不出一个主意，只有等候着被烘燎成像条条干豇豆那样，断气死去。

这时，山里那个放羊人和老铁匠突然想起来，他们曾为支格阿鲁做过弓箭玩耍，使支格阿鲁练成了神箭手，百发百中，力能拔山，气可倒海，要是能用这箭把太阳和月亮射下来，地上的一切就能活命，他们两个便一道去找支格阿鲁。

这时，支格阿鲁正站在洛觉瓦峨岩子指着天空，对着六个太阳和七个月亮发怒，他大声吼叫，声音在干焦了的喉咙内冲不出来，他双脚蹦跳，两脚粘在滚烫的地上跳不起来；他用牛皮绷子套着石头，把一个个石头甩上天空，想把太阳和月亮全打落下来，可是飞去天空的石子全被太阳晒化了。正当他找不出个办法，气得心炸肝裂时，放羊人和老铁匠说出了他们想的办法，请支格阿鲁用箭射落太阳和月亮，才将他的心点明。找到了对付太阳和月亮的主意，他的喉咙不干了，嘴里不渴了，两臂不软了，双脚不重了，他那双闪电似的眼睛，又射出了光芒，他那拧成一堆的粗眉，又展得平平的长长的了，嘴角有了笑容，口中有了语言，他睥睨天空，从肩上拿下铜弓箭，向高高的山峰走去，他要三弓五箭地把天上那喷火的六个太阳和那幸灾乐祸的七个月亮，全射下来，以免人们遭灾罹难，万物惨遭毁灭。

三、天君寻神童

笃勒策汝完不成测天量地的重大任务，只好如实向天帝策举祖禀报得命。努娄则又大病了三年。而大地上的云雾仍然肆虐着，危害天上人和地上人。努娄则康复后，策举祖又召集众天神商议这件当务之急事。

策举祖说："恒摩努娄则，通知你的寻访使者'确勺哎确约'(六位寻访使) 来。天上人治理不了云雾，测量不了大地，可以到人间去寻访能人来办理这件事情。"

阿麦尼急忙说："让我去通知吧！你们继续商量寻找贤人的事情。"一等到策举祖答应就飘出了天宫趣沓邓。

努娄则再一次向策举祖天帝报告了近一段时间来天地间出现的能士贤人。虽然心中仍然有举荐笃勒策汝但没有完成大事而留下的阴影，但他还是尽力向策举祖介绍了人间近年来涌现出来的能人志士。他知道策举祖对恒扎祝和啻阿媚私自回到支嘎山并且生下了一个"巴若"感到不满，但是巴若的射箭奇才还是让他压下了心中的顾虑，他专门向策举祖推荐了巴若，认真介绍了巴若的雄伟神力。

努娄则道："人间出现了一个奇人，他是天鹰恒扎祝的血脉，地龙啻阿媚的骨肉，自小就能扳弓造箭，一岁能射豹子，两岁能射老雕，三岁能射大鱼，五岁以后跟着四方旅行的人走遍了山川大地，用箭射击到大地中央。这样的奇才天上少有，地上恐怕也是独一无二的。可以寻找他去测天量地。"

策举祖默默地想了想，认可了努娄则推荐的人选。

阿麦尼找到确勺哎确约，对他们说："确勺哎确约，天帝策举祖、天臣努娄则差派我叫你们去，有事要你们去办理。"

确勺哎确约问："是不是马上就去？"

阿麦尼催促道："当然是马上去，大事情，急得很！"

确勺哎确约急忙说："那就赶快走吧，不要误了事情。"

他们来到趣沓邓天宫，策举祖说："确勺哎确约，天庭派遣了笃勒策汝去测天量地，他去了多年，却无功而返。现在天昏昏，地沉沉，应当管事的不管事，应当进谏的不进谏，应当祭祀的不祭祀，老百姓听不到君长的旨意，各行其是，无所适从。这种情况，再这样下去是不行的。经过我们商议，现在派遣你们到人间去寻找一个叫巴若的奇人。寻到之后领他到天宫来，我要安排他去完成测天量地的任务。"

虽然许多情况都不清楚，确勺哎确约却不敢多问，领受了君命，就立即行动起来。他们打开天门，驾着云雾，像骑着白马一样降临人间。

确勺哎确约加紧赶路，来到可乐洛姆，天色已经黑尽。然而，可乐洛姆里的人还真是多，出的出，进的进，走的走，过的过，坐的坐，站的站，说的说，唱的唱，笑的笑，哭的哭，一片嘈杂，如同雷吼一般。城里城外，到处是泥泞，天上地下，到处是雾罩，一片黑黝黝的飞霰和细雨。向谁去打听呀？他们先休息下来。

第二天早晨，云雀开始在天上高声唱歌，天气就要好转的时候，他们遇到了著名的野史布。野史布见他们行色匆匆，东张西望，这里问问，那里瞧瞧，就问道："天庭的使者，你们是从何处来呀？急急忙忙的是要找谁啊？可乐洛姆，是四方都出了名的大城，你到哪里去找得到人啊！"

确勺哎确约，听话会听音，赶紧笑眯眯地说："不说你不知道，说给你听要请你帮忙。我们从天宫来，忙着找人间的能人志士，天帝策举祖要安排他去测天量地。可是我们找遍了许多地方，用尽了心力，都没有找到一个英雄好汉。你是否认识巴若这个奇人呀？人间有没有这么个名字的英雄？现在都还找不到他，我们不知道是继续找呢，还是就回天庭去回复策举祖算了？"

野史布认真地说："确勺哎确约，六位寻访使，为何说这个话？坚持寻找是上计，放弃寻找是下策。你们想想，人没有找到，你们如何回去向策举祖交差？完不成任务，拿什么话给策举祖复命？如果真的想寻找巴若，不要灰心丧气，要继续努力，希望总是有的。天地间的风是到处吹的，天空中的云是到处游的。我虽然没有见过巴若这个人，却听说过他的名声。他的所作所为，已经名扬四方。只是他没有一个正式的名字，你要问一个'巴若'（弃儿），谁知道你是寻找哪一个巴若呀。你们要找的这个巴若，应该就是我说的这个，他老家在巴底勺恒，住在支嘎山下。你去那个地方，去询问那里的寨老，一定会有消息的。我看你们急，赶紧去寻找吧！"

确勺哎确约赶紧道谢。野史布说："你别见外了。人生天地间，哪里没有一个要求人帮忙的时候。天上的事情就是人间的事情。好心的人做好事，祖宗会保佑的。赶紧找人去吧！这儿离巴底勺恒也不远了。"

确勺哎确约当即起身赶往巴底勺恒，心里想，人世间毕竟还是有好人，还是有有能耐的毕摩。一边心里感谢野史布，一边脚不点地地飞行而去。

到了巴底勺恒，找到支嘎山下，连忙去问寨老："这里有一个巴若，他在家不在？"

寨老说："远方的客人，你要找巴若，巴若不在家。他去巴底候吐（草海）玩耍去了。"

确勺哎确约又风风火火地往巴底候吐赶去。他们赶到巴底候吐，只见湖面像一面镜子，蔚蓝的碧空，红艳艳的彩霞，墨色的山峰，飞去飞来的鹤，游来游去的鱼，有的倒影在水中，有的就在水底下。湖边景物清晰可见。自从云雾笼罩天地之间，他们再也没有见到过这么美丽的景色了。

这时候他们看见一个人，正要到湖里去。这个人生得不同凡人：头大如斗，脸黑如锅底，胸膛如红岩，肚腹像高原，牙齿成虎齿，耳朵是象耳，左眼像太阳，右眼像月亮，身躯如巨龙，手指像鹰爪，脚大如小船。话音如雷鸣，走路如电，笑声像岩崩，坐着像堵崖，躺着像山陵，立着像山峰。

确勺哎确约看见这样一个见所未见、闻所未闻的人，一时看得呆了，脚步都移不开。无边的遐想涌上心头来：在人间还真的有这样一个奇人，如果不是亲眼所见，是不会相信的。如果找不到这样的人才，这一生也枉当寻访人才的天使。见到这样的人，也不枉活一世。找到这样的人，也不玷辱自己的使命。碰到这样的人，不能不使人感到钦佩！策举祖要找的，努娄则所说的，肯定是他了！

确勺哎确约心中在想，脚下在动，凑到巴若的身边，大声喊道："人间的奇才，世上的好汉，你就是名扬四方的巴若吧？我有重要的事情告诉你，请你听我说话——"

巴若听见有人呼唤自己，十分严肃地说："人人都叫我巴若，连你们也这样叫我。如果是天上的神灵，请你赐给我美名。若是世上的凡人，你应该懂得礼貌。你想说什么，就请你说吧。”

确勺哎确约平静下来，诚恳地说：“我是策举祖的寻访使者确勺哎确约，是专门来找你，专门来接你的。”

巴若问：“你说来找我，找我干什么？你说来接我，又要接我去何方？”

确勺哎确约说：“昨天晚上，你是否做了什么梦？你梦见了啥？梦见天庭没有？梦见大地没有？梦见宇宙没有？梦见了九宫八卦没有？”

巴若这下高兴了，他说：“昨天晚上我梦见在房子上骑骏马，看见空中的雄鹰在飞翔，天上日月交相辉映，明星在夜空闪闪发光。黑云和白云互相追逐，彩霞和虹霓出现在天边。巴底甸内生出石桩，巴底候吐波浪翻腾。我还梦见了奢武吐，梦见了洪哲舍，梦见了野史布，梦见了实楚布。这些梦是吉祥还是凶兆？你能够告诉我吗？”

确勺哎确约说：“人间的英雄，请你仔细听好，我给你释梦：在房子上骑马，是有神人要扶持你；日月同光辉，夜空中星光闪烁，天上的宫殿中有你的一个座位；黑云白云交汇，彩霞虹霓满天，湖水波涛汹涌，是人世间要出贵人；坝子中生出石桩，天空中雄鹰翱翔，遇到了四位神毕摩，预示着要出圣人。你的梦是大吉大利的好梦啊。我受努娄则的提议，策举祖的派遣，到人间来寻找你。天帝要测天，要量地，要勘测山川河岳，要命名大地河山，驱散天地间的迷雾，要做很多很多的大事，这些大事情都等着你去做。你有什么想法，是去呢还是不去?”

巴若听了确勺哎确约说的话，将信将疑。他说：“你说的是真话，还是用好听的话诓我。如果说的是真话，去不去也就不由我了。”

确勺哎确约说：“我从来不说假话，天君也没有戏言。这是策举祖的旨意，我不敢欺骗你。”

巴若说：“既然是天庭的旨意，我怎么能不去。天上有了事情，就是凡间的事情。人生天地间，哪有不做事情的道理? 天君策举祖怎么说，我就怎么做。”

确勺哎确约说：“世上的英雄，你是个言语坦诚的好汉。”

巴若说：“等我洗完澡，就跟着你一起去吧。”

确勺哎确约劝阻了他：“尊敬的贤人，巴底候吐的湖水，是代表君长的灵鹤沐首的湖水，是代表大臣的杜鹃鸟洗翅的湖水，是代表毕摩的雄鹰濯足的湖水。今天它还不是你洗澡的水，将来它会是你沐浴的湖。天降三池神圣水，正是等待你去沐浴净身的好地方。”

确勺哎确约，幻化出六身：努和诺这一对雾使者，抬着巴若飘起来；唆和衡这一对风使者，推着巴若向前行；哺和虹这一对雨使者，扶着巴若稳当当。六位使者服侍着巴若来到勾濮架侯，一池圣水绿茵茵，清幽幽，明澈澈。巴若进去洗浴，全身投进水中。洗发发干净，头发黑黝黝；洗手手洁白，手指细纤纤；洗腰腰清洁，腰板挺拔直；洗脚脚洁净，脚板敦敦实。全身上下，容光焕发。但是由于没有举行过祭祀礼，巴若走出勾濮架侯，全身立即又变成了黑色。六位使者侍奉着巴若来到道峨芍嘎，看见山下有一池神水黑闪闪，巴若无法去沐浴。他们以松枝和柏枝设下神座，以白马祭天，黑牛祭地。做完了祭祀，这一池神水变得清澈透明。巴若洗浴完毕，一时变得心明眼亮，语惊四方："天地清朗朗，日月照山川。"六位使者又侍候着巴若来到此吐德必，一条明亮的圣水穿流在天地之间，在这里形成一个巨大的天池。在这里，以马桑和艾蒿来布置神座，白鹤来祭天，杜鹃来祭地，雄鹰来祭山川。此吐德必的圣水洁白如银，映白了巴若，洗白了巴若。圣水洗头，聪明智慧；圣水洗胸，胸怀宽广；圣水洗足，脚走四方；圣水洗身，凡人变神。

巴若经过此吐德必的圣水神圣的沐浴之后，虽然还没有得到天君的取名，但是他从本质上已经变成了支格阿鲁。此吐德必的圣水，洗浴出了支格阿鲁的真面貌，洗浴出了支格阿鲁的真性灵，洗浴出了支格阿鲁的善良和正义，洗浴出了支格阿鲁的聪明和智慧，洗浴出了支格阿鲁的英勇和无畏，洗浴出了支格阿鲁的无边神力，洗浴出了支格阿鲁的英雄形象，洗浴出了支格阿鲁的日月之形，洗浴出了支格阿鲁的雄鹰之姿，洗浴出了支格阿鲁的龙虎之势，洗浴出了支格阿鲁的鹤鹃之相，洗浴出了支格阿鲁的星云之态，洗浴出了支格阿鲁的天地之德！此吐德必水中的这一次沐浴，让支格阿鲁从一个平凡人变成了一个大英雄，从一个普通人变成真神灵，让他变得美好、善良、英勇、正义、法力无边，让他从一个一般的彝人变成了一个上天入地无所不能的英雄始祖神！

经过三池圣水的洗浴之后，六位天使又侍奉着支格阿鲁，来到益那大水的源头，以松和竹设神座，以雄鸡祭天，以绵羊祭地；在这神圣的源头泉水连饮三口圣泉，支格阿鲁从此摆脱了凡人之躯的束缚，成了一个自由自在的圣人神灵身。从此，他上天入地再也没有什么限制和禁忌。

支格阿鲁在确勺哎确约六位寻访使的侍候下，在三池圣水中进行了沐浴，肉眼凡胎之身变得聪明灵慧，具有了许多神异功能。经过寻找这三池圣水的劳动，就是作为天使的六位寻访使也感到了前所未有的疲劳。确勺哎确约想到这都是因为支格阿鲁的缘故，这个人一旦到了天庭受到天帝的册封，就是不可以再加冒犯的神灵。确勺哎确约想测试一下这个著名的“巴若”究竟有多少聪明才智，为什么努娄则不怕冒犯策举祖也要推荐，为什么策举祖放弃了对他的父母亲没有完成驱散迷雾的成见，也要让他们寻找他去完成测天量地的伟大事业。

正在思考之间，他们来到了阿哲母乍甸草原。确勺哎确约对支格阿鲁说：“尊敬的汝卡（英雄好汉），好汉配刀剑，英雄配骏马。上天的路途还很遥远。我们的雾使者雾和云托着你，也有手酸手麻的时候；我们的风使者风和飚推着你，也有气喘吁吁的时候；我们的雨使者雨和水扶着你，也有站不稳当的时候。如果你拥有一匹天马，就能和我们一道腾云驾雾飞上天，这是多么惬意潇洒的事情啊！”

支格阿鲁说：“尊敬的天使啊，我也不愿意麻烦你们。可是策举祖有安排，努娄则要点将，天地间的事情要我去做，我也没有办法。”

确勺哎确约，眼睛看着远处，左手摇一摇，右手招一招，一大群骏马从草原的那边飞奔而来，绿茵茵的草原上顿时像开了一大片彩色的花朵，慢慢地向着他们伸展开来。确勺哎确约对支格阿鲁说：“有名的汝卡啊，这飞奔而来的骏马群里，有我们的六匹天马，风有一匹，飚有一匹；云有一匹，雾有一匹；雨有一匹，水有一匹。你只要从这一群马匹中挑选出一匹天马来，挑选中哪一匹我们就把哪一匹送给你。”

支格阿鲁看见一群骏马像潮水一般涌来，大有一种铺天盖地的形势。他不慌不忙，拿出弓，抽出箭，左手挽强弓，右手拈利箭，开口一声猛虎啸，长箭带着虎啸声，穿过草原向着马群射去。马群听到猛虎的啸叫声，九十九匹马奔逃跑散了。

其他的骏马仍然马不停蹄地飞奔前进。支格阿鲁抽出第二支箭，开口一声豹子的怒吼，对着马群射了出去，长箭带着豹子的怒吼呼啸而去，马群听到豹子的叫声，六十六匹马又奔逃跑散了。余下的骏马奔腾得更加欢快，根本不在乎猛虎的啸叫、豹子的怒吼。支格阿鲁又抽出第三支箭，开口呼叫出一片豺狼的嘶吼之声，于是凶恶的豺狼的叫喊随着第三支箭飞了出去，豺狼的叫声充满了阿哲母乍甸草原。马群听到豺狼的嘶吼喊叫，又有三十三匹马奔逃跑散了。

剩下来的只有十二匹骏马了，这十二匹马很快就跑到了确勺哎确约他们的身边，踢腾着蹄子欢快地嘶鸣起来。支格阿鲁跳上其中的一匹骏马，用弓将这一群马匹赶到了益那水源头的一个天池边，有六匹骏马因为口渴而狂饮起来。支格阿鲁又将这一群骏马赶到绿草最茂盛的草甸子里去，又是饮水的六匹骏马因为饥饿又打着响鼻刷刷刷刷地吃起了嫩幽幽的青草。支格阿鲁把其余不饮水又不吃草的六匹骏马赶回来，交给确勺哎确约："尊敬的天使啊，三七二百一十匹骏马，凡马已经都分开，现在我把你们的六匹天马完好无损地交还给你了。"

确勺哎确约对支格阿鲁的验马办法十分欣赏，但还不是很服气。又对支格阿鲁说："有勇有谋的汝卡啊，你让人不得不敬佩你验马的办法。可是这六匹天马是我们六位寻访使所有，一个人一匹。你又能区分出我们哪一个人的是哪一匹马吗？你又看上了哪一位使者的哪一匹马啊？"

支格阿鲁笑了。他来到风使者的身边，嘘嘘嘘地噘起嘴巴嘘起哨子来，这一嘘立即就有两匹天马跑到了他的身边。他跳上其中的一匹，一边吼叫着神虎的啸叫，一边用弓驱打，这匹马扬起蹄子飞奔起来，而它的后边总是慢慢地跟着另外一匹马。跑了一圈回来，他指着快马说："这一匹是飚使者的。"指着慢马说："这一匹是风使者的。"接着，支格阿鲁来到雨使者旁边，吼叫着雷霆的暴怒之声，另外两匹天马朝着他的身边跑来。这是一大一小的两匹马。支格阿鲁指着小的一匹对雨使者说："这是你的天马。"指着大的一匹对水使者说："这是你的天马。"只余下两匹天马了，支格阿鲁走近这两匹马，仔细地观察，这两匹马一匹的毛衣浓密，另一匹的毛衣疏淡。他指着毛衣浓密的一匹对雾使者说："这匹天马是雾使者的。"指着毛衣疏淡的一匹："这是云使者的天马。"

支格阿鲁已经把天马确定给了六位寻访使。确勺哎确约对他的聪明智慧十分赞赏，说："尊敬的汝卡啊，你确实不是一般的人物。现在就请选择骏马吧。你看中哪一匹，我们会毫不犹豫地把马送给你。"

支格阿鲁说："这本来就是你们的坐骑。我不能夺人之所爱。还是请你们先履行你们神圣的职责，护送我到天庭去拜见天帝策举祖吧。"

天帝策举祖正襟危坐在威严的趣沓邓宫殿的宝座上，脸上青一阵，黑一阵，忽而又气叹吁吁，森严中又增添了几分令人窒息的气氛。从来都按时上下朝的天臣努娄则也不见了踪影，毕摩举奢哲手里攥着一张宽大的牛皮书，紧锁着愁眉把脸拉长，头歪向一旁。直到宣诵天官柯依阿治来禀报：下地多时的雾、风、雨三对六使者紧急上天晋见，天宫里的气氛才顿时缓和下来。

雾使者努和诺、风使者唆和衡、雨使者哺和虹簇拥着神人巴若来到天帝策举祖面前。乐坏了的音讯使者杜诺布和恒那沓冲到天臣努娄则的睡榻，二话不说，连拉带推，把努娄则架往天宫。杜诺布那尖锐的耳朵和恒那沓伸出的一对筒状双眼，挂破了努娄则上衣，触痛了他的臂膀，天臣努娄则以为他的两个同事又搞什么恶作剧，正要发火，却瞅见雾使者努和诺、风使者唆和衡、雨使者哺和虹簇拥着一位神异的少年，宛如一团强光把他的昏花老眼给照亮，黑着的脸马上堆满了笑容。天臣努娄则走近神人巴若，睁大慧眼一看，顿时就惊呆了。他像是枯木逢春、老枝发芽，将神人巴若细细端详起来：平生第一次见到生得如此神异的人，这巴若的眼睛原来是一对日月，双龙横卧在他嘴唇，胸膛盘踞着上龙下虎，双臂各是一只雄鹰，满脑知识和智慧在不停地涌动，双脚踏着一对青蛇红蛇，英俊的相貌胜过天上有名的美男子希米星（北极星君），伟岸的身材胜过顶天的洪鲁山。修天之志、回天之力非他莫属，天臣努娄则把测量天地、治理乾坤的希望寄托在了这位神人巴若的身上。

为不泄漏天机，天臣努娄则到天帝的宝座旁，对着策举祖耳语他所发现的一切，乐得个策举祖除了头上的白发，满脸都堆着高兴。他传下旨，要天臣努娄则和毕摩举奢哲替神人巴若取个贴切又得体的名字。毕摩举奢哲翻开大本的《吉禄札苏》，又对照小本的《苏巴》，发现巴若是龙鹰之子，是日月精灵的结晶，有白翅鹤天君与杜鹃王的血脉，由桑枝哺乳，鹰王护身；又根据巴若的身世来历，两位长者决计给巴若取名支格阿鲁，天帝策举祖很快就慷慨同意了。

为给支格阿鲁命名，天庭随即举行盛大的庆典，策举祖命司酒神恒毕易摆出用采自神山的甘棠梨果酿造的保存上万年的陈酒，司厨神特毕德抬出用数千年时间烹制成的佳肴。天宫的乐队在生育神阿妣爷素的引领下，二十八星奏响芦笙、弹响月琴、吹响竹箫，扮野人挥动舞帕，希略星（北斗）姑娘引吭高歌："先前的时候，天上的寿命令人仰慕，地上的美女让人倾心，天的高深使人生畏，地的莫测倍增神秘。笃勒策若，第一个胆大的天人，他要下到地上，揭开大地神秘，去获取美女的芳心；撮矮阿伊，第一个胆大的地人，他要上到天庭，把天的高深测量，去追求永恒的生命。他们为失败而遗憾，他们的精神鼓励后人……"希堵星（南斗）姑娘引领穿着凤羽裳舞蹈队，跳起《上天下地舞》。

月亮忘了下沉，太阳忘了升起。整个天宫沉醉在欢乐的庆典气氛里，唯独支格阿鲁高兴不起来，因为他知道，天帝策举祖不会放弃对高天的探测，对神秘大地的揭示，千钧重担必然要落到自己的肩上，想必天上也没有免费的午餐。更何况，支格阿鲁到现在连自己的身世都还不清楚，许许多多的事，千头万绪，还在等待着他……

支格阿鲁觉得，要成就一番宏伟的事业，必须具备两个缺一不可的条件：首先是知识，知识才是雄鹰的双翅；来历根基也重要得很，艰难困苦的时候，要有父系家族出手相助，还要有势力的舅舅家作靠山，自己在这两方面的来历是必须理清楚的。

常言说得好："雄鹰飞得最高，靠的是矫健有力的双翅；骏马跑得最快，靠的是善于奔跑的四足；毕摩知识最多，靠的是丰富的阅历与书本。"支格阿鲁拜天神毕摩举奢哲为师，举奢哲要支格阿鲁跟恒阿武和特鲁莫两位学武艺，具备汝卡骂色（武士）的条件；跟恒勒易和僰阿吉优学做摩史，练就能说会道的口才，并能用文字记录历史；然后再回来，跟举奢哲和另一位叫做吐咪沓的老师学习怎样做好一个毕摩。

支格阿鲁按照举奢哲的安排，先后跟恒阿武、特鲁莫、恒勒易、僰阿吉优学武艺、学口才、学记史。在学做毕摩时，认真聆听见识最广的举奢哲的教诲，常常向主意最多的恒勒易求教，知识和武艺成为支格阿鲁的一双翅膀。

有一天，恒尼地方的恒苏库耶去世了，恒苏库耶的家里聚集了很多人举行丧祭活动，恒苏库耶的儿子库耶阿体哭唱道："如今阿爸去世了，他同阿妈相聚了，留下孤独的阿体。听见他人唤父母，我就想起我父母。”世上没有无源之水，无本之木，库耶阿体的哭唱深深打动了支格阿鲁。

已长大成人的支格阿鲁决意要去查寻自己身世。

他来到东方太阳城的吉朵巨，太阳神巨俄吐说，当年的修天郎恒扎祝和补地女啻阿媚生有一个儿子留在人间，但他不能肯定支格阿鲁就是天郎地女的儿子。

支格阿鲁来到西方月亮城的洪直勾，月亮神勾莫娜给支格阿鲁讲了蒲莫列伊母子的故事，说在觉妥姆姑的地方，有一位叫蒲莫列伊的姑娘，天上的老鹰在她头上绕了三转，从鹰身上滴出三滴血透过了她的九层裙子，她受孕九个月零九天，正是一个属龙的日子，她生下一个儿子。第一夜，儿子便不肯吃母乳；第二夜又不肯同母睡；第三夜不肯穿衣服。蒲莫列伊认为自己生下个恶魔胎，便将儿子弃之山岩下。岩下恰巧住着龙，蒲莫列伊的弃儿就跟着龙去了。

支格阿鲁来到火神居住的南方叫做纠塔肯的地方，火神肯阿伍十分殷勤，用腌藏了九年的肥膘猪肉、酿制了六年的米咂酒、留了三岁的骟鸡汤热情款待了支格阿鲁，不直接回答他的问题，却唱了一段《曲谷》：“太阳姑娘，月亮小伙，相亲相爱时，好比烫石水中放，碎石水流两相依，约会啊约会，约斯守九年，守九年九月，九月零九天，九天零九时。等得了九年，等不了九月，等得了九月，等不了九天。等得了六年，等不了六月，等得了六月，等不了六天。等得了三年，等不了三月，等得了三月，等不了三天。相好三年后，生了个娇儿，因抚养不了，就送出去了，送马桑树下，日里桑哺乳，夜里鹰来覆……”支格阿鲁对火神肯阿伍唱的歌将信将疑，但身上似乎产生了火一般巨大的能量。火神肯阿伍说，如有必要，你还可去拜访冰雪之神阁默遮。

支格阿鲁到冰雪之神阁默遮居住的北方森俄阁地方，知道支格阿鲁来意的冰雪之神阁默遮说，在娄密恒尼地方，白翅鹤君姑娘和青羽鹃王小伙爱得如火如荼，最大的享受得到了，最大的欢乐也得到了，刚好三年的时间，生下了儿子，碍于君王的身份不便公开此事，就悄悄地把他们刚生下的儿子托付给马桑树神和鹰神收养。支格阿鲁听到这些故事，都觉得有些离奇，不太愿意与自己的身世联系起来，不过倒愿意将自己的气质同君王作一番比较。

支格阿鲁仍不放弃努力，他来到世界最中心叫做诺濮的地方。管理诺濮地方的神名叫苏舍摩，是一位披黑披毡的老人。苏舍摩取出一幅有文字的白绸给支格阿鲁看，白绸记有支格阿鲁的身世和家谱。支格阿鲁如释重负，继承父母未竟事业的宏大愿望在他的心底油然而生。

第三章　修天补地

修天补地是支格阿鲁在上天之后的首次壮举，在他之前，天地摇荡不定，天空缺一大半，引发洪水，人间遭殃。天君曾派天臣修补天地，但无一个天臣能完成使命。洪水漫天，大岩被淹，岩神上天告急，掀掉了策举祖的大门，洪水甚至流到趣沓邓天宫，策举祖万分着急。在万般无奈之际，努娄则打破沉默，举荐支格阿鲁。支格阿鲁不负天君和众天臣之望，圆满完成修天补地的使命。

天地的极不稳定，为支格阿鲁正式开始他的英雄壮举拉开了帷幕。平常里，谁捅开马蜂窝，那麻烦一定不小；把天捅开一个窟窿，那才是天底下最了不得的事件，更何况是缺了一大半天。

自从天地分开之后，天不停地晃荡，地不停地摇摆。紧接着出现的情况是，北边天空渐渐缺了一半；姆古勾的大雾常常作怪，引来洪水，淹没了南边的大地，人烟灭绝。土地被水困，森林被淹没，山神鲁朵上天告急，踩断了举祖的门槛；江河被淹，水神迷党上天告急，挤破了举祖的门楣；大岩被淹，岩神上天告急，掀掉了举祖的大门。洪水漫天，涌到了天上，流到趣沓邓宫殿。举祖的宝座旁，告急的人吵闹不休。天帝策举祖恼怒得差点把天宫都一拳捶破了，但他转念一想，恼怒归恼怒，问题总得想出办法来解决。

策举祖派了妥卧妥等六人去修天，又派了妥雅体等九人去补地，但修天的人来到鲁局博山，见天的缺口无边无际，既无从下手，也无料去补；补地的人来到大地塌陷的姆古勾，被大雾挡住了去路。这些天人未能完成修天补地的任务，垂头丧气地回到天庭，少不了天帝策举祖的一顿训斥。天庭又商议由阿娄家族去修天补地，重新整顿日月星辰。阿娄家族挑起了大任。他们分工协作，修天安星，补地造草，但是洪水还是没有止住。

策举祖又派出负重之神恒优额和杜波祖去治水，可是大雾仍密布在姆古勾，看不见天头在哪里，看不见地尾在何方，南方的洪水仍在无边无际地泛滥着。恒优额一天打出九十九洞，试图让洪水消退，可他打出的是连着的有底洞，填满九十九洞后洪水依旧。雷神杜波祖算得上是天神中的巨人，七条山脉只够他做一担挑，八个平原还不太够他一人背着，他摘星星如摘桃李，一只脚能堵塞一条江。正因为这样，他才荣登雷神的交椅。他把脚踏进洪水中，没能把水引出去，反而把洪水引到了天上。

决心治水的天帝策举祖召集众天臣再议治水之策，众臣面面相觑，不敢吱声。唯有努娄则打破沉闷，他说：“是好刀要抽出来淬，是好马要放出来遛。”他推举了支格阿鲁。

天帝策举祖正式任命支格阿鲁为治理天地的钦差，取出测天的权杖和量地用的金玉带交给支格阿鲁，又命天奴凯植拉牵出飞龙神马赐给支格阿鲁；天臣努娄则也拿出龙君王袍赠给支格阿鲁，取出虎头龙角印授给支格阿鲁。

支格阿鲁向天帝策举祖要了量厚薄用的三对度瓦舍、探深浅用的三对寿尼若、量长短用的三对奏尼若等九件测天量地的宝器，便跨上飞龙神马，率领着八位智老出发了。斯里神族的三力士、鲁朵神族的三力士和米觉神族的三力士也跟随着他，支格阿鲁的出征是荣耀而威风的。来到姆古勾后，他取出九件宝器，测出了雾的厚薄，探得了雾的深度，量得了雾的长度，挥动测天杖，甩开量地带，九力士助力，八位智老助势，用了七十二老虎之力，姆古勾的雾，丝纹也不动。到了姆古勾，他同样遇到了前人遇到的困难。这时，还是他的父亲化作一只苍鹰在空中提示他要多读古人的书，从书中汲取智慧。支格阿鲁得到父亲的神启，想出了一个计策，请来白鹤、黑杜鹃、青虎、红豹子四家毕摩共同祭祀天地与日月之后，嘘嘘呼唤大风。斯里神族的三力士引来朔风、强风和劲风，三种风从三面吹来，刮了三天三夜，揭开九层地皮；鲁朵神族的三力士使劲拨弄高山峭壁和大小山头，摇晃不停，使迷雾无所栖身，落荒而逃；米觉神族的三力士穷追不舍，迷雾迷霭被抓住后化作为水。总算完成了修天补地的大事。这是支格阿鲁正式立下的第一件大功，他终于把长期为害的大雾驱散，让人们第一次看见了日月光辉，欢喜得烧起九十九堆篝火，连续庆祝了九十九天。过了许久人们才发现，欢乐的人群中唯独不见支格阿鲁的身影。

第四章　寻找天界

支格阿鲁完成修天补地的大事，对天地产生了好奇，天地到底是由四根神柱撑起的，还是有个天地相连的地方？他决定寻找天界。骑上他的神马，苦苦寻找天相连的地方。在鹅针的帮助下，在一片森林边的石板上，把塔布阿玛怪给收拾了。又走了多少年，碰见一个须发雪白的老人，老人告诉他没有这样的地方，但他继续前行。又走很久，神马被苍蝇蚕食。后来遇见一头大水牛，水牛猛叫一番演示，支格阿鲁终于相信无天地相连之处。无奈，又回到天庭。

一、天地不相连

人们说天和地是相连的，支格阿鲁骑了匹马，拿了一根铁拐杖，要替人们寻找天地相连的地方。走了许多年，他的铁拐杖已经磨得很短了，他的马已经走得足蘸毛都脱光了，还没有走到天地相连的地方。

有一天，他投宿在一个人家里，这人家有三只鹅，一只公鹅、一只母鹅和一仔鹅。主人准备杀一只鹅款待他。支格阿鲁能听鸟语，这一夜他听见三只鹅在一起哭泣。公鹅一边哭，一边说：

“明天主人要杀我们中的一个来待客了，还是我去，让你们母子俩在一起吧！”

母鹅哭道：“不，还是我去，让你们父子俩在一起吧！”

仔鹅哭道：“不，还是我去，让阿达阿嫫在一起吧！”

支格阿鲁立刻起来，摘了一根“黑克”（蒿草），走到主人面前说：“主人，你千万不要宰鹅给我吃。”他说着就用手把蒿草折断，“若我吃了你家的鹅，会像这蒿草一样折为两段。”

于是，主人就不杀鹅款待他了。

第二天才黎明，支格阿鲁就动身赶路。这时，三只鹅已经在路旁草上吸露水吃，一见支格阿鲁，三只鹅跑到支格阿鲁面前说：

“你支格阿鲁是这样一个好心肠的人，昨晚若不是你，我们不是父子不能相见，就是母子不能相见了，你把我们救了，我们才能在一起。你要到哪里去，告诉我们吧，看我们能不能给你帮忙？”

支格阿鲁说自己要到天地相连的地方去。

鹅说：“你到那里还要走许多年，路上有许多危险，就在前面森林边，有一块大石板，那里住着塔布阿玛怪，它常把长舌头伸在石板上面，吸食来往的人，从来没有人能从那里走过。你现在去，非常危险，但是因为你救了我们，我们应当帮助你。”

于是，公鹅伸出它的翅膀拍着，一拍就从翅膀下掉出一把针。鹅把针交给支格阿鲁，说：

“这针你拿去，走到那大石板而前，就用这些针把塔布阿玛怪的舌头钉在石上。这样，不但它不能吃你，而且从此你就征服了它。”

支格阿鲁向鹅道了谢，带着针走了。

走了许久，来到一个无边的森林边上，林边有一个很大的金色石板。塔布阿玛怪正把它布一样大的红舌头放在石板上，不断发出嗞嗞的声音。支格阿鲁急忙用针将它的舌头钉在石板上，并用铁杖打它。塔布阿玛怪不断求饶，支格阿鲁问它：

“你以后还吃不吃人？”

塔布阿玛怪说：“我从今以后再也不吃人了，但是人们不要向着我们张口的方向走。”

支格阿鲁问：“你们一共是几个？你们的口张在什么方向？”

塔布阿玛怪说：“我们一共是三个，一个是塔布阿布（公塔布），每三个月在一个方向，龙月、蛇月、马月在东南方（鲁地火），羊月、猴月、鸡月在西南方（由色果），狗月、猪月、鼠月在西北方（克地火），牛月、虎月、兔月在东北方（纽色果）。一个是我塔布阿嫫（母塔布），每三年在一个方向，龙年、蛇年、马年在东南方，羊年、猴年、鸡年在西南方，狗年、猪年、鼠年在西北方，牛年、虎年、兔年在东北方。还有我的儿子塔彼惹（仔塔布），它每天在一个方向，初一在东方，初二在东南方，初三在南方，初四在西南方，初五在西方，初六在西北方，初七在北方，初八在东北方，初九在地上，初十在天上。以后十几或二十几，也是一样。——这就是我们张口的方向。若人们不对着我们的口走来，我们就不吃他们了。”

支格阿鲁看它说得很诚恳，就放了它，仍往前走。从此，世间的人有了出门占卜方向的习惯。

他又走了很多年。有一天，碰见一个须发雪白的老人，他的胡须似乎长到膝盖上了。老人看见支格阿鲁，问道：

“年轻人，你要到哪里去？”

支格阿鲁告诉他要到天地相连的地方去。

老人笑了笑，把两眼微微一闭，忽然天地上下一片漆黑，什么也看不见了。但不久他又睁开眼了，支格阿鲁非常吃惊，急忙向他请教哪里才是天地相连的地方。

老人回答他说：

“天地没有真正相连的地方，只有你闭着眼那一刻儿是天地相连的时候，但你一睁开眼，天地就又不相连了。”

支格阿鲁说他荒唐，不相信他的话，仍往前走。

又走了很久，他来到一个大森林里。这一带苍蝇很大，能够吃人。当支格阿鲁歇下来时，成群的苍蝇向他攻来，支格阿鲁拔出他身上的“木出依莫”（剑），向飞来的苍蝇砍去。不久，他的前后左右都堆满了苍蝇的尸体，但苍蝇仍不断向他进攻，直到天亮，这些苍蝇才散去。他一看他的马，只剩一副可怕的白骨倒在那里，全身的肉和皮都没有了。

支格阿鲁又继续往前走，碰见一头大水牛。大水牛问道：

“客人，你到哪里去？”

支格阿鲁告诉了它要去的地方。

水牛说：“客人，你若能调九盘炒面给我吃，我就告诉你天地相连的地方。”

支格阿鲁果然调了九盘炒面给牛吃。牛吃后就昂起头来，“唔唔唔”地叫了几声。它的叫声很大，叫第一声时，立刻地动山摇，鸟兽骇得到处乱飞乱跑；叫第二声、三声时，天立刻阴暗，阴云布满天空，黑雾罩着大地，周围看不清，像天地都连在一起一样。这样过了一会，牛又叫了第四声，立刻云消雾散，四周又晴朗清明起来，地也不动，山也不摇了。

这时，水牛对支格阿鲁说：

“客人，你要看天地相连吗？刚才那一刻，就是天与地相连了。你若想要看另外的天地相连，纵然走到头发全白，人老死，也不会看见的。”

支格阿鲁有点相信了，决心暂时回去。动身时他对水牛说：

“唔，你的话也许有道理。但你的声音太大了。你把鸟也惊动了，兽也惊动了，以后，你的叫声还是小一点吧！”

说完，就用一根绳在牛的脖子上勒勒。从此，水牛的叫声就小了，叫时，鸟也不惊，兽也不惊了，而且脸子上至今还有一条白纹，这白纹就是支格阿鲁的绳子勒出的。

二、定四方界线

洪水泛滥，淹没了山川大地。洪水平息后，各种妖魔鬼怪和瘟疫灾害又开始危害人间，百姓遭受着新的苦难。天上雷声隆隆是想消灭司妖，空中大风嗖嗖也是想扫除署怪。水下的寿波鲁一次又一次地现身，坝神与山神也一次又一次地现身。高空中的雄鹰展翅又展翅，深山的猛虎嗑牙又嗑牙，都不是在虚张声势，而是在逐司妖署怪。人间世事一片混乱，人类会动的也不耕种，有命的也不放牧。

天帝策举祖召集众天臣商议，命令聪慧善言的实勺氏重新整理一番天地。实勺氏把阴标为青天的标志，根本生长在天宫中；以阳标为赤地的标志，其枝蔓生长在大地上。但是在设定天地的标志的时候，却没有划出大地的界线，导致后来君长无权威，大臣断事不清楚，毕摩作法不灵验。后来又命令聪明有才的尼能氏来分封治理宽广的宇宙，宇宙的北方由鲁朵治理，以羊头青面人镇守第一门；宇宙的南方由实勺氏治理，以猪毛黑面人镇守第二门；宇宙的东方由尼能氏治理，以鹤头白面人镇守第三门；宇宙的西方由哼哈来治理，以鸡冠黄面人镇守第四门。这样通过一番整顿之后，宇宙之间才初步显现出一线生机。

支格阿鲁跨上他的天马，先从北方入手。他打开北方的天门，带上他的测天杖和量地带，带上他的鲁补鲁旺，轰轰烈烈地开始了他测天量地定四方的伟业。他施展法力镇压住了北方的妖魔，一一驱逐、治理。到勾遮代俄地方，在呕武地方，用鲁补和鲁旺来测量和划定地界，划出一方水域，树立起一块界标，定下天地界线，封立一方治理之王。还在北方设立一道门，立一棵银柱，挂一口银钟，立一块牌坊，挂一面金旗，树一棵铁柱，造一座铜像，用一石白银，建造了勾遮大门。这样之后，即使是鲁妖和朵怪一起联合攻击，濮诺氏族的人来合力攻打，也攻不破这道大门。如此，则天鹰濮阿吉不会轻易下地，地虎努阿阻也不会轻易上天，天地之间清静和平，人间万物都不再担惊受怕，君王的寿命也会增长。

定下北方界线之后，支格阿鲁骑着天马来到南方，用测天杖和量地带测量，以鲁补鲁旺定界，把南方划分为六大区域，分别收拾了南方的妖魔鬼怪，经过女武赫趣，来到生长着一堵大红岩、岩洞中有一对大雕筑巢的米以罗尼白山，在此封立一方治理之王，重申了鹰雕可以任意捕食鸡类的封赠之言，命令由鲁则来居住在这块地盘之上，并且由他来管理人间的生老病死。同时，在南方建造了一座妖魔鬼怪和一切邪恶势力都攻打不破的大门。

然后支格阿鲁跃上天马来到西方，用鲁补鲁旺和测天杖量地带把西方划分为三大区域，又在米古勺那山、啥靡卧甸、吐濮欧博、苏喽毕毕等地方划定界标，阻断司妖署怪等来往的通道，封立一方君长，让鲁则管理阴间事务，让君王管理阳间事务。在西方建造一座大门，由恒与投管理上方，由哼与哈管理下方，濮与努一起来攻击都攻打不破，天上的司妖和地上的署怪等无法往来作祟，人世间的生灵万物都得到安定。

支格阿鲁最后来到东方，对一片混乱的东方也进行了一番收拾治理，驱除了种种人间祸害，划定天地界线，确立东方的界标，让天上灵物不乱下地，地上怪物不乱上天，天地万物各安其位，各得其所。

定下了四方界线之后，支格阿鲁在东边日出方位立一棵金柱，树一棵银柱；在西边月落方造一口金钟，造一套银鼓，以鲁补鲁旺划分阴与阳，派遣一对阴阳鸟分别栖息在日月之上，掌管雾与霭如何交织，组织星和云如何交替，让恒天与投地如何吸引又分别，等等。这样，支格阿鲁完成了对天地四方的测量和定界。

三、定夺乾坤

大地的四方虽然有一个初步的定位，人间也已经分封了不少的君长。但是，天帝策举祖要派天下的租税、要收取世人赋税的时候，由于还没有细致的标记，人们对于方位和地域的认识还很模糊，经常把四方搞错，把南方当成西方，北方当成东方。天地界线也经常弄混乱了，天人和地人之间常常因此而起争端，引起了许多祸患和仇杀，战火不曾熄灭。

支格阿鲁再次戴上洛洪帽，手持刻有龙鹰像和猊虎形的测天杖，系上量地带，跨上他的飞龙神马，如同矫健的雄鹰，依照天星的分野、大地的对应，开始了定夺乾坤的伟大事业。

他用九鲁补和八鲁旺把东方分为柴扯安分野和安翁吐分野两片分野，把西方分为兜分野和兜雅保分野两个分野，把南方分为宰分野和宰拜赫分野两个分野，把北方分为吉分野和吉拜赫分野两个分野。八个鲁补又对应八鲁旺。在东西南北四方分为八个分野的基础上，以中央为一龙宫，代表一个分野。天下的这九块地盘，对应天上的九片星野。这就是他所划分的九鲁补的命名，一直传承到今天。支格阿鲁又把世界上的人分别命名，九鲁补八鲁旺以内的人，就叫做诺苏（彝族）；九鲁补八鲁旺以外的人，称呼为啥苏（外族）。

支格阿鲁打开西方的天门来到西部地界，挥动测天杖划出一片地盘，打上标记，划出界线，委派了九姓舒管理这块土地。住在这块土地上的九族百姓被称为武珠九姓人，他们无翅也能飞，是龙头人身躯。武珠氏族的人住白色的房子，拿白色的旗帜，是他们最先发明了五谷，最先种植稻谷，属于龙的国度。

支格阿鲁在龙的国度住了三天之后，又去北方。北方的居民都是虎头人身躯，住黑色的房子，打黑色的旗帜，养黑色的马匹。支格阿鲁打开吉分野和吉拜分野的门，挥动测天杖划分出一片天地，调协设置了九百姓祖摩来管理九千家“度蜀”。

在虎的国度停留了三天，支格阿鲁又来到东方。东方的居民是鸟头人身躯，住青色的房子，披青色的披毡，养青色的马匹，打青色的旗帜。支格阿鲁挥动测天杖打开安分野和安翁吐分野的门，安置好这里的九千九百姓恒蜀人，把治理他们的任务交给了委派的九百姓祖摩。

在鸟的国度停留了三天之后，支格阿鲁又来到南方。南方的居民生着六只手，住红色的房子，穿红色的衣服，养红色的马匹，打红色的旗帜。支格阿鲁又挥动测天杖打开宰分野和宰拜赫分野的门，划分出一片天地安置好这里的九千九姓尼能人，委派九百姓祖摩来管理他们。

四方重新安顿好之后，支格阿鲁反复巡察了三遍，才来到中央之地，开创出一片新天地由笃米的六支子孙来管理。

支格阿鲁为人民打开了土地之门，为鱼獭打开了水域的门，为飞禽打开了森林之门，为走兽打开大山之门。他还教人民驯养牛马，兴起贸易，启用贤能的人，培养有知识的人，派定四面八方的租税，收缴世上人的赋税。经过这番整顿和发展，租谷如同流水，赋税好比雾涌，驮租税的马匹比蚂蚁还多。这些赋税都上交到了趣沓邓天宫，交给了策举祖和恒度府。策举祖天帝把天上的俸禄赐给了支格阿鲁，地上的租税也赐给他，还将天地四方划出一方给支格阿鲁来管理，让他在那里施展治理天地的才华。

支格阿鲁来到北方的姆古勾、卧祈保尼、米诺仁洛、笃烘洛曲各地，根据天上的一组星座来对应各地的一片土地，来作为分野的对应，把人类和司妖署怪以及鲁、朵精灵等分开界线，天地有了秩序，人类和睦相处，河流交汇也不会错乱。北方以金星为标记，安上金门，上了金锁，天地生灵安定下来。支格阿鲁又来到南方的却楚泰、恩楚布尼、留吾赫趣、笃烘芍那洛，以天上的一组星对应地上的一片土地划分星野，以银的星为南方的标记。造一座银钟，安一道银门，挂上银锁，安定了南方的生灵。支格阿鲁来到东方的德录略、恩俄布迫，划分好星野，安上一口铜钟，造一面铜鼓，安一道铜门，整顿好日月运行的秩序，安定了南方的生灵。支格阿鲁来到西方的蒙度杓那山、苏漏彼毕、特帕化吐、笃烘姆媚，划分好星野，制一口铁钟，造一面铁鼓，安一道铁门，上一把铁锁，再竖一根铁柱，挂上一面黄旗和一副铁圈，安定了西方的生灵。大地是星空的子民，星座是大地的灵魂。支格阿鲁划分了星野的对应，天地相安，万物有序，生灵各得其所。最后他来到叟依奎部，划出一片星野，修建起赤叩宫殿，受天帝策举祖的指派，为苍天掌权，为大地守业，治理雄鹰的国度。

四、巡视分封

支格阿鲁用他的鲁补鲁旺和测天杖量地带测定四方，为四方建造起大门、树立起标志之后，就开始了巡视中部各地，命名各地山川，分别各地标志和界线，尤其是分封各地君长。

支格阿鲁骑着天马，从巴氏侯吐西岸的笃洪迷尼往北，到达赛依鲁略，在峭壁顶上立了一块铜牌，让一对大雁栖息在此地。到达司液资资嘎鲁吐博尼，立了一块白石碑。到达米阿鲁恒，立了一块黑石碑。到达柏雅妥洪，立一块牌坊定下君长、大臣、毕摩的职责权力。然后支格阿鲁又来到北部的阿妥洛则的妥洛城内，这座城池治理有方，整齐的卫兵在首领的率领之下，从府第里出来迎接支格阿鲁的巡察。妥洛的首领恭敬地说："支格阿鲁大王啊，你的到来如同祥云降临，会给我们带来吉祥的好运！"支格阿鲁说："行步如轻雾一般的妥洛的首领，您辛苦了。"妥洛的毕摩也说："君长已经讲过话，大臣已经有礼节，阿鲁已经发过话，我就不多客套了。”支格阿鲁说：“君长的话臣来应，大臣的话你来应，大臣的话有我接，我说的话你来接。大家都有礼了！”大家一起进了妥洛城的宫殿，支格阿鲁宣布说：“册立妥洛君为君长，以碑刻为记。君管臣，臣管毕摩师，毕摩掌管知识法度，订立典章制度管束臣民，平民管理田地，田地由奴仆来耕种，供养万民。”支格阿鲁又册封了北到部武酉惹舍的尼毕祖家，用三颗铜钉、三颗铁钉钉立了尼毕祖家地界，把尼毕祖家的根基牢牢树立起来（以上地名均在四川省境内）。好比今年的打雷声明年会有响应一样，尼毕祖的地界上从此没有了异样的声音。

巡视和分封了北部之后，支格阿鲁前往诺苏的中部大地。他来到堂琅打洛、纪抖鲁姆、抖纪洛略、升麻古口，以鲁补鲁旺划定疆界，刻立标志牌坊，分封君长，订立典章。在德歹濮卧封立了尼舍君长，在果氏乌通封立了赫尼君长，在沾扎甸果封立了君长后，对他们进行了训诫：“君、臣、师三者，我立一个法度刻在牌坊上，你们要照样做好：饮酒不过量；勿沉溺美色；不要习赌博。饮酒要误事，财多人狂妄。好色伤身体，也会败基业。赌博的灾难，如山崩地裂。古代的教训，大家要牢记。古代的规矩：天为父，地为母，白为舅，黑为甥，白为君，黑为臣，武为毕摩师，古家最聪慧，源远流长啊！”支格阿鲁又来到麻纳姆古，在溢毕珐吐封立了溢毕君长。在益那勾纪封立了益那君长，率领益那家编纂了一套大书，来记载天文、地理、人物、财产、六十甲干、十月年、季节，等等。看到益那君长能够完成许多大事业，支格阿鲁很高兴，说："益那氏的君长最有君长的风度，最有君长的气魄和能力，言谈举止谦逊有理，办事公道平等，这样的品格能使所有人恭敬和钦佩，具有龙虎的气度，是优秀的君长。"益那君长谦虚地说："你太过夸奖了，天上的飞鸟也会被你夸下地来。"支格阿鲁说："我夸奖你也没有什么益处，你的言行气度有帝王气像，不能满足了一方君长，要称雄于整个天下。我为你们编制一部政令、一部兵书、一部民法，制作一套印信，你们可以依照这些施行法令，统管万民，壮大益那。"支格阿鲁到达吐鲁勾纪，封立了吐洛君长。经过欧纳峨奏，到达则额珐，在此立了一块岩碑，留下三个地名：一是马水井，二是马足印，三是马身印。这三个地名和遗迹至今还在。到达祝斋苦，在此地立了一棵铜柱。到达吉苏博卧封立了博卧君长，并在此册封一对男童和女童，让他们开一个药铺，制药给日月服用，以保证日月长期光明闪亮。到达布早待外，支格阿鲁为了让后来诺苏六祖分支时要经过这里的德布氏、德施氏、糯候氏方便，立了三块牌坊，并且留下了话："三家过此地时，德布放马处不要多占时间，不要把马丢失。德施歇息时不要多揩汗水，不要伤了容颜。糯候纳凉时也不要待久，更不要中暑。"支格阿鲁经过古处悉惹，到达麻纳妥体时，在此地的无数悬崖上留下了神马的足迹。到惹那木体时正逢此地遭受司妖署怪的侵扰，支格阿鲁教导他们建造一块牌坊，让经过这里的人害怕也要吼三声，不怕也要吼三声，以此吓退鬼怪的侵扰。在米祖录始垛嘎封立米祖和录始时，命令他们守好连通天地的桥，不能让天上人与世上人随便往来，而且为他们立了一棵通天神柱以通达天地。到祝峨那嘎，支格阿鲁制止了两家蜜蜂的纷争。在祝苏遏武，阿鲁用七条金绳拴住了作恶的七头老熊。马洪溢处的水井有三口是甜的，有三口是苦的，经过此地的人和牲畜都不敢饮用，连阿鲁的神马渴了也不敢去喝。阿鲁封赠说："马洪溢处的水啊，甜水你从此不再甜，苦水你从此不再苦。要清澈凉爽！无论是人还是灵，路过此地的都得喝三口。"此后，凡是路过这里的亡灵，都要在此饮三口水。饮过水的神马在吉妥打姆山崖的峭壁上又留下了足迹，这些足迹至今还在。阿鲁到达愁此勾纪、米则娄洪、姆古勺球、道峨勺嘎，立下了标界。

五、皮诺阿卖妮[①]

支格阿鲁奉天帝策举祖之命，跨着飞龙神马勘查大地。他再次往姆古勾去，因前次治理大雾时，总觉得那里的土地有些缺陷，很长时间以来，心里有一种不踏实的感觉。出发时，他带上事先准备好的三百匹驮土的野马。

一天，支格阿鲁来到嗖雅鲁勒，将飞龙神马加鞭，盘算早一

① 彝文古籍《诺沤苏》记录下了这个故事，该故事原题目为《勘测大地命山名》。

点赶到目的地，飞龙神马忽而在半空飞腾，忽而在地上奔驰；驮着三百驮土的野马却快不了，加鞭也无用。支格阿鲁的野马驮着土往东，到慕勾鲁堵，山路崎岖，乏力了的野马脚步明显放慢，河边的慕勾鲁涤这个地方，更是陡峭路难行。好不容易来到慕勾阁雅，野马再抽再打也像生根一样的不动了。支格阿鲁脱下披毡，卸下马驮子，在慕柯白扎戈住了一宿。

支格阿鲁借宿住在白扎戈神女皮诺阿卖妮的家，皮诺阿卖妮用好酒好肉好生款待了支格阿鲁。在交谈中，支格阿鲁觉得这神女很有些面熟，但一时想不起来在哪里见过。还是阿卖妮主动为支格阿鲁解开了纳闷，她说："都说尊者多忘事，您一定是认不出我来了！""是啊，我们好像是在哪里见过。"支格阿鲁真的想不起来。

皮诺阿卖妮见到支格阿鲁，像是遇到了久违的亲人，把话匣子一下打了开来。

阿卖妮介绍说，她家原来住在北方。那一年，支格阿鲁为平南方的水患，借山龙王的神鞭驱赶北山填南水，皮诺阿卖妮和她的父母一道被赶到南方，水患消除后，阿卖妮的父母皮诺夫妻被分配镇守名为"波益蒙"的北盘江，防止这条水泛滥为患。说到这里，支格阿鲁回想起来了，那时候，阿卖妮还是个腼腆的少女，但在南移的群山中，面容姣好，算得上是一位绝色，曾对手执神鞭、仪表威严的支格阿鲁有过莞尔一笑。

令支格阿鲁不解的是，皮诺阿卖妮在南边好端端的，怎么会不惜离别父母，移到千里以外的北边来。支格阿鲁很想弄明白这件事："妹子，你远离千百里以外的亲人，孤零零的一个人在这里，心里面一定很难受吧？"支格阿鲁的同情心，拉近了他和皮诺阿卖妮的距离。

皮诺阿卖妮打消了原来尚存的一丝顾虑，将她的一桩辛酸往事倾倒出来。

多年前，皮诺阿卖妮同北方的任洪鲁豹子大山订下了婚约，任洪鲁信誓旦旦，以非阿卖妮不娶的甜言蜜语博得了她的芳心。任洪鲁要阿卖妮到三年三个月后的第三天嫁去他家。阿卖妮依婚约去和任洪鲁成婚，皮诺家派出浩荡的队伍陪送阿卖妮出嫁。

阿卖妮出嫁到半路的慕古勾地方，正遇上天狗在空中吞噬太阳，把太阳咬得血红血红的，其情形惨不忍睹。见到天狗吃日是女子出嫁时的最大忌讳，预示着今后的婚姻破裂，或家庭无后。就在这个时候，任洪鲁派出的使者送信来，说任洪鲁已经同峨姆的女儿峨姆诺咂结婚，是专门送退婚信的，要皮诺家从半路退回去。阿卖妮一听，肝肺撕裂，昏厥了过去。

阿卖妮醒来后，一狠心，决定原地落脚。因为返回去是无颜面对天地父母和她的皮诺家父母的。送亲三长老，化作三棵竹。所以后来在慕柯白扎戈山上长有三棵竹；陪嫁的随从，也各自化作一串串的山头；给阿卖妮梳头的侍从等，渡过毕以大河，也化成了一些山。

第二天一早，支格阿鲁来到皮诺阿卖妮为神的山顶上把地势观察，只见这山头朝西，脚面向东，腰摆向南，背靠北方，生得端庄秀丽，风景是数一数二的别致。再往下面一看，山下有源远流长的河流，有着平坝的气候，大小麦交替种植着，已经垂穗，又观看远处，高山坝子分明，山间有平地，河谷有沟渠。高山与坝子界线分明，且错落有致。支格阿鲁就将他的所见所闻录入《俄莫咪》一书。在取地名作记号时，他把皮诺阿卖妮所居的山命名为慕柯白扎戈，把她的那些送亲山取名为木雅洛博山；把渡过毕以大河的给阿卖妮梳头的侍从山取名为直足姆山。后来，知道这段来历的人说，慕柯白扎戈是北边分界山，也是北边的新娘山；不知道这段来历的也跟着叫她慕柯白扎戈，却不明白这座山的名字含义。

第五章　射日月

支格阿鲁到天庭后，受命修天补地，为天君排忧解难，造福天地，顺利完成任务，这是支格阿鲁一生中第一件壮举。射日月是在世间巡查过程中发现万物遭受日月戕害，景况惨不忍睹，为了解除万物之忧，毅然射下天空中多余的日月。关于射日月故事，在民间口传和书面文献里说法不一，主要体现在日月的数目上，但无论如何，射日月是支格阿鲁到天庭后的第二件壮举。

一、支格阿鲁射日月

爬上了一个高峰，支格阿鲁嗖、嗖、嗖就是三个满弓射出了响箭，三支响箭直直飞向天空，还没穿进云层，就飞落得无影无踪了，天上那六个像火球样的太阳，脸带着讥笑，喷出更加灼炙的光焰，烘烤着大地。

支格阿鲁一见铁箭射不着太阳和月亮，心想：这几个可恶的害人东西，高高挂在天空，离地太远了，要用箭射，就必须找个离它们很近的地方，方能射中，但离太阳和月亮最近的地方，又在哪里呢？天和地有没有个相挨拢的地方？要是能找到天地合拢的地方，从那里爬上天去，不是就可以射落太阳和月亮了吗！支格阿鲁想到这里，高兴地背着弓箭，走下山峰，去找天与地相接的地方。

翻过九重大山，访问了九重山里的人，没问到天地相接之处；蹚过九条河，访问了九条河边的人，未问出天地靠拢的地方；穿过九片山林，拜求了林中的打猎人，听不到天地合缝之点；走过九个牧场，请教了牧场上的放羊人，都难回答他的问话。最后，在一个被晒化了的雪山上，支格阿鲁碰见一个雪山老人，老人告诉他说：“天和地没有一处合得拢的地方。”支格阿鲁忙说：“据说地上江河里的水一直流呀流，最后流到天地合缝的地方，才又掉头流了回来。要不是这样，那江河的水为啥老是流不完呢，地上的水怎能是吃不尽呢？所以应该天地有个相接的地方。”雪山老人笑了笑说：“地上的水是流不转来的，江河里的水流来流去，一直流到伊尼尔惹（一个烧红了的极大地石板）上，便哗啦一声，水在极大的红石板上，被高度的热，烫得沸腾了起来，就全变成了云和雾，飞上天空去了，等到云和雾把天空装满了时，它们就互相冲撞起来，谁把谁挤垮了，就变成雨，跌到地上又成为了水，这就是江河中的水流不完，地上的水人们吃不尽的缘故。”支格阿鲁觉得这种说法，比他原先听来的有道理些，便改变了自己的主意，不去找天地合拢的地方，要找个比较高的地势，离太阳和月亮近一些的地方，再去拉弓搭箭射。

第一次，他找到一丛达薄（蕨蒺草），忙爬上去射，认为在这丛高高的蕨蒺草上，总会离太阳和月亮近些，哪知箭一飞出弦就不见了，没有射着，他生气地用手将蕨蒺草一拍说：“你这没用的东西！”从此，蕨蒺草再也抬不起头来了，只好趴在地上长，谁都可以任意践踏，没有一点用处。

第二次，支格阿鲁找到一笼乌蒙施俄（乌泡藤），认为这乌泡藤长得高，离太阳和月亮很近，就站在乌泡藤上去射。哪知箭没飞多远就掉下来了，也未射着，他发怒地把脚一蹬说：“你这长不高的东西！”至今，乌泡藤只能贴在一些矮树上长，自己不长骨头，单独站立不起来。

第三次，支格阿鲁看见一支吉矢（马桑树），心想马桑树长得高，可能挨近太阳和月亮，又爬上马桑树上去射，哪知箭刚出弦，就飘到另一方去了，还是射不着，他冒火地用手一撇说：“你这长不直的家伙！”以后，马桑树再也不能直起长，总是弯躬趴腰，只长枝长叶不长杆，被开除出树的正谱名字。

第四次，支格阿鲁发现了一棵索玛（杜鹃花），他站到杜鹃花上去射，弦响后箭就看不见了，更没射着，他急躁地扬手一扫说：“你这好看不好长的东西！”到现在，索玛花也是花多枝少，长不成材。

第五次，支格阿鲁高兴地来到一棵特搏（马尾松）前，马尾松在山巅上冲天而长，他仰头看了看直挨云端的马尾松，很快爬上树去，认为这次一定能射下太阳和月亮，便满满地拉圆弓，发出一箭。箭不知落到哪里去了，没射着。他愤恨地诅咒说：“你这断子绝孙的家伙！”从那以后，马尾松的树根上，再也长不出小树苗来，只有靠它的松子来播种接代了。

第六次，支格阿鲁只好爬到玛啵（竹子）上去射，由于竹子长得又细又长，载不起他的重量，当他用力拉弓时，竹子一摇晃，只射了半圆弓的箭，更难射着。他不耐烦地用铜弓将竹子一击说：“你这不长心肝的家伙！”至今，竹子不仅总是低着头，而且中间老是空的，长不了心肝。

找遍了九十九个地方，都没射中太阳和月亮，支格阿鲁苦闷极了，他一定要找到个最高而又最适合的地方去射，想来想去，最后只好用箭去测量天和地的中心点在什么地方，如果能找着天地的中心点，这个中心地方可能就是天地最靠近的地方了。于是，他便跑到木都（东方）地方去射了一箭，箭头落到觉土木古上；他又站在木吉（西方）去射了一箭，箭出去也落在觉土木古；他又到益俄（北方）去射了一箭，箭还落在觉土木古；他又去到益木（南方）去射了一箭，箭也落在觉土木古。他知道了，从东南西北四方射出去的箭，全都落在觉土木古地方，这觉土木古地方，便是天和地的中心点了。

地的中心点，当然也就是天的中心处了。支格阿鲁忙去到党土木古一看，只见那里有座突尔啵山，山峰上长了一棵又高又直的杉树，这杉树高穿云层，树腰是白云缠绕，树巅是红云笼罩，那六个太阳和七个月亮，耀武扬威地同时出现在红云的上面，支格阿鲁爬上突尔啵山峰，又爬了半天才到杉树顶，他忙拉圆弓，搭上箭，对着太阳瞄了又瞄，向着月亮看了又看，然后鼓足全身力气，嗖地一箭射去，只听见轰隆一声响，天空中顿时像撒满了金针，五光十色一齐翻旋滚腾起来，变成了九十九丈长和九十九丈宽的火焰，喷射着、燃烧着滚滚落了下来，霎时，红光满天，金色铺地，六个太阳和七个月亮，就被他射落五个太阳和六个月亮。天空中只剩下一个太阳和一个月亮，吓得它们两个在天空中乱钻乱跳乱跑，最后不知躲藏到哪团云层去了。支格阿鲁这才吐出一口闷气，泄去胸中的愤恨，他高兴地称赞那棵大杉树说：“好样的，你永远是人们的栋梁之材！”如今的杉树长得又高又直又大，谁见了谁都喜欢，都用它来修房建屋，作为栋梁之材使用。

二、支格阿鲁请日月

天空没有了太阳和月亮，地上又变成了一片漆黑，伸手不见五指，看不清方向，七个白天不亮，七个夜晚全黑，人们把松明点完了，火塘边的柴也烧光了，只有在房子内摸着墙壁行走，去沟边背水、去山上砍柴都困难了。大家整天睡在火塘边上埋怨支格阿鲁，不该把太阳和月亮全射落。鸡鸭看不见地上的青草和虫子了，只有在栏内拍打着翅膀，咕咕喔喔地啼叫，怨恨支格阿鲁手太毒了，不该射落全部太阳和月亮。牛羊把胃里的草都反刍完了，再也没有青草可嚼，只是困在圈内哞哞地叫，说支格阿鲁射落五个太阳和六个月亮是错误的。牧羊人的鞭子不响了，打铁老人的铁锤打不准了，天上的鸟儿不飞，河中的鱼儿不游。大家跑去向支格阿鲁说好话，请他快去把吓跑了的太阳和月亮找出来，向它们打（宰）鸡献酒去赔礼道歉；要是还不出来，就喝血酒结盟约，允许他们长期留在天空里，为地上的人们和一切有生命的东西造点福利。

支格阿鲁没法，只好又到党土木古的突尔莫西（山脚）找来一条白骟牛，准备杀了去向那躲藏的太阳和月亮赔礼道歉，白骟牛一见忙说："请不要先杀我，我愿意去喊藏起来的太阳和月亮出来，如果三天三夜那样长的时间内喊不出来，你再杀我去赔礼不迟。"三天三夜过去了，没有喊出太阳和月亮。支格阿鲁只好把白骟牛杀了，抓了四把牛血洒向四方；又把白骟牛的肠肚、肝脏，用四根白木棍穿起，插在四方；再把白骟牛的全身砍成四块，用青松枝叶垫着，放在四方；再把九坛荞酒倒满三十六只鹰爪杯，摆在四方。这时，支格阿鲁才跪在地上，脸向着天空，诉说自己愚昧莽撞：应该事先向太阳和月亮打个商量，不该那样鲁莽和粗暴地去射，这主要是我支格阿鲁的罪过，现在特来赔礼道歉，请留下来的太阳和月亮，不要躲藏了，都出来同大家见面。这样诉说了三天三夜长的时间，支格阿鲁的声音快哑了，酒坛里的酒全空了，白骟牛的祭品也全都不见了，可那躲藏起来的太阳和月亮仍没有出来。

支格阿鲁再去觉土木古的突尔木居（山腰），找来一只白骟羊，正要杀了去请太阳和月亮，白骟羊说："先不要杀我，我可以去喊太阳和月亮出来，要是喊不出来，再杀了我去向太阳和月亮赔礼道歉。"三天三夜的限期过去了，还是没有喊出来，支格阿鲁只好杀了白骟羊，也是先把血洒在四方，又把五脏六腑穿在四根桃木棒上，插在四方，再把白骟羊砍成四块，用蕨蒺草垫着放在四方；还用九坛酒，摆在四方。自己跪在中间，向天空中藏起来的太阳和月亮祈求说："失了蹄的骏马，是它的性子太烈了，若是能原谅我错了，请允许我来赔罪，看在地上一切有生命东西的情分上，就出来吧！"支格阿鲁又叫了三天三夜长的时间，没有请出太阳和月亮来。

两次都没请出来，支格阿鲁最后只有去觉土木古的突尔啵（山顶）上，找来一只白公鸡，要杀了白公鸡去请，白公鸡说："请不要再犯你那莽撞粗暴的错误，既不商量也不考虑，动手就先杀，做绝了路的事情，就不好挽救啰！"说完，便两脚蹬地，抖翅三次，伸长脖子，张开尖嘴，亮出嗓子，望着西方叫了三声，请太阳，太阳没出来；请月亮，月亮没出来。它又向着北方和南方各叫了三声，也没看见太阳和月亮出来。最后，白公鸡把伸长的脖子，仰到自己的背上，用足全身力气，拖长声音，慢慢悠悠地一直叫到地面，把脸都挣红了，对着东方长长地叫了三声。只见天空中的两朵灰云和黄云，徐徐地分开了，现出两朵红云和紫云来；那两朵紫红的云又慢慢地分开，露出一片薄薄的白云和青云，在这片似纱的青白云后，隐隐约约露出来一个吓红了脸的太阳、一个吓白了脸的月亮。半天，它们才战战兢兢地问："白公鸡，你叫我们出来干什么？"白公鸡说："你们再躲着不出来，地上的人们看不见种地，看不见背水砍柴，就要冻死、渴死了，爬的、跑的禽兽，都快饿死了，那些花草树木也要枯死，你们怎么不该出来！"月亮气得脸更白了，忙问："那为什么支格阿鲁要射我们呢？"太阳也红着脸问道："这次叫我们出来，是不是要把我们全射死了，支格阿鲁才罢休呢？"

白公鸡忙解释说："不是支格阿鲁要射你们，而是你们一出来就是六个和七个，地上的什么东西都晒死了，为了救活大家，支格阿鲁才这样做的，他是为了大家，是一个好人呀！"

"那为啥事先不同我们商量一下呢？"太阳和月亮有些不相信地问。白公鸡忙又说："这是支格阿鲁犯的一个错误，我们已责怪了他，不过，他当时确实也不知道，该找谁来同你们交涉。"

“你现在不是就在同我们交涉吗?”太阳和月亮还是不相信。白公鸡忙又解释说:“这是支格阿鲁要把我杀来向你们赔礼道歉,我自己出来喊叫的,如果你们再不出来,我就会被杀掉,你们也该救救我的命嘛!”这时太阳和月亮才勉强愿意出来同大家见面。

白公鸡把这些情况告诉给支格阿鲁,他高兴极了,真没想到这小小的白公鸡,同太阳与月亮还有这么好的关系,能把他们请出来。他暗暗责备自己确实有些粗暴和莽撞,以后可不能再轻看一切小东西了。支格阿鲁忙对白公鸡说:“这是我错了,几乎杀了你,今后凡是同太阳和月亮打交道的事,就全听你的,全由你去办理。”白公鸡一听,也高兴极了,它忙伸长脖子,对着天空长长地叫了三声,天空中那片似轻纱的青白色的云,突然一下散开,一直躲藏在后面不敢出来的太阳和月亮,同时都笑眯眯地在碧蓝色的天空中,露面与大家相见了。

三、歃血结盟

太阳和月亮都出来了,地上一下就有了光明,山里的牛羊叫了,牧羊人又回到了草坡;人们又忙着耕种了,老铁匠也点炉铸铧了。林中的鸟儿唱了,坡上的花儿开了,寨子上的炊烟也飘在山沟里了,一切都慢慢恢复正常。可是,这成为一对的太阳和月亮,为怕支格阿鲁再用箭射它们,便采用了同时一起出来也同时一道回去的办法，它们一出来后，就要过九天才回去，把地上的白天拉成为九个昼夜那么长；而回去了，也必须过了九天才出来，使地上的黑夜延续到九个昼夜那么久。这样一来，地上虽没有像六个太阳和七个月亮那样酷热难熬、永无夜晚，但现在仍是白天和夜晚过长，再因热冷还比较合适，地上的各种动植物，都很快发育生长了起来，人间又出现了很多的奇异现象。

一下，蛇长得像坎子一样高，苍蝇像斑鸠一样飞，蚂蚁同兔子一样跑，蚱蜢跟骟牛一样肥，蚊子和拳头一样大，蛤蟆长得像个小石包，蕨蕨草长得房子高，索玛花开得像磨盘一样大。有一天，支格阿鲁把骑的一匹小马拴在一棵杉树上，去山沟里找水喝，等喝完水走回来一看，那棵杉树新长高了九丈，把拴在树子上的马，高高吊在树枝上勒死了。支格阿鲁看见这种情况，又生气了。他想，这个太阳和月亮还在对人们做坏事，一气之下要去射掉它们，可是一想起前次没有很好商量的教训，便派白公鸡再去同太阳和月亮交涉，要求它们两个不能同时出来又一起回去；要互相轮流出入，把昼夜拉短，有热也要有冷，白天与黑夜要分明，使地上不再出现奇怪的现象。

白公鸡把支格阿鲁的要求告诉了太阳和月亮，虽然它们都感到支格阿鲁的态度有了改进，同意按要求去做，但总还是认为这样变来变去没个完，说话还不那么可靠牢实。过去射了我们，如今又把我们叫出来，现在又不准共同一起出入，如再这样答应了，谁知今后还要变多少新花样呢？因此，要同白公鸡订立盟约，歃血立誓，今后不准再变，说话算话，永不改口。白公鸡答应了，盟约议定：白公鸡每天早晨，长叫三声，去请太阳出来；中午也长叫三声，表示问候和接待太阳；下午再长叫三声，欢送太阳归去。月亮跟在太阳的后面走，不能同时出入，不准发射同太阳一样的热光，要给地上洒些清凉的银灰色的光亮来，使夜晚不像锅底漆黑一团，既使人间看得见她，也要她能看得见人间。双方为了在遵守盟约中，不变言，不翻悔，白公鸡将自己头上的朱红冠子，用锋利的尖刀刻为九段，滴出了九滴血在九坛酒里，举酒歃血盟誓，以表诚心。盟约结好了，从此，人们就有了正常的白天黑夜，草木鸟兽也正常地生长与繁殖起来。

但是，已经长成了奇形怪状的那些东西，还应该要它们恢复原状，于是支格阿鲁便用了一天时间去打蛇，使蛇变成手指粗，压在坎子底下；又用一天时间去打蛤蟆，叫蛤蟆变为手掌大，放在坎子的上面；再把苍蝇的翅膀折叠起来，使它飞不远，丢到野外去；把蚂蚁的腰打断后，埋进土里去；把蚱蜢的脚杆打弯，丢进草丛中去跳；把蚊子的嘴巴打成针样细，甩在水沟边；叫白蝙牛把蕨蕨草吃短，叫雨把索玛花打落，叫风把杉树吹断。这下，地上一切又都正常了。人们按照白天黑夜去作息，按照季节时令去耕种，按照自然的变化规律去繁殖生长。日子开始安定了，大家都齐声称赞支格阿鲁是个英雄好汉。为了酬报感谢他的功劳，觉土木古地方的人们，请山中那个放羊人和那个老铁匠，从九十九个牧场里，从九十九个马群中，挑选一匹虎耳兔眼、狮鬃鹿颈、四蹄生风、尾巴剪云的赤色神马，送给支格阿鲁，要他骑上这匹马，走遍九十九座大山，涉过九十九条河流，继续为人们除妖降魔，消灾灭祸。因为地上还有很多妖魔伤害着人们，没人敢去降伏。

第六章　求雨

支格阿鲁射下日月，整顿了日月秩序，但世间缺水，人兽飞禽难以生存。为了解决世间缺水问题，支格阿鲁四处打听，一路奔波，终于找到掌管雨水的天神，求得足够的雨水，圆满解决世间缺水问题，回到觉土木古后受到人们广泛拥戴。

支格阿鲁骑上大家送给他的赤色神马，正弯腰向送行的人们告辞，却见山沟里的羊群突然乱跑乱叫起来。他忙问放羊人：“这羊子乱了群，是狼出洞了，还是豹子下山了？”放羊人没有答话，只是在脸上现出郁闷之色。

支格阿鲁又看见山坡上的一块荒地边，摆着三个断了嘴、无法耕地的犁铧，犁地人垂头坐在那地坎边唉声叹气，他忙问老铁匠：“这犁铧断了嘴，是铸铧时风箱漏了气，还是淬火时间太长了？”老铁匠也没开口答话，只是眼睛里露出了忧伤之情。

支格阿鲁还看见一片林边的干河滩上，有群雀鸟在那里飞旋鸣叫，似争食物又像在抢晚归林。他一看天色，正是朝晖满山，更觉奇怪难解，忙转向大家问道："这百鸟乱飞，是缺食少水，还是认错了时辰？"大家都用愁苦的眼睛盯着他，也没开腔。

临别时出现的这些奇怪现象，支格阿鲁心想：如今的太阳和月亮，都规规矩矩地按照盟约日夜在天空中行转；地上一切有生命的东西，都能按照自然的变化，有规律地繁殖生长。大家正是安居乐业的时候，怎么他们特别是放羊人和老铁匠还这样郁郁不乐，禽兽也都是惊惶不安呢？

这时，人群中有位老年人，他推开大家，挤出人群，走到支格阿鲁的马前说："狼出洞了，放羊人能打死它，豹子下了山也会赶跑它，羊子乱了群，那是山沟里没有水喝；风箱漏了气，老铁匠用团稀泥便能补好，铁铧淬火时间过长了，再来一次便可以改变硬性，犁铧耕地断了嘴，那是淬火塘中无水了；百鸟围着干河滩叫，那是河里断流了；大家不愿回答你的问话，那是怕再给你增添困难，过多地使你劳累。"支格阿鲁听后，方如梦醒来，想起过去的六个太阳和七个月亮，把地上的水全烘烤干了。现在虽然只有一个太阳和月亮，不像以前那样酷热了，但是河里无水，江中断流，仅靠天上按季节时辰下点雨，怎能满足地上一切生物的需要呢。要是不把江河里的水装满，山土浸够，地上缺水，人们还是过不好生活，仍要遭灾受难。支格阿鲁想后，立即掉转马头，弯腰羞愧地对着向他送行的人们说："真是对不起大家，没想到缺水的事，我不给人们求到雨水，就不离开这里。”说完拱手而去。

从觉土木古的突尔啵山出发，支格阿鲁挥鞭跃马直向山中的云雾深处奔去。

他爬上了一个蕨蒺坡，只见那蕨蒺草尖上无露水，蕨蒺草根下无湿土；他穿过一条林沟，那叶是黄黄的，竹竿是白白的；他翻过一座索玛山，那索玛花瓣凋零在枯草中，索玛花摇晃在山风里；他跑到一个云雾岭，那云是散散的，雾是片片的。既没找到水，也未看见雨，支格阿鲁心想：云总是藏在雾里，没有雾就成不了云；雨常躲在云里，不起云哪会有雨。可是，怎样才能找到藏云的雾，看见躲雨的云呢？他下定决心，骑着马向有云雾的高山爬去。

一天，路过一个叫黑克特尼（浓雾）的地方，一对渴慌了的云雀，突然从空中落下地来，告诉支格阿鲁说：“英雄的支格阿鲁，你要想找到水，就必须去求乌俄祖老人（专管下雨的天神），请他给地上下场大雨，大家便有水吃了。”支格阿鲁忙下马捧起两只云雀，准备问清乌俄祖老人的住址，哪知两只云雀已渴死了。支格阿鲁只好又向更高的大山走去。

这天，他又到了一个叫典巫五克（乌云）的地方，突然从土洞里钻出两只渴得快要死的山老鼠，告诉支格阿鲁说：“英雄的支格阿鲁，你想要找到水，给大家做件大好事，但这里的山和土干得像石头，只有去求乌俄祖老人下雨，没有一场大雨，我们就只有渴死在这山洞里。”说完也渴死在洞口。

看见这些情景，支格阿鲁更着急了，他忙挥鞭催马，再向一座叫跌失石克（黄云）的大山驰去，当他奔上山顶，遇见一对倒在地上的黄鹿，黄鹿对他说：“英雄的支格阿鲁，前面那座最高的大山，叫典裸洛各（黑云），乌俄祖老人就住在那里，你快去请他下雨吧，我们已渴得无法跑动了。”支格阿鲁弄清了管雨天神住的地方，高兴得跃马扬鞭就向典裸洛各大山奔驰而去。

乌俄祖老人满头长发，一双长白眉下闪着像电光的眼睛，身披一件黑色的毡衫，露出一双紫铜色的赤脚；手持一根张口龙头拐杖，龙口里还时断时续地吐出一团团黑云。他满脸笑容，那嘿嘿的笑声，把垂肩的左耳上那个大珊瑚宝珠坠子，摇晃起来。他一见支格阿鲁骑马走来，忙笑迎道：“年轻的小英雄，我的乌云乱了三次，黄云飞走了三团，你来到我黑云山干什么？”

支格阿鲁急忙下马，恭恭敬敬地迎上前去，把地上缺水的情况说了，请求乌俄祖老人布云下场大雨，救救地上的万物。乌俄祖老人听后，更是大笑起来，他看了看支格阿鲁，慈祥地说：“我早知道你这个小英雄要来，你的勇敢行为，只要有眼睛的都会看见，你很有名，凡是长着耳朵的都能听到。久违大名，未曾见过，今天我见着你，真叫我高兴！你来求雨，计算过吗？需要多少？你就说吧！”支格阿鲁被难住了，一时窘得说不出话来，乌俄老人又笑着说："我知道你说不出需要多少雨的数字，要是把雨给多了，地上便会遭灾被淹，若是把雨给少了，又满足不了地上的需要。不要怕，我早把该给你多少雨的数量算好了，跟着我来吧！"说完就带着支格阿鲁向他的住房走去。

一座雕梁画栋、金碧辉煌的宫殿式的大殿上边，密密麻麻地长满了通天的杉树，杉树中间藏着一潭蓝幽幽、亮晶晶的水，水中住有一对大嘴、长腿的青蛙。乌俄祖老人走到清水潭边，对着两只青蛙一指，只见那两只青蛙便从背上射出四股乳白的粉雾来，这四股粉雾，顿时变成四朵白云，腾出水潭，冉冉上升到天空，慢慢变为灰色，再徐徐降到地面去了。

在大殿的下面，郁郁葱葱地长满了金色的箭竹，箭竹围着一个细波微澜的小海子，海子中浮游着两只悠闲的天鹅。乌俄祖老人对着天鹅一招手，只见那对天鹅立即伸长颈子，咕嘎两声叫，又从口中吐出四滴水来，那四滴水珠顿时分成四个水团，缓缓涌上天空，再变成无数小水滴，一刹那间变为四泼暴雨，落到地面去了。这时，乌俄祖老人又大笑起来，捋着他那白色的长眉毛向支格阿鲁说："好心的年轻英雄，雨的数量，已经给你下够了，现在可以回去了。"

支格阿鲁真是高兴极了，忙辞谢老人，翻身上马奔下了典裸洛各大山。当他来到跌失石克山里时，只见满山细雨濛濛，岩石也变得光亮起来，那倒在地上的两只黄鹿，早已昂头摇尾在山头上对着支格阿鲁点头致谢。当他再回到典巫五克大山时，那里山雾霏霏，黄草已变得青色，渴死在土洞边的两只老鼠，也早已活蹦乱跳地在草丛中吱吱叫着，好像在向支格阿鲁说："救命恩人，谢谢你！"最后他回到黑克特尼地方时，那里的雨如瓢泼桶倒，山吃饱了，土浸透了，九条山沟里有水流了，汇成九条大河；九条大河里的水也满了，淌进九条大江；九条大江的水也漫了出来，变成了一个波涌浪翻、一望无边的大海。一群欢乐的云雀，在雨后的天空中高飞鸣叫，好像在告诉支格阿鲁说："快回去吧，觉土木古突尔啵山的雨也下够了，现在不缺水了，谢谢你呀，英雄的支格阿鲁！"

第七章　降雷神

日月整顿了，雨也求来了，但雷神不让人推磨，人间生活艰难。支格阿鲁放下个人事务，与雷神蒙直阿普斗智斗勇，狠狠教训了他，还意外地在蒙直阿普那里得到很多治疗疾病的宝贵药方。但是也留下了遗憾——那就是还没有问明治疗麻风病的药方。但从此以后，人们推磨时不再遭到雷神蒙直阿普雷劈。

一

支格阿鲁回到觉土木古的突尔啵山里，果真下了大雨，小沟大河都装满了水，人们的生活开始安定了，他才想起那抓走阿嫫蒲莫列伊的吃人魔。一想起这仇恨，他胸如刀绞，心似火焚。“这么凶狠的太阳和月亮，我都能射落；难道一个吃人的魔鬼不能降住吗？”他决心要去木刻地方，找到特比阿嬷报仇，救出他的阿嫫来。

这木刻地方，还知道要走多少路程，为了使途中不受冷挨饿，支格阿鲁首先准备起干粮来：他用三天时间去老林打猎，打回了九个獐子、七只鹿子、七条麂子、七条野牛。他又用七天时间，把打回的野兽剐皮切肉成条，挂在树枝上，交给风吹，任凭日晒，把肉都晾得干巴巴的，颜色红红的，气味香香的。他再用九天时间，把晾干的肉放进九尺高、九寸宽的石碓内，举起九十九斤重的铁杉木棒，数着九十九的数字，手不停地舂，把干肉条全舂成了肉粉后，才装进九个獐子、七只鹿子、七条麂子和七头野牛的皮做成的口袋内，紧紧拴捆在一起，最后才骑上大家送给他的那匹神马，背上射太阳和月亮的铜弓铁箭，辞别觉木土木古的人们，从突尔啵山出发，奔向吃人妖魔特比阿嬷住的木刻地方去。

一天，路过尔曲博息地方，支格阿鲁到一户人家去歇。走到门前便问："主人家有狗吗?"只听屋内回话："有狗已拴上!"主人欢迎客人进屋去。支格阿鲁听了这话，忙进门去，只见一个老年人坐在火塘边。这老爷爷一见客人进来，忙起身拿烟点火，非常热情地接待。但是，很长时间过去了，就是不为支格阿鲁煮饭。老爷爷说："请客人原谅，我们这个地方，每到下午，便不许推磨，如果磨一响，便要遭雷打，这里的人被雷打死了很多，家里只剩下我这孤老头一人了。"支格阿鲁听了很吃惊，忙问这雷住在哪里，老人告诉他说："这雷住在典裸洛各（黑云上面），名字叫蒙直阿普。”支格阿鲁听后，便立即骑上神马，到典裸洛各去找蒙直阿普问罪。跑拢一看，只见蒙直阿普躬着腰，埋着头，瞪着眼睛，鼓足气力，用口腔当风箱，用手指做铁钳，用拳头做铁锤，用膝盖做砧蹬，卜哧卜哧、叮叮当当忙着打一种似尖铧口又不是尖铧口的铁器。支格阿鲁假装不认识他，忙问：“你这老人，打这样的铁器，用来干啥？”蒙直阿普连头也不抬一下，边打铁器边说：“因为地上的人们一到晚上都要推磨，这样多的磨声同时响了起来，闹得我们额特古兹（管天的神）睡不着觉，他便命令我制作这种武器，听到谁家有推磨声，便将谁打死。”

支格阿鲁故作惊讶地问：“你打这种凶器去打人，看来是很厉害哟！”蒙直阿普仍不回头，十分傲慢地说：“你说这东西厉不厉害，打到地上地要翻，打到水中水要滚，打到石岩岩要垮，打到人身上人要死，打到铁上铁要碎。只有打到铜时，才嘶溜一声打不进去，从铜上滑脱了。”支格阿鲁忙又接着问：

“这种铁器，只有你才会用啰？也只有你亲自去打人啰？”

“一般说来，我并不亲自去打，都是我的儿子蒙直呷呷去打，就顶够了，因为这种凶猛的铁器，儿子呷呷也会使用。”支格阿鲁把想要知道的东西，都问清楚了，才用刺激的话说：“蛤蟆的嘴大，声音大，就是自己没有巴掌大，你不要吹得这么凶，我看没有什么了不起的，我就偏不怕你这东西。”蒙直阿普听到这些话后，大吃一惊，才抬起头来把支格阿鲁看了看，忙追问道：“你这大胆的家伙，是从哪里来的?”支格阿鲁显得满不在乎的样子说：“我吗？就是从地上你常去打人的那个地方来的。”

蒙直阿普一听，不觉大笑起来说：“嘿嘿，既然你是人，还有不怕的吗？那我们就来试试看。”

支格阿鲁听说要试，正合自己的心意，忙问：“你怎样来试我呢?”蒙直阿普不屑地随意说：“在属鼠日的那天，你一听到我去天空的脚步声时，就站在一个大坎子边上，吼叫三声，蹦跳三下，我就来打你。”支格阿鲁听后，也表现得极不在意地说：“你不怕输了没脸面？要是不怕丢脸的话，就请你亲自来。”说完，骑上神马，飞回了尔曲博息地方。

二

回到尔曲博息后，支格阿鲁把蒙直阿普所说的话，前后细致地想了一遍，心想：为什么雷神那个铁器打不进铜？如果用铜来抵挡，或许伤不了人。他便去山里请来了一个铜匠，比量自己的身材，打了一件铜蓑衣，一顶铜帽子，一个铜网篮，一条铜绳子，还打了一根九尺长的铜叉子。一切准备好后，支格阿鲁便看好一个叫阿莫跌果坎子的地方，等待着鼠日的到来。

鼠日这天，支格阿鲁戴上了铜帽子，穿上铜蓑衣，把铜绳子穿在铜网篮的口上，左手拿铜网篮，右手握铜叉，去到阿莫跌果坎子边上。他刚走拢坎上，天空中便隐隐响出雷走路的响声，他便跑去坎子上，大吼了三声，蹦跳了三下，抬头一望天空，只见来到他头上的并非蒙直阿普，而是阿普的儿子蒙直呷呷，便赶忙又跳到坎子的另一边去，就在他刚刚跳过去的时候，只听见头上哗啦啦一声炸响，一块像尖铧口又不是尖铧口的铁器，从空中直劈了下来，把那条阿莫跌果坎子打为两段。支格阿鲁又急忙跳进打断了的两段坎子的中间，仰头向天空怒声吼道："蒙直阿普，你这没用的老家伙，是咋个打的，怎么没打倒我呢？"蒙直呷呷一见没打中支格阿鲁，非常惊讶，慌忙跑回去了。人们要是不信，请到阿莫跌果去看，至今这个高坎子还分成两段，没有合拢来哩。

第二天，支格阿鲁骑上神马，去质问雷神蒙直阿普说："我曾说蛤蟆口大吞不了天，鼠日那天你的铁器是咋个打的？不是说假话吧，你那块铧尖尖，只能吓一下小娃娃和老年人，我是不怕的。"蒙直阿普一听，连看也不看一眼支格阿鲁，仍很傲慢地说："小伙子别逞强了，鼠日是派我儿子呷呷去打你的，真要是不怕的话，虎日那天，你站到一个大石包底下，听到我来天空的脚步声时，仍大吼三声，蹦跳三下，这次我亲自来打你，试试你的骨头到底有多硬。"

回到尔曲博息，到了虎日那天，支格阿鲁戴好铜帽，穿上铜蓑衣，左手拿好铜网篮，右手握紧铜叉子，找到一个叫尔洛阿莫的大石包，这时，天空中风声狂啸，黑云翻滚，一阵闷雷由远而近滚来，真像要翻天塌地一样。支格阿鲁猜想：那老奸巨猾的蒙直阿普这次还不会来，可能又派他儿子来。忙抬头一看，果然又是蒙直呷呷双手抱着个铧尖尖，呼啸腾空而来。支格阿鲁忙大吼三声，蹦跳三下，纵跳到尔洛阿莫大石包另一边去了，他脚一落地，哗啦啦一声炸雷，落在尔洛阿莫大包石上，把石头劈得粉碎（至今尔洛阿莫仍是一坝碎石）。支格阿鲁见状趁势向碎石上一纵，仰头向天空大叫："坏小子，这次你又输给我了！"蒙直呷呷气急败坏地只好又回去了。

第四天，支格阿鲁去找蒙直阿普要他认输时，蒙直阿普却笑了笑说："狡猾的年轻人，我知道你是很诡诈的，说站到坎子的中间，石包的下面，你全是骗我的。为了试一试你有多大的本事，能躲脱我那打人的凶器，所以两次都叫我儿子去打，这下全摸清了你的奸猾手段。要真不怕我打，明天属龙，我一定亲自来同你较量。"蒙直阿普看了看支格阿鲁面无惧色，神情自若，好像根本没有把他瞧在眼里，忙又说："这次比试，可有个条件，一不准站在坎子中，二不许站在石包下，你要站在一块平坝的中间。"

支格阿鲁听了，故意假装冒火地说："我头上啥子都不戴，光着脑袋让你打，说得多安逸！"蒙直阿普卜哧一笑，认为支格阿鲁胆怯了，表示让步地说："那好，你的头上可以顶着一样东西，但四周不能有可以躲身的地方。"支格阿鲁趁机忙说："我头上顶口锅可以吗？"蒙直阿普心中暗笑，一口锅算得什么，就是九口、九十九口也挡不了我那锌尖尖的凶器，他没开腔，只睥睨着微微点了点头。

支格阿鲁在尔曲博息找了一块平坝，在坝子的中间，栽了三根棠梨树的木桩，用了九口铁锅，盖在三个木桩上。到了龙日这天，他仍戴上铜帽，穿好铜蓑衣，一听天空有隆隆的雷声，便忙在锅边大吼三声，跳了三下。抬头一看，这回真的是蒙直阿普，气势汹汹腾云驾雾走来。支格阿鲁见了忙一头钻进九口铁锅下，迅速将铜网篮口边的铜绳打开，用铜叉子紧紧叉住网口，再把套网口的铜绳，从铜叉口中牵过来，左手拿铜叉，右手紧握铜绳，刚做好这些准备工作，就听见哗啦啦一声巨响，劈头劈脑而下，把盖在头上的九口铁锅，打得稀烂。由于用力过猛，蒙直阿普父子俩同时一下打在支格阿鲁的铜帽子上，“哧溜”一声，老家伙因年老体衰，两脚一滑，一下滚进了铜网篮内，支格阿鲁忙将左手的铜叉向前一伸，右手把套网口的铜绳一拉，蒙直阿普被死死关在铜网篮内了。儿子蒙直呷呷也从铜帽边滑下来，落在铜蓑衣上没站住脚，一跤摔在地上，跌了个头晕目眩，半天爬不起来，支格阿鲁一见，忙举起铜叉子正要打下去，却被套在网内的蒙直阿普看见了，大吃一惊，惊叫起来：

“呷呷，你还不赶快跑，快跑呵！”晕倒在地上的蒙直呷呷，一听见阿达的惊叫，顿时苏醒过来。眼看铜叉子就要打在头上，呼噜翻身一滚，避开铜叉，抱头一纵，哧溜一声，逃上天空去了。

支格阿鲁一见呷呷溜了，便紧紧套住装有蒙直阿普的铜网篮，拖在地上，高高举起铜叉子，一边狠狠地打，一边愤怒地问：“你这可恶的东西，今后还铸造铧尖尖打人不?”装在铜网篮内的蒙直阿普，逃又逃不出，身上挨了好几铜叉子，躲也躲不过，忙轻声慢气地问；“你这小伙子是什么人？我们往日无仇无恨，为什么这样打我?”支格阿鲁笑了笑说：“难道你真的不晓得我叫支格阿鲁吗？我要给人们除灾灭害！”

这下才真正把蒙直阿普吓呆了，他知道能射日月的支格阿鲁，自己怎能同他比本领？忙跪在铜网篮内，苦苦哀求饶恕：“英雄的支格阿鲁，你的本领太大，我完全认输，今后全听从你的吩咐，放了我吧！”支格阿鲁心中暗暗好笑：“这狡猾透顶的老家伙，总算把你抓住了，这认输是真是假，还得想法儿考验才行。”

三

不管蒙直阿普的告饶是真是假，支格阿鲁仍举起铜叉子边打边问：“今后到底还打不打人?”蒙直阿普眼看逃不出铜网篮了，才真心实意地说：“今后打不打人，怎么由得了我呢？你要去问天王额特古兹。”支格阿鲁一听更怒了，举叉又打：“打人的铁器是你铸造的，人是你亲自去打的，怎么推在额特古兹的名下去呢？你这奸狡的东西，还不服输?”蒙直阿普看推也推不脱罪恶了，只好承诺从此不再打人了。支格阿鲁还是半信半疑，突然想起山里的人们常常患有很多奇怪的病，很难找到药方医治，既然这蒙直阿普是个神，可能会知道这些药方，不如借机要他说出来，一来可以考验他是否真诚，二者也可以给人们减少些病痛。于是便问道：

“蒙直阿普，我还有点不相信你说的话，现在我要问你几个医病的药方，说对了，相信你是真心，放你回去；若说假话，那就把你打死在这铜网里。”蒙直阿普忙答应一串：“是……是。”这样多的病，该从哪种病问起呢？支格阿鲁想了想，便把人们最常患的一些病，提出来问道：

“患了肚子痛，该用什么药医？”蒙直阿普一听这病，正是他放下去的，要是说了医治的药方，那今后地上谁也不敬奉他了，于是便耍起赖皮来，将两手捧着肚子大声叫唤：“唉哟，我的肚子痛得很呀！你有啥药方没有？快给我医治医治呀！唉哟！”支格阿鲁一听就知道他是假装的，就把铜叉子举起，蒙直阿普忙说：“要是肚子痛凶了，实在没有药医的话，你可以找些头发来用火去烧，再用鼻子去闻那烧燃的气味，或许能止住肚子的疼痛。”

“眼睛发炎变红疼痛，该用什么药医？”支格阿鲁接着又问。蒙直阿普看出再也无法欺骗，忙回答说：“要找一个清澈见底的泉水，在旁边架起一堆篝火，先将一块大石板烧红，然后将羊油、头发、花椒三样，丢在烧红的石板上，再将患眼病的人，用披衫蒙住头，让眼睛在那冒出的青烟上去熏，可能会好些。”

“癞痢头该咋个医？”

“用瓦尔阿吉（草名），捣烂了来敷治。”

“得了痢疾怎么治？”

“用黄连树的根熬水吃。”

“老年人的咳嗽病，用什么药能医治？”

“这咳嗽病，要分长声与短声，有痰和无痰，不能一概而论。不过，试试用楚切（一种树叶）煮水来吃，瞧瞧情况如何。”

“山里打摆子的病发了，有啥法子能医住？”

“这是一个很狡猾的病，它能叫你热了冷，冷了又热。要看是冷在前，还是热在先？一般吃点拨此的药，也会减轻些。”

支格阿鲁一见蒙直阿普的态度老实了些，回答得又快又好，说话还清晰明了，声音也心平气和，便把握在手中的那根套住铜网篮的铜绳子，稍稍放松了一点，放下举起的铜叉子，也很温和地继续问：“我们山里的人，经常牙齿疼，要用啥子药止痛？”

蒙直阿普一听这问话的口气变得软和些了，他在网篮内也稍有点活动之处，心里忙着打算逃跑的主意，没听见支格阿鲁的问话，一时没答出话来。这下又惹怒了支格阿鲁，忙又将网绳勒紧，举叉边打边说：“想不到你才是驴子性，喜重不喜轻，你休想耍赖皮，我要问的药方还多得很！”蒙直阿普为了想逃跑，忙又说：“牙齿痛算不了病，是嘴巴想吃，只要用猪蹄子烧南瓜根根吃了，以后连硬骨头也能嚼得动。”

“那你说说，冬天脚板上开了裂口，流着血不能走路，又该咋个医呢?”支格阿鲁高兴知道了很多药方，这会给人们减少多少痛苦，他多想把一些常见的病和不常见的病的医治方法，都问出来。可是心中一高兴，却反而想不出病的名字了，只好把脚上开裂也当做病来问。蒙直阿普心中好笑，随口说出：“把咪斯（种草草）的根，舂烂后，填进裂口里就会好。”

问到这里，支格阿鲁突然想起，山里还有一种最难医的病，忙问：“害了癞的麻风病，用什么药医?”这一问，可把蒙直阿普吓住了。心想，这病可是天王额特古兹放下去的绝症，这是要叫一些人，活也活不好，死也死不了，使大家怕同他见面，他也怕同大家在一起，要是说出了医治的办法，这可是触犯天王的刑律，是要受处罚的。咋办呢？他只好抱着就是被打死也不说的态度，支格阿鲁一见蒙直阿普又要耍死皮，抓紧套网篮的绳子又打。越是打越没有回答，越没有回答越狠狠地打，打得过凶了，只听见蒙直阿普在网篮内有气无力地说：“打不得啰，还要打的话，你的铜网篮底都快烂了。”支格阿鲁听后大吃一惊，忙高高提起铜网篮一看，却忘记抓紧网口的铜绳，蒙直阿普趁机一下溜出，哧溜一声，像箭一样就钻上天空了，支格阿鲁一见忙大声追问：“治癞子的药，你还没有说出来!”蒙直阿普飞在空中，仓皇地叫了一声“拨哈”便无影无踪。拨哈就是蟒蛇，所以至今山里的人们为了预防麻风病，常将蟒和蛇的骨头带在身上。

被打得遍体鳞伤逃回的蒙直阿普，忙去找天王额特古兹诉苦：“我的天王老古兹，为了你睡好觉，叫我去打地上推磨的人，这回叫支格阿鲁这小子把我打惨了，几乎死在他手里，不是答应了以后再不打人，恐怕我也见不到你了。”额特古兹一听，气得忙说：“不行，还是继续给我打那些晚上推磨的人！”蒙直阿普只好苦苦忠告说：“支格阿鲁这小子是不好惹的，我可再挨不起他那铜叉子，是不是以后打人就打那些人们认为该遭雷打的人吧，以免惹起大家的愤怒，又会叫支格阿鲁来收拾我。”额特古兹也有点怕支格阿鲁，没有办法，只好依从了。这样，从此以后尔曲博息地方的人们，便可以大胆在夜间推磨，腾出白天的时间劳动了，再没遭过雷打。偶然遭了雷打的个别人，那全是不孝敬父母、为非作歹的坏人啰。

不同版本参考

一

在山川河流和万物都会说话的时候，因世上的一切都在叫嚣，搅得天神昊阿听古君无法管理。所以，它命令神匠打造各式各样的雷电，朝喧哗声最大的地方劈打。支格阿鲁的母亲也被误劈死了。支格阿鲁为了给母亲报仇，特制了一口袋牛筋炒面，带上一对绿鹞鹰，朝着天地相连的地方走去。

在路上遇见一个骑白马着素装的人。他们互相问候攀谈后才知道，他是准备到人间访贫问苦的神人。当支格阿鲁向他打听上天的路途时，他说他并不知道有此路，请支格阿鲁再向别人请教。他们分别不久，支格阿鲁又遇见一个骑黄马着黄装的人。支格阿鲁又向他打听上天的路途，他也说并不知道有这样一条路，请支格阿鲁再向别人打听。继续往前走着，支格阿鲁又遇见一个骑黑马着青装的人。支格阿鲁忙向前施礼并请教上天之路。他也摇着头说不知道有这样一条路，请支格阿鲁再问问别人。后来又遇见一个赶着一头黑牛的人，当支格阿鲁向他打听上天的路途时，他不理睬支格阿鲁。支格阿鲁在他一生中从来没有遇到过如此无理的人，他放鹞鹰啄他，人和牛都被鹞鹰啄得昏头转向，才向支格阿鲁求饶。他问支格阿鲁是否有牛筋炒面，只要调一碗给他的牛喝了就知分晓。支格阿鲁照做以后，只见那头牛朝四方吼了四声，用蹄朝四个方向刨了四下。顿时天昏地暗日月无光，支格阿鲁只听得耳边风响，飘摇直上。过了一会儿，他竟来到了天神昊阿听古君的宫殿里。听见一处有叮当的打铁之声。他循声找去，只见一个神匠正在打造各种雷器。支格阿鲁忙上前施礼问神匠，打造此物有何用场。神匠头也不回地说："听说人间英雄支格阿鲁要来为其母报仇，此物正是为了劈打支格阿鲁而打造的。"支格阿鲁问此物最怕什么。神匠说除了红铜以外什么都不怕。支格阿鲁问明缘由就回到了人间。

他找来红铜打造了一顶铜盔、一根铜棒和一副铜网。他在一片无人居住的荒野里，挖好一个土坑，盖上九口大铁锅，戴上铜盔，手握铜棒，张开铜网，蹲在坑内朝天上大喊大叫："我是支格阿鲁，要为母报仇雪恨，有本事的快下来比个高低！"

转眼之间，乌云遮天，大雨倾盆，电闪雷鸣，无数的雷器向支格阿鲁所在地倾注而下，把整片荒地翻了个底，却没有伤着支格阿鲁的一根毫毛。雷神心想支格阿鲁纵有天大的本事也经不了这场狂轰滥炸，他神气地站在云端大声问道："还有谁敢与天君作对?"支格阿鲁站起来拍着胸脯说："你的这些破铜烂铁只配吓唬三岁小孩，对我支格阿鲁岂能用这些不中用的废物。看你有什么招数，都使出来看看吧！"雷神见支格阿鲁竟然安然无恙，顿时火冒三丈，变作一条铧口雷直朝支格阿鲁劈下来。这一下不偏不斜正劈在支格阿鲁的铜盔上滑入铜网里，被支格阿鲁收进网里了。

讲述者：古拉乌火，美姑县拉马阿觉乡尔布村，农民，彝族
采录者：阿都乌果、吉尔体日，美姑县语委干部
采录时间：1986年

二

传说古时候，人们都不敢推磨。因为磨声一响，雷公就要下来劈人，所以，家家户户都只能把食物烧着吃或者炒着吃。

有一天，支格阿鲁路过一个地方，看见有个妇人正坐在门边上哭，他勒马下鞍上前一打听，原来，这家人虽然木柜里有荞麦子，但不敢磨，因为害怕雷公听见磨声来劈人。支格阿鲁对她说："莫哭，你去给我找一口红铜锅来，我让你安生推磨度日子。"

在这家人家的石磨下，支格阿鲁掏了一个大洞坑，安进铁锅，他自己再把妇人为他借回来的铜锅戴在头上，"轰隆隆"地磨起荞子来。

雷公一听凡间有推磨声，便闪着锋利的电剑劈了下来，恰巧碰在正在推磨的支格阿鲁头顶的红铜锅上，跌进磨槽下的铁锅里。支格阿鲁赶忙取下自己头上的红铜锅，盖住铁锅里的雷公。

讲述者：更几阿此，男，46岁，彝族，普格辉隆人
采录者：阿凉子者
流传地区：普格县洛乌沟区、西洛区等地

三

支格阿鲁把雷装进铜网兜里，他收紧兜口，又找来一根红铜鞭子，狠狠地将雷抽打了九天九夜，边打边问：

“你还敢不敢干坏事？”

雷说：“不干了，再也不敢了。”

支格阿鲁问：“你还打不打人？”

雷说：“不打人了。”

支格阿鲁问：“还敢不敢伤牲畜？”

雷说：“不敢了，再也不敢了。”

支格阿鲁问：“那你打什么？”

雷说：“我只打树子。你放我走吧！”

支格阿鲁问：“人类有了疾病用什么治？”

雷说：“人类有了疾病，吃了药就会好的。”

支格阿鲁问：“治蛇咬伤的药是什么？”

雷说：“蛇咬伤就用麝香治。”

支格阿鲁问：“人被蜂蜇了用什么治？”

雷说：“被蜂蜇了用尔吾草治。”

支格阿鲁问：“脚杆裂口了用什么治？”

雷说：“脚杆开裂了用白芨治。好了，你该放我走了吧！”

支格阿鲁张开铜网兜口把雷放了，雷一下窜出来，他突然又想起了一件事，急忙问道：“麻风病用什么药医治？”

可是雷已经飞远了。

据说，雷神自从被支格阿鲁狠狠地收拾过几次以后，再也不敢来欺负人类了；并且他说出了医治各类疾病的方法、医药，使人类过上了幸福安宁的生活。可惜雷神说的医麻风病的药没有听清楚，所以一直到现在民间也没有办法治好麻风病。支格阿鲁是用铜器收拾雷神的，所以雷神十分害怕铜金属。直到今天的彝区，人们看见扯火闪、听到打炸雷时，便拿着铜器叮叮当当地敲打，一边高声喊道：“戴着铜帽子，挎着铜网兜，拿着铜棒棒的人快到你面前来了，雷公，你赶快逃……”有些妇女还戴着红铜做的手镯，据说戴着它，雷就不敢来劈人了。

讲述者：莫色乌惹

采录者：莫色乌列

采录时间：1986 年

采录地点：盐边县

四

古时候，有个叫支格阿鲁的人，胎投错了，在老鹰精肚子里怀了三百年才生下地，出世后在岩洞里修了三百年的行。后来去认他妈，他妈不认他，说：“我不是你的妈。”支格阿鲁说：“我在你肚子里头躺了三百年，你为啥不是我妈呢？”他妈说：“你如果认我当妈，就到凤凰山去取一庹长的人头发来见我，取得来，我就是你妈，取不来，你就不要回来见我。”

支格阿鲁到凤凰山去了。他走呀走呀，一天来到一户人家。主人见支格阿鲁虎背熊腰，脑壳上有个“王”字，上边还有三点，以为是“山王”下界，对他非常客气，要杀鸡来招待他。

鸡子看见主人要杀它，就呜呜地向支格阿鲁哭诉起来。鸡子说：“世上鸡子就我们三个，一个鸡公，一个鸡母，一个鸡花儿（小鸡）。鸡公去了，鸡母守寡；鸡母去了，谁来下蛋；鸡花儿去了，鸡子就绝了后；我们三个一个都去不得呀！”

支格阿鲁是老鹰精生的，听得懂鸡子的话，见鸡子哭诉得造孽八纱[①]的，就对主人说：“莫杀鸡子，我从来不吃羽毛畜生，把鸡公留起来做种，鸡母留起下蛋，鸡花儿留起传宗接代。”

支格阿鲁救了鸡子的命，第二天上路的时候，鸡子们都出来送他。鸡公对支格阿鲁说：“你救了我们的命，我没有别啥子送

---

① 方言，可怜之意。

你，送你一包针，在你去凤凰山的路上，有谁挡住你去的路，你就用针去钉他。”说完，那公鸡把翅膀两拍，就掉下一包针来。支格阿鲁捡起针，继续往凤凰山走去。

走呀走呀，又来到一户人家，主人见了支格阿鲁，又以为是“山王”下界，要杀鸭子来招待他。

鸭子听见主人要杀他，就呜呜地向支格阿鲁哭诉起来。鸭子说：“世上鸭子就我们三个，一个鸭公，一个鸭母，一个鸭花儿。鸭公去了，鸭母守寡；鸭母去了，谁来下蛋；鸭花儿去了，鸭子就绝了后；我们三个一个都去不得呀！”

支格阿鲁听懂鸭子的话，就对主人家说：“莫杀鸭子，我从来不吃羽毛畜生，把鸭公留起做种，鸭母留起下蛋，鸭花儿留起传宗接代。”

支格阿鲁救了鸭子的命，第二天上路，鸭子们都出来送他。鸭公对支格阿鲁说：“我没有别啥子送你，送你一把金钥匙，去开凤凰山的门。”说完鸭公把翅膀两拍，就掉下一把金钥匙来。

不知走了多久，来到凤凰山下。支格阿鲁一看，凤凰山悬崖陡壁，无路可走。正在这时，面前突然冒出一个大石头。这石头活像人样，嘴巴张起多（方言，相当于“很”）大，舌头吊起多长，要吃支格阿鲁。支格阿鲁连忙取出鸡公送的针向石头钉去，不偏不歪，正好钉住石头的舌条。

石头的舌条被钉住了，痛得泪水直滚，说道：“支格阿鲁，饶了我吧！”支格阿鲁说：“你是什么东西，敢在此挡路？”石头说：“我是镇守东南西北的五方煞，是专管下界动土起造的神。”支格阿鲁说：“你从今以后莫再吃人，我就饶了你。”石头说：“只要不撞到我的方位，不犯到煞，我不会吃人。”支格阿鲁说：“你东南西北中，方位霸完了，叫人咋个不犯煞呢？”石头说：“动土起造，只要没得三尺深，就不会犯五方煞，每月的初一、二十、三十，我上天开会，这几天动土起造，也不会犯五方煞。每年腊月，有个大寒节。这十五天，我啥事不管，随便怎样动土起造，都不得犯五方煞。支格阿鲁，饶了我吧，我什么都说了。”支格阿鲁说：“饶你不难，快告诉我，进凤凰山取一庹长的人头发从哪里去？”石头说：“你把我舌头上的针拔了，我带你去。”支格阿鲁把五方煞舌头上的针拔了，五方煞把支格阿鲁带到一座光溜溜的岩壁前说：“这是进山的大门，里面是地母娘娘的宫殿，一庹长的头发，只有地母娘娘才有，没有开门的金钥匙，谁也进去不了。”支格阿鲁拿出了鸭公送的金钥匙，往岩壁上一划，岩壁噗噗喳喳就像门样裂开一条缝，再一划，门就打开了半边，里面金灿灿的，支格阿鲁道谢了五方煞，向里面的宫殿走去。

支格阿鲁见了地母娘娘，地母娘娘知道他是来取头发的，就从脑壳上扯了几根给他。支格阿鲁拜谢了地母娘娘，出了山门，只听轰隆一声，那石门又合拢去了。

支格阿鲁欢欢喜喜来见他妈。他妈见到这宝贝头发，便认支格阿鲁为她儿子。

那时，天上有十二个太阳，十二个月亮，都是一个妈生的。听说太阳是女娃，月亮是男娃，月亮哥哥胆大些，就夜晚出来，太阳妹妹胆小些，就白天出来。

支格阿鲁看到十二个太阳和月亮这个去了那个来，搞得日夜不分，便用头发做弓弦，用鸡给的针做箭，一下就把月亮射死了十一个，最后剩一个月亮没射中，只把腿杆射跛了。支格阿鲁可怜他，就把他留在天上给打夜工的人照亮。所以现在月亮在天上走路抖啊抖的，就那时候遭射跛的。

支格阿鲁射月亮后，又对太阳说："你们十姊妹把土坝晒得焦干，叫世上咋个生活啊！"说后又把太阳射死十一个。最后一个太阳吓慌了，裤子衣服都顾不得穿，躲在马齿苋屋里不敢露面。支格阿鲁见天空一片漆黑，就对躲着太阳说："你快出来，我不射你了。"太阳说："我裤子衣服都没有，打个光条胯出来好丢人哟！"支格阿鲁说："你出来吧，我这里给你一包针，哪个敢看你，你就用针射他的眼睛。"从这以后天上就只剩一个太阳和一个月亮了。

一天，支格阿鲁看见雷公到处行凶打人，说要把雷公杀了煮起吃。雷公气糟了，轰的一炸雷向支格阿鲁打来。殊不知支格阿鲁的本事比雷公大，打去打来，雷公打不赢支格阿鲁，就跑到玉大帝面前去告状，说支格阿鲁在人间无法无天，把太阳和月亮都射死了，还要杀他煮来吃。玉皇大帝赐他一对铜锤，一副铁网，来收拾支格阿鲁。

雷公拿了铜锤和铁网，选了个属蛇的日子来捉支格阿鲁。这时支格阿鲁正在屋头煮饭，雷公用铁网把房子网倒起后，便进了屋。支格阿鲁精得很，见雷公来捉他，早早地躲在门背后，等雷公一进门，钻出来，手疾眼快，一下就把雷公的铜锤抢过来了。雷公见支格阿鲁这样凶，铜锤铁网也不敢要，逃跑了。所以现在雷公菩萨打雷就剩下锲子在手头了。

支格阿鲁得到了雷公的铜锤，他拿起向山包一敲，山包立即被敲成平地。他对他儿子说："人间到处都是山包包，坑坑洼洼的，一块平地方都没有，我两爷子一人拿一把锤，把所有的山包包都锤平，你锤上河一带，我锤下河一带。"

支格阿鲁拿起铜锤见包就打，打一个山包成一块平地，没打几天，就把下河一带的山包包全打成了平地，打完后，就跑到上河一带来看儿子。他走到成都一带，见儿子抱起铜锤在那里打瞌睡。支格阿鲁气糟了，走过去给他娃儿两耳巴子，说："你这懒虫躲在这里睡觉，明天半夜子时不把山包打完，我就一锤打死你。"他儿子吓慌了，拿起铜锤东一锤、西一锤，敲到了的地方就是平地，没敲到的地方就是山区。听说刚刚把成都一带敲平，玉皇大帝就派天兵天将把他两爷子收上天去了。

所以现在下河一带地要平些，上河一带山区要多些，奉节这地方就是当年没敲到的，就是吃了支格阿鲁儿子的亏。

讲述者：李春波，汉族

采录者：田光政；1986年9月3日采录于采石岗乡老林村

流传地区：重庆奉节县

选自中国民间文学集成全国编辑委员会、四川民间文学集成编辑委员会《中国民间文学集成·四川卷》，2004年11月中国ISBN中心出版。

第八章　治巨蟒

天上的日月被整顿、雷公被教训，天上不再害人。地上还有很多动物体型巨大，四处害人，人类生存受到巨大威胁。其中最典型的是蟒蛇，蟒蛇专挑人类吃。支格阿鲁忍无可忍，智取蟒蛇之命，为人类除了害。

支格阿鲁降服了雷神蒙直阿普后，为了很快找到他的阿嫫，便再三婉辞了人们的款谢和酬答，匆匆离开了尔曲博息地方，骑上神马，背上弓箭，又向木刻方向走去。一天，他走到一个叫迭坡火洛博西（一个大山脚下）的地方，天色晚了，就去找一户人家住宿。按山里的规矩，他走到门外便轻声问："主人家有狗吗？"从屋内出来一个妇女便说："有狗拴住就是了。"表示欢迎。

支格阿鲁到了房中，坐在火塘边的客位上，那妇女问道："你这稀客从哪里来？"

"我从尔曲博息来。"

"你们那里平安吗？"

支格阿鲁忙谦逊地说："老年人的病没发过了，小娃儿些不缠大人了。"

"你阿达、阿嫫还年轻吗？"

支格阿鲁叹了口气说："唉，就是阿嫫刚生下我就被吃人魔特比阿嬷抓去了，现在还不知道是死是活，我是去找阿嫫的。"

妇人听了也很悲痛地说："本不应该摆谈这些话，应先做饭给你吃，但是我们这个地方，晚上不能烧火，一有了烟火，山里那个大拨哈（巨蟒）就要来吃人。我的阿达、阿嫫、大儿小女和儿女的阿达，都被巨蟒吞吃了。"说完痛哭不已。

支格阿鲁听了，又是大吃一惊，心想：天下真有这样多的怪事，雷神不准人推磨，我降服了它，这蟒蛇又不许人烧火，能不管吗？我一定要把这家伙收拾了才能走。他忙问："这蟒蛇住在哪里？"

妇女说蟒蛇就住在这座大山腰的拨哈脚（蟒洞）里，支格阿鲁没有多问，便骑马向拨哈脚奔去了。

拨哈脚在拨哈大山的腰里，异常险陡峻峭，洞边横竖着三个棱子石，遮挡着洞口，棱子石侧旁遍地是人的骸骨。绕着棱子石曲回环旋进入洞中，突然变得豁然宽敞，只是有一股腥气室人，惨惨阴风，叫人毛骨悚然。半天，支格阿鲁才看清一根地塄子样的拨哈阿嬷（拨哈阿嬷），盘卧在洞中，头向着洞口，尾绕在头下，从两个灯笼样的眼中，发射出两股蓝幽幽的光来；嘴边那条分叉的毒须，像闪电似的伸缩曲绕着。这拨哈阿嬷一见有人走来，心想：今天真是口福太好了，财喜碰到嘴巴边来了，忙问：

“你是啥子东西？不怕死，敢闯进我的洞来！”

支格阿鲁笑了笑说：“听说你吞吃人凶得很，特来问问你，敢不敢吃我！”

拨哈阿嬷轻蔑地眨了眨眼睛说：“你这个小小东西，饱不了我的肚子，我真不想动嘴，只需要叫我女儿拨哈阿咪来张张口就行了。”

“那你为啥要吃人呢？”

拨哈阿嬷用两道蓝光直直射住支格阿鲁，吞吐着嘴中的毒须，有些惊奇地问：“你问这干啥？”

“这道理很简单，不管你或你的女儿要吃我，也要有个原因，才吃得合理，死得心服嘛！”支格阿鲁理直气壮地回答。

拨哈阿嬷闪了闪她那双蓝幽幽的眼睛，语气软和了些说：“这还差不多。听说有个支格阿鲁去降服雷神时，就是先套哄出蒙直阿普的实话来，才战胜了他。要是我碰见了支格阿鲁，就先吃了他，免得受骗上当。”支格阿鲁听后大笑了起来，用手拍着自己说：“我要是支格阿鲁，就绝不让你吃掉，因为你是怕他才吃掉他的，这样吃人是不光明正大；若是你真有本事，斗败了他再吃，该是多光彩呀！”拨哈阿嬷被说得回答不出话来，半天才勉强说：“因为这山里的人们，每天烧火煮饭的烟子，把蒙西阿普

（管山大王）的眼睛熏得睁不开了，它才叫我只要哪家火塘里冒出烟子，就把哪家的人吃了。”支格阿鲁忙问：“人要是跑了，你就吃不成啰。”拨哈阿嬷笑笑说：“跑不了，我只要把肚子里的气一呼出去，先将火塘里的火吹灭了，再张口往回一吸，不管你有多少力气和多大本领的人，都会随着我吸回来的气，规规矩矩自动地送进我的肚里，”支格阿鲁又问：“为啥先要把火塘里的火吹熄呢？是不是你怕把火也吸进肚子里去了？”拨哈阿嬷有些警觉了，真害怕说实话要受骗上当，便闭口不答。支格阿鲁一见他要了解的问题大致都弄清了，便改用激将的办法说：“先前不是要叫你女儿拨哈阿咪来吃我吗？她有没有你的本事大？你看，你未必能吃得了我！”拨哈阿嬷一听，立即怒目闪光，龇牙咧口，就要吸气了，支格阿鲁忙摆了摆手说：“看来，你没有凶狠的本领，吃窝边的草草，连兔子都害羞。要称强逞能，明日属虎，我要烧火煮饭，就专门等你来吃我。”说完，不待拨哈阿嬷答话，支格阿鲁就出洞骑马回到了迭坡火洛博西。

当夜，他便叫那个妇人，准备了一囤子引火用的火草，找了两根用火麻扭成的粗绳。到了虎日这一天，支格阿鲁先用一根粗麻绳，一头拴在那妇人的腰上，另一头拴在房中的三根柱头上，又将另一根麻绳把自己套牢在门前的一个大石包上，才叫那妇人点火煮饭。果然，当火中的浓烟一冒出房板，就听见房后有沙沙的风声，霎时便是飞沙走石，揭房拔树，黑雾蔽天，屋内锅庄里火灭灰飞，尘土呛人。突然，风向一转，一股气流急剧倒旋回去，真像风箱的吸风口一样，那股气流先紧紧把妇人吸起离开地面，像个风筝飘了起来，这时，支格阿鲁一看，来吃人的并非拨哈阿嬷，而是她的女儿拨哈阿咪，他便没有使用那囤子火草。拨哈阿咪一见把那妇人吸不进口，便一下转向支格阿鲁，哪知也只是在地上飘了一阵，仍吸不进嘴，由于她已用尽了吸气的力量，便只好回去了。

第二天，支格阿鲁去问拨哈阿嬷说："你连我都吃不了，还想吃支格阿鲁，这不是说大话丢脸吗？"拨哈阿嬷把尾巴一摆，晃了晃头扁着嘴巴说："明天是龙日，你站在坝子里去，不准身边有大树桩和石包，等着我来。"支格阿鲁说："如果你真来，要是我一个人你吃不饱，还可以多准备一个妇女给你吃，这该勉强够吃了吧？"拨哈阿嬷满意地笑了。

龙日这天，支格阿鲁找到一个草坪，把装满火草的大篾囤子放在草坪中间，再将自己的披衫毡衣披在火草囤子上；他同那妇女，仍用两根粗麻绳，紧紧拴在埋入地里的七个木桩上。支格阿鲁叫妇人点火引烟，火烟一冒，顿时平地狂风大作，从拨哈脚方向卷来黄黑两股旋风，直扑草坪上装有火草的篾囤，支格阿鲁忙睁眼一看，是拨哈阿嬷和她女儿来了，那妇人立即将一个烧红了的火炭，丢进草囤。那风刚把烧起的烟火扫尽，一股回风便将那个披着毡衫的草囤，吸离草坪，像喝一木碗搅拌好的炒面汤一样，囫囵吞进了拨哈阿嬷的肚子里去。一落肚后拨哈阿嬷便狂笑起来说：“哈，哈，哈！总以为我不知道你是支格阿鲁吗？怎么样，小英雄！这回该认输了，你就乖乖在我肚子中变粪便吧！”说完便同女儿飞回洞中。

哪知，被她吸进去的火草囤子，里面的红火炭因风势已将火草点燃，再因她的呼吸鼓动，火草越烧越旺，最后冒出了浓烟，腾起了火焰。开初，拨哈阿嬷只觉得肚子有点疼痛，她以为是吞吃支格阿鲁过快，没有在意，谁知肚子越来越痛，最后那浓烟卷着烈火，已从口鼻中喷了出来。这时，她才知道上当了，一下翻滚在地，想张口把肚中的火和烟吐出来，哪知越吐火焰越大，直痛得她在地上乱翻乱滚，边哭边咒骂说：“你这个没良心的，不老实的家伙，整了雷神，又来整我，恨不得把你咬……”当她恶狠狠地想张开大口时，火焰舔着她肚内流出来的油，在她身外也燃烧起来。慢慢她的头不动了，尾巴不摆了，拨哈阿嬷被火草烧死了。她的女儿拨哈阿咪，看见拨哈阿嬷那样的凶恶，都被支格阿鲁收了，从此以后再也不敢出洞去吃人了。

不同版本参考

一

传说古时候有个吃人的魔鬼，个头足有一座瓦板房子那么大，张开的口，可以放进一头大牯牛。魔鬼吃人专吃小娃娃，说是娃娃肉嫩最好吃。所以每天早晚两餐，魔鬼都要挨村挨户轮着吃。

有一天晚上，出门的支格阿鲁走进一个农夫家，看见夫妻俩抱着自己的独生儿子，哭成了两个泪人。支格阿鲁一打听，原来是这样：挨户轮着吃人的魔鬼，明天早晨就该吃他家这个宝贝独子了！夫妇俩的心都快崩裂了！

支格阿鲁听了以后，不慌不忙地说："莫哭莫哭，你当丈夫的，快去山上给我采一麻袋火草来，我自有办法。"丈夫连夜去山上采来一麻袋火草，并为阿鲁做了一顿母鸡肉加燕麦粑粑饭[①]。

第二天，天刚蒙蒙亮，魔鬼便来到这户农夫家门口，用山洞似的红嘴堵住房门口，并叫嚷道："快把你家的独儿子抱来吧，我饿昏了！"

支格阿鲁忙把烧红了的铧口挟进麻袋装的火草里，随即说声"独儿子抱来了，快吞下！"将这藏着烧铧口的麻袋丢进了魔鬼的

① 传说古时候彝区最高贵的食物。——编者

嘴里，魔鬼吞完麻袋后，高兴地说：“嗯，不愧是独儿子，还真有点搓人的喉管呐！”说完便大摇大摆地朝山上走去。但还没走拢山顶，魔鬼感到越来越热的肚子，像有几千万根刺在扎着，它怀疑是赫赫有名的支格阿鲁持刀钻进了自己的肚子里，所以打着滚儿，求饶号叫着：“支格阿鲁，支格阿鲁，饶我的命，我就屙你出来，吐你出来，支格阿鲁啊支格阿鲁……”但是不能了，魔鬼吱吱作响的肚皮，已经冒出了烟子。没到煮两顿荞粑的工夫，这头伤害人的魔鬼就被烧成了灰烬。可惜那根魔鬼尾巴没有烧着，这就是今天人们常见的蟒蛇。

讲述者：更儿阿此，男，46 岁，彝族，普格辉隆人

采录者：阿凉子者，县文化馆干部

采录时间：1986 年

流传地区：普格洛乌沟区、西洛区等地

二

天上有一个妖怪，名字叫勒格特比。勒格特比凶得很，他从天上跑到人间，像吃炒豆子一样吃人，地上的人就剩得不多了。

支格阿鲁便去收拾妖怪勒格特比，他把勒格特比从家里喊出来，说：“你把舌头伸出来我看看。”勒格特比把舌头朝外头一伸，哎哟，有一丈多长，支格阿鲁一把抓住勒格特比的舌头，在手上挽了几圈，勒格特比被支格阿鲁抓住了逃不脱，只好求饶，说愿

意听支格阿鲁的话，支格阿鲁对勒格特比说：“从今以后，你不准再吃人。”

勒格特比说：“我平时不吃人，过年总该吃几个吧？”

支格阿鲁说：“不行，过年的时候，每家每户都砍一根生树子，劈成柴块堆在门口，那就是你过年吃的。”彝族过年，都要砍一根树子，劈成柴块堆在门口，就是为了躲开妖怪勒格特比。

“过了年，我又吃什么呢？”

“到了热天，河里涨水，你就喝水。”

“要是水不够喝呢？”

“你就啃石头。”

听到可以啃石头吃，勒格特比高兴了，石头有的是，不像河水只有热天才涨。勒格特比不吃人，地上的人才慢慢多起来，现在，逢着垮岩，人些（们）就说那是勒格特比在啃石头吃。

讲述者：立罗周信

采录者：陈越、钱正杰

采录时间、地点：1983年4月屏山县

三

从前，世上有一种很恶的大蟒蛇，每天要吃一个人。它走到哪里，哪里就遭殃，人们又恨它，又怕它，没得办法除掉这个祸害。

有一个穷苦人家，原来有六口人，被蟒蛇吃掉三个，剩下父母和一个小儿子。

一天，支格阿鲁来到他们家，还没进门就听见屋里的人哭的哭，嚎的嚎，着实伤心。他以为有人死了，进去一看，又没得这回事，就问主人家：“你们为啥这样哭啊，叫人听了心酸！”主人说：“我们这里有条大蟒蛇，专门吃娃儿，它天天按轮子吃，今天又轮到我家了，我只有最后一个儿子喽。”

支格阿鲁听了后，心里难受得很，心想要是自己早来几天，就能多救出几个人，他对主人家说：“不要怕，我有法子收拾它，你去找九只铧口来放在火坑里烧起，再找九条麻布口袋，里头装满火草。”

主人照支格阿鲁的话，忙了半天才把事办归一（完毕），九只铧口也烧得通红了。

天快黑的时候，支格阿鲁喊那家人坐在嘎机（篾垫）上，一会儿，门外风吹得呼呼地响，主人家吓得脸青面黑地说：“来了！来了！”支格阿鲁把烧红的铧口放进九条口袋，一个一个地扎好口子，刚扎好，蟒蛇在门口张起好大的嘴巴，上嘴皮顶住门枋，下嘴皮抵倒门槛，露出刀一样的毒牙，这时候，不赶快丢一个人给它吃，它就甩起尾巴把满屋的人一一卷进嘴巴。支格阿鲁手脚快，把口袋一个接一个地丢进蟒蛇嘴里，蟒蛇只当是胖娃儿，一口吞了下去，觉得肚子塞饱了，满意地走了。

蟒蛇肚子吃胀了，懒眉懒眼地来到一个山梁上，张开嘴巴睡起来。梁梁上的风大，风灌进蟒蛇嘴巴，钻进肚子，麻袋里的火草被铧口引燃了，火越烧越大，蟒蛇承不起了，在梁梁上不住地打滚，活活地遭烧死掉。

主人家领起全村寨的人，打起火把跑上山梁梁，千刀万剐把蟒蛇砍成一堆肉泥。

讲述者：吉木阿龙，男，22岁，彝族，初中，德昌县茨达乡典水村农民

采录者：沙德全，男，18岁，彝族，德昌中学高二学生

采录时间、地点；1986年茨达乡新山

流传地区：德昌县

四

古时，有一个彝族村庄，终年雾罩，沟壑无风，树木岩石，青苔漫生，住有百多户人家。

这个大村庄后面有一个岩洞，里面有一条20多米长、直径约有1米的巨蟒蛇。嘴像一扇门一样大，长有一副令人恐怖的金色牙齿。这村庄被蟒蛇折腾得不得安宁，每月必须给它送去一个人，要不它挨家挨户地吃人。只要蟒蛇一到家，不管是年轻人家还是老人家，更不管是否独儿，大家只能泪眼相望，眼看着自己

的儿女或老人被它吃，亲属心里痛苦到极点，但谁也没有办法。每当新月一到就要送一人到它那山洞似的嘴里，亲人们捶胸嚎哭，痛不欲生。村庄的人口日益减少，留下来的人因伤心过度，无心思劳作，想迁居又无处可走，怎么办？全村愤怒到了极点但又无能为力，生活在水深火热当中。

一天傍晚，支格阿鲁不知从何来，骑着马来到这个村庄。他又累又饿，走进路边一茅草屋，屋内没有其他人，只有女人在家，这女人年龄大概只有二十四五岁。阿鲁见这女人眼睛红肿，泪水已哭干。阿鲁坐了一会儿，听见一个孩子哭声，仔细一看，原来是用披毡裹着的。这女人把孩子抱来坐在炉子下方。阿鲁问她："你孩子的爸爸不在家吗？"这女人胆怯地说："在几个月前，后面山上的那条蟒蛇轮到我家来吃人，我说让它吃我，孩子爸爸说，若把我拿给蟒蛇吃的话，就会丢了母子两条命；让蟒蛇吃他，只是一个人，我争不赢他，他跳进蟒蛇嘴里被吃了，现只有孩子和我两个了。明天又该吃我家，要是让它吃我，我孩子太小；要是让它吃孩子，那我这人活着还有什么用呢？"说着又哭起来。

支格阿鲁听了这番话后，气得直跳，心里痛恨这条蟒蛇，同情被无故吃掉的那些人，愤愤不平，对这妇人说："明天真的该轮到吃你家吗？"女人仍哭着说："那是真的，在放牧回来的时候。"阿鲁对她说："不怕，你现在去找点饭来吃，饭后我们再商量吧!”女人立刻把孩子背在背上,煮了饭吃。饭后阿鲁对女人说:“你们家有没有旧铧口?还有火草?”女人说:“这些都有。”“那好,睡觉了,明天早点起来煮饭吃,把铧口放在火里烧,另外把火草全部装在一个口袋里。”支格阿鲁说着去睡了。

第二天起来后,女人早早地把饭煮好,铧口烧得通红,把火草满满地装在口袋里,把阿鲁叫醒来吃饭,对阿鲁说:“你还要其他东西吗?昨晚你说的那些我已准备好了。”支格阿鲁把女主人家的大水桶搬到房屋中间倒置,喊母子俩坐在里面,盖上水桶。他坐在水桶上等待蟒蛇的到来。刚准备好,一股大旋风顶天立地吹来,吃人蟒蛇来了。它尾巴绕着房屋,蠕动着,张开大嘴在门上朝屋内喊:“赶快送来吧!”平时,在屋里胆小的人被吓后主动跳进他的嘴里,但今天再喊也不行,尾巴再动也不行。支格阿鲁毫无恐惧,把铧口放进火草口袋的中间后对蟒蛇说:“好!去了,今天你运气最好,得到一个足够你吃的男子汉,张开大嘴接好!”支格阿鲁把口袋扔进蟒蛇嘴里。那蟒蛇说:“咦也!今天这个还很特别嘛!”说着退走了。支格阿鲁抽出金剑一边追杀,一边说:“如你有梗塞的感觉,就背朝地走吧。”蟒蛇腹中已痛,真把背朝地往前猛跑,风吹进嘴里,腹里的火便燃起来,使蟒蛇疼痛难忍,它如打雷般大叫起来,震惊周围四面八方。村里的人都出来看,蟒蛇嘴里冒出一大股浓烟,被支格阿鲁追赶砍杀,最后终于被支格阿鲁杀死了。阿鲁爷累得喘不过气来，坐在蟒蛇旁边。村里的男女老少都来了，把支格阿鲁请到家里，杀猪宰羊招待他。曾被蟒蛇吃掉亲属的人用斧头去砍蛇尸，砍成肉块散落遍地，以解心头之恨。

这样，作恶多端、荼毒生命无数的蟒蛇被支格阿鲁消灭了。从此，村里的人不再忧心，不再恐惧，安居乐业，六畜兴旺，五谷丰登，吉祥如意。为了纪念支格阿鲁的功绩，每逢年过节或在喜庆的日子里，人们先祭拜支格阿鲁，后祭拜祖灵。

为四川凉山彝族民间文学学者贾司拉核先生收集，由编者译成汉文。

第九章　降牛治马驯动物

在支格阿鲁时代，人类经常受到蚊子、青蛙、蛇、蚂蚁、麻雀、鹞子、牛和马等侵害。支格阿鲁一一治服各种动物，使它们为人类服务。

一、降马

以前，马常常吃人，非常凶猛。

有一天，支格阿鲁出外打猎，在路上遇见一群马。马看见支格阿鲁一个人，觉得不够吃，问他：

“喂，我们肚子饿了，你们人在哪里，让我们吃去。”

支格阿鲁说：“这附近没有，要很远很远的地方才有，我本来可以带你去吃，可是我刚好走不动了。”

马说：“这不要紧，你来骑在我背上，我驮你去。”

支格阿鲁说：“你背上那样滑，我怎么坐得稳呢？”

马说：“你去找一个坐的放在我背上，不就可以坐稳吗？”

于是支格阿鲁找了一个可以坐的鞍子放在马背上，又说："虽然这样，我还是走不了，因为坐你背上我会滚下来的。"

马说："你找一根绳子让我含在嘴里，上什么坡你也不会滚下来。"

支格阿鲁就找了一根绳子，做成笼头套在它的嘴上，然后骑上去，捉紧缰绳勒住笼头，用鞭子重重地打它，边打边问：

"你还吃不吃人，你还吃不吃人？"

马因为套了笼头，东摆也摆不脱，西摆也摆不脱，被他打得又嘶又叫，只好求饶说：

"饶了我吧，饶了我吧，我以后再也不吃人了，再不吃人了。"

支格阿鲁这才下马来。从此，马再不吃人了，牧马人也总不轻易取下马嘴上的笼头。

讲述者：沈伍已

采录者：肖崇素

二、降牛治马

从前，水牛和马都是人们降服不住的怪物。水牛的声音特别大，吼叫声能震得山崩地裂；马也很凶，体质弱的老人、娃儿，被它一口咬死，随便就吃掉了。

有一天，水牛和马去喝水，两个在水塘边碰见，各吹各的本事大，吹了好半天。最后，水牛说："那些人真笨啊，都把我看成是不能降服的怪物，世上没得这种事，只要把我鼻子戳穿，我就歪不起来了，哪怕是喊我给他们做活路，也随他们摆布。他们怕我叫起来把山震垮，把地震开，其实，只消拿一根索索勒住我的颈子，气都出不来，还叫得啥子声气啊。"

马说："那些人也真笨，他们怕我咬人，其实只要编一块笼笼套住我的嘴，我就连草都啃不进嘴啰，那时候，人骑在我身上喊我替他的脚走路，也只得随他们摆布了。"

它两个说的话，被石头底下打瞌睡的一只青蛙听到，青蛙叫着："我听见了，我听见了，我去给支格阿鲁说。"几跳几跳就不见了。

支格阿鲁按照水牛和马自己说的，先把水牛的鼻子戳穿，拿索子套在牛颈子上使劲勒了一火镰（方言，一下子或一刹那之意）。到今天，水牛看起来是庞夯货（方言，身大体重之意），它的叫声已经变得很小，颈子上还留有一道白印印，人们拉它去耕地，当真不板（方言，挣扎之意）不跳，老实听话。

支格阿鲁又编了个铁丝笼笼，把马的嘴巴套起，使马成为可以给人骑、可以驮东西的好脚力。

讲述者：罗里子，男，45岁，彝族，德昌县惶尤区粮管所职工

采录者：申子忠，男，27岁，彝族，德昌县丹桂乡政府干部

采录时间、地点：1986年5月记于惶尤

流传地区：德昌县惶尤区

三、治服蚊子、青蛙和蛇

支格阿鲁四处打猎时，骑了四匹仙马，牵了四条仙狗，天天从地下到天上、从湖泊到山谷寻猎。那时，蚊子有拳头大，青蛙有罐口大，蛇有柱头一样粗，人们随时被它们咬死。支格阿鲁看了，非常气愤，就把蚊子、青蛙和蛇喊来，对它们说：

“从此以后，不准你们吃人了。”

蚊子、青蛙和蛇，根本不听他的话，还是去咬人。

支格阿鲁把蚊子喊来，用拳头把它打得像菜籽一样大，蚊子连忙求饶：“支格阿鲁英雄，我再不敢吃人了。”

支格阿鲁把蚊子放了，从此蚊子再也长不大了。

支格阿鲁又把青蛙喊来，用木棒把它打得像拳头一样大。青

蛙连忙求饶说，以后再不吃人了。支格阿鲁把它放了，从此青蛙只有拳头大。

支格阿鲁又把蛇喊来，用石锤把它打得像木棒一样细，蛇连忙求饶，答应以后不吃人。支格阿鲁又把它放了，从此蛇只有木棒细了。

从此，蚊子、青蛙和蛇再也不敢吃人了。

讲述者：赤哈子

采录者：上元、邹志诚

四、除蟒蛇

一天，支格阿鲁来到一家人户头，看见全家人都在伤心地哭着，问他们出了啥事。主人家边哭边说："我们这里有条大蟒蛇，它在山上喊村里娃儿的名字，哪个娃儿答应了，晚上它就来把娃儿吃掉，今天我的孙儿答应了它……"支格阿鲁听了，气得吼起来："这些蟒蛇太残忍了，杀了这一条，那一条又来，你们不要怕，到时候，我替你的孙子去喂蟒蛇。"主人赶忙挡他："不，不，你不能去。"支格阿鲁见主人家着急的样了，就说笑话："你宰个大公鸡给我吃吧，我就是死了也喜欢。"主人家真的宰了只大阉鸡。支格阿鲁吃饱了，带上一把锋快的刀子，对主人家说："大蟒蛇要来了，快把你们家的孙儿拴起，绑在柱头上。”

过了一会儿，大蟒蛇来了，它把那个又圆又扁的大嘴张在门口，用尾巴去扫那个娃儿，娃儿是紧紧拴起来的，一下没有扫动。这时候，支格阿鲁悠悠缓缓地跳进蟒蛇嘴巴里，蟒蛇觉得吞下了一个人，很满意地走了。

蟒蛇走到敞坝上停住，打个呵欠，伸伸懒腰。支格阿鲁在蟒蛇肚子里，心想，它是不是要把我吐出去，再一口一口地咬来吃呢？还是早点下手的好。他马上抽出刀子，把蟒蛇从胸口划到肚皮，又在里头一阵绞、一阵挤，使蟒蛇的肠肠肚肚全都倒了出来。最后，自己才跳在地上站起。

起先，蟒蛇遭到支格阿鲁划破肚子的时候，它太大、太粗了，肉头厚，还没有觉得多痛，只是随便地抖了一下。支格阿鲁从它的肚子里出来以后，蟒蛇也没有知觉，照样地走路，走了一截，它的肠肠肚肚遭掏空了，气也吸不进去，才蔫塌塌地倒下来，慢慢地死掉。

从此以后，这个村子才算太平了。

讲述者：彭正清，男，40 岁，彝族，德昌县大山乡大山村农民

采录者：冷莫你拉，男，22 岁，彝族，德昌县龙窝区中心学校教师

采录时间、地点：1986 年 2 月记于大山乡骑龙庙

流传地区：德昌

五、治蚂蚁

有一天，支格阿鲁弹泡毡，一股风把羊绒吹上天去了。支格阿鲁问风："你为什么吹走我的羊绒，是哪个喊你来的？"

风说："是拱猪喊我来的，你听嘛，它还在喊我呢。"

支格阿鲁一听，拱猪当真在"嘘嘘嘘"地叫唤。

支格阿鲁问拱猪："你喊风干什么。"

拱猪说："蚂蚁在咬我，我喊风来吹脱它。"

支格阿鲁问蚂蚁："你为什么咬拱猪？"

蚂蚁说："我这么大，吃不饱，没得吃，我才去咬拱猪。"

那时候，蚂蚁有小猪那么大，最小的也有七八斤重，支格阿鲁见蚂蚁爬拢来，一把抓起它，使劲一捏，蚂蚁就变成一丁点儿大了。支格阿鲁对蚂蚁说："这下，你吃不到好多了。"

所以，今天的蚂蚁就只有碎米子那么大点儿，再咬拱猪，拱猪儿不叫唤，风就不乱吹。有时候，拱猪没有事干一叫唤，风就吹起来。

讲述者：立罗、周信

采录者：陈越、钱正杰

采录时间、地点：1983 年 4 月于屏山县

六、治麻雀

支格阿鲁在世时的麻雀，一个就有五六斤重。有一天，支格阿鲁抓到一只麻雀，煮熟吃了一顿，还剩得多。支格阿鲁把剩下的麻雀肉和骨头倒给猫儿吃，猫儿又饱吃了一顿。支格阿鲁问周围的人："麻雀为什么长那么大?"人们对他说："麻雀吃了谷子，才长这么大的。"支格阿鲁心想：这咋个得了呀？要是把谷子吃完了，人又吃啥子呢？支格阿鲁就说："麻雀，麻雀，你从今以后不准张大，只准长丁点儿大，刚够人吃一口。"从此，麻雀才变成今天看到的那么大点儿，哪个抓到麻雀，都说只够吃一口。

讲述者：立罗、周信

采录者：陈越、钱正杰

采录时间、地点：1983年4月于屏山县

七、驯鹞子

古时息，天上的鹞子也吃人，吓得大人走路时手里提着棍，小娃儿不敢出门。支格阿鲁在河坝里捡了四个鹅卵石，三块坐在屁股底下，一块放在自己面前，便对鹞子说："你把这块石头整得烂，我就准你吃人，整不烂，我就不准你去吃人。”鹞子说：“这个好办。”说完，它升上高空，一头扎下来，用它的翅膀猛劈鹅卵石，只听得“咔嚓”一声响，石头被劈成了两半。支格阿鲁眼明手快，等鹞子飞转来时，看见卵石还好好地放在那里。支格阿鲁说：“你不能吃人了吧？！”鹞子说：“让我再来一回。”支格阿鲁同意了它的要求，这样，鹞子又用翅膀击石两次，每次，击烂的石块都被支格阿鲁换掉了，最后还是一块完整的卵石放在那儿。因为事先约定过三次为限，鹞子只好认输，它可怜兮兮地问道：“英雄支格阿鲁，你不准我吃人，那我吃什么呢?”支格阿鲁低头想了一阵，说：“那你吃野兔，吃小鸡吧!”

从此鹞子只好吃野兔、田鼠和小鸡，再也不敢吃人了。

讲述者：马海果果

采录者：赵大作、刘尚兵

采录时间：1987 年 3 月

流传地区：峨边县

第十章　救人类

支格阿鲁阻止天神放洪水淹没人间，挽救了人类。让人类喝语言水，让其他动物喝愚哑水，从此只有人类有了语言。冰雪之神伍凸倪嫉恨死了，他发誓要降下冰雪把世间的人全给冻死，支格阿鲁帮助人类种煤炭，在寒冷时保暖防寒，冰雪之神誓言失效。

一、保存人种

支格阿鲁受命于策举祖，用九鲁补八鲁旺的原理，把天下分为九地八方，以鲁补所在的正中为界，将东部四个鲁旺地域取名为诺靡，西部四个鲁旺地域取名做撒靡。

曾经有一个时期，不论诺靡还是撒靡，都被叫做六支叟厄、八大武古的人占领。六支叟厄、八大武古的人像蜜蜂一样，繁殖得很快，人口多得不得了。所有的高山平地都耕种完了，他们连山林、悬崖、江河也不放过，仍然开垦不误。大地上容纳不下了，他们扬言要上天，据说还做了一些准备。

失去家园的山林神鲁朵、崖神斯里、江河神迷觉接二连三到天宫告状，连蛇蛙一类无名之辈都纷纷上天来寻求保护。策举祖很头痛，思来想去，他想利用洪水把天下的人全灭掉。但作出决定之前，还想听听各方神圣的意见。

各方神圣都到齐了，策举祖要他们发表意见。以天神遮克那和特者博为代表的一方，极力主张把人类全部消灭；以阿皮爷苏和支格阿鲁为代表的一方却持相反意见，认为把人类消灭干净是很容易的事，但人是天地的血脉所生，天地还要人来供养，如果需要时再重新生人，麻烦可就大了，所以主张留下人种。

策举祖觉得阿皮爷苏和支格阿鲁的看法不无道理，就改变了初衷。他要阿皮爷苏去诺靡探查，支格阿鲁去撒靡探查，看什么人适合做人种。

阿皮爷苏到诺靡，佯装他乘坐的飞鹰龙马被摔断了翅膀，只有人的三滴血水才能治愈接拢，他说自己年纪大了不中用，靠飞鹰龙马起飞，他才回得了天庭。他四处求人给献他三滴血水，但不是遭到拒绝，就是受到辱骂，指责他是个说昏话的疯老头。在阿皮爷苏很失望很生气的时候，有个名叫笃慕的青年人来到他面前，表示既然老人家需要，不要说是三滴血，就是要身上的肉也割了给他！阿皮爷苏高兴地说：“年轻人，我要找的就是你了！我哪里要什么人血，是试探人心的。七天后，天下要发洪水，你做个木桶坐在里面，过了七天后才能出来，出来后在洛尼山上等着，切记切记！”

支格阿鲁到撒靡，绾了个草疙瘩，把它变成一匹高大的白马，有意让这大白马闯进这家的麦田吃几株麦苗，那家园子吃几匹菜。人们被惹恼了，都出来追打大白马，三下两下，把大白马活活打死了。支格阿鲁做出怒不可遏的样子，不依不饶地说，他那大白马是天上不长、地上不生的神物，追过、打过大白马的人加到一块都不够抵它的命，要千寨万户的人才够抵命。他又表示不想为难更多的人，只要有个人愿意为大家着想，出来抵大白马的命，就不再追究大家！

一连几天，都没有人肯出来牺牲自己保全大家。支格阿鲁失望到底了。

在进退不得的时候，有位叫作什俄纪优的年轻人来到他跟前，很诚恳地说自己愿意来抵大白马的命债。支格阿鲁摸摸什俄纪优的头，仔细打量了一番，笑了笑说：“我哪里要你们给我的大白马抵命！小伙子，你就是我要找的人。七天后，天下要发洪水，到时候你坐在木柜里，过了七天后才能出来，出来后在点苍山上等着，千万不能忘记！”说完，一眨眼就不见了踪影。

回到天宫，阿皮爷苏和支格阿鲁分别向策举祖禀报了各自探查的结果。到了规定的时间，策举祖把洪水放到地上去。

七天过后，策举祖要锐眼神恒那蹋和耳敏神杜怒布分别显出神通，探听查看天底下哪里还有人。恒那蹋查到笃慕孤零零一个人待在洛尼山上，杜怒布探得什俄纪优也孤立无援地守在点苍山上。

为了再传人烟，策举祖命沽、能、布三家天神的女儿去洛尼山边的贝谷悬嘎找笃慕对歌，然后同时都嫁给他；安排丝绸之海龙王的女儿鲁俄沙壹在三天之内务必嫁给什俄纪优。

据说后来，三家女奉天命嫁给笃慕，生了武、乍、糯、侯、布、默六祖。鲁俄沙壹遵天命嫁给什俄纪优，生了九子，人称“撒靡九祖”。

该故事选自杨正勇、何刚主编:《中国彝族支格阿龙故事精选》，内蒙古人民出版社，2010年。

二、人类喝聪水

远古的时候，豹如马大，虎如牛大，熊如苇席大，蛇有坎大，而且，所有动物包括蚂蚁、蚯蚓等小虫都能说人话。这些动物常常侵犯人类，特别是豹子老虎经常吃人，熊频繁咬伤人，毒蛇咬人，蜜蜂叮人，连蚂蚁和蚱蜢也经常侵犯人。青蛙称自己是惹依阿姆[①]，天性聪慧，会出谋划策，是人类的主宰者，随时欺辱

① 惹依阿姆：彝语中“惹依”指子女排位中的老大，“阿姆”是老大“通称”，惹依阿姆这里指“老大”。

人。在世间，人类的力量有限，不被其他动物看好。人类生存举步维艰，处境艰难，难以立足。后来人类中出现了英雄支格阿鲁，人类云集到支格阿鲁的周围，向他诉苦。支格阿鲁不堪忍受人类的苦难，阿鲁设计圈套，让所有动物来喝聪哑水。饮聪水的动物变聪明，饮哑水的动物变哑巴、愚蠢，聪明动物来管理愚蠢动物。

一年猴月时，支格阿鲁邀约云水神所罗麻嘎和上天额体古子家的管水师依波格热在额姆加勒进行商讨，支格阿鲁直截了当把自己想法提出来：让除人类以外的所有动物都喝哑水，让它们不会说话、不懂知识并交给人类来管理，请所罗麻嘎在这个月别放其他水，只放哑水；请依波格热从额体古子家要点聪水给支格阿鲁。三人达成同意。此后仅三天，世上所有的水沟、水井、湖泊、海洋都被所罗麻嘎控制了，只留下加甲勒姆的那条哑河。一部分动物因很渴，虽明白不能饮此河，但绝渴难忍，无奈喝了这条哑河的水。一部分还是忍耐着口渴，等待其他水喝。支格阿鲁尚未念经之前，喝了这水也不会立刻产生反应，很多动物也在暗中静观，看喝了这水是不是真的愚哑了，连自以为聪明绝顶的惹依阿姆也忍受干渴暗中观察等待。

有一天，支格阿鲁站在额姆加勒说："这几天，有的人轻信别人谣言，所罗麻嘎放给我们的这条河是哑愚水，不敢前来饮水；我先就知道这不是一条哑愚水，不分白天黑夜我带人来喝，你们看，我哑了没有？会不会说话，看说话、想问题、动作行为像个愚蠢的人吗？我倒觉得这几天喝了你们认为是哑水的以后好像比以前更聪明了。”此后，大家信以为真，被支格阿鲁骗来争先恐后地喝这条哑河水。青蛙很狡猾，不肯喝，躲在人中间。支格阿鲁用护棒插进河中，随棒弹到河对面，故意说：“你们哈（傻）了没有，有的还不相信我的话，不敢喝水，这些等一会儿我会拿点颜色给它看，惹依阿姆你还跟着那些哈（傻）子在一起？你来拉我一把。”他把棒伸给惹依阿姆，青蛙还没抓稳棒，他就把青蛙连棒拖进哑水中。他对人说：“赶快跑到索玛地去把放在索玛叶子里的那点聪水喝了。”人跑进索玛地里把聪水一人一滴地分饮了。此时，青蛙喝了哑水刚出来，对其他动物喊：“朋友们，别喝了，这是哑水，我们都被支格阿鲁骗了，赶快跟着人去，到索玛地里，把聪水喝完。”其他动物都喝了哑水，支格阿鲁第一天念经，它们就都变愚蠢了，青蛙也变愚蠢了，只有人喝了聪水，现在变得更加聪明。肚子特别大的那些动物喝了很多，变得更愚蠢，成了人的家畜。马被人用来骑、驮粮食；牛被人用来耕地；羊被养在家里剪羊毛，人类还吃它的肉；猪和鸡养来杀；狗用来看家、防盗和狩猎；猫留在家里守老鼠，为人类造福。

从那以后，人类喝了索玛叶里的聪水后，智力百增，知识丰富，无与伦比。人类成为世间动物的主人。虽然大部分动物如虎豹熊猴等还在野外，不受人的约束，但不再敢大胆侵犯人类了；即使有偶尔入侵的，但由于智谋有限，屡遭教训而惧怕人类。虎熊之类想伤人，人类用箭弩将其消灭；蛇想咬人，人类斩了蛇头。人类所具备的智力首先归功于支格阿鲁，其次归功于索玛叶子，故人们从阿普居木、阿妈合谷，世世代代都热爱索玛，纪念索玛。今天的彝族人做马勺时木料以索玛树最佳，彝历年和火把节都要用索玛，唤灵引魂也要用索玛，祭吉禄、求好运要索玛花。平时赏花，在所有花中以索玛为上等。之所以这样，彝族谚语说道："索玛之上没有花，杜鹃之上没有鸟。"为了不忘却索玛的恩情，彝区人们一般不乱砍索玛树，不乱摘索玛花。若有人无知而砍索玛树、剔索玛树枝，定会遭人禁止或谴责。

该故事为四川凉山彝族民间文学学者贾司拉核先生收集，由编者译成汉文。

三、种煤炭

雨神掌控着雨水。高兴了，他就把倾盆大雨降在地上；兴趣不在了，他几个月也懒得为人间送去一次雨水。因此，龙族出身的雨神跟龙一样，时常受到人间的敬供。鹰族出身的雷神也常常借雨神降雨的时候发威，还时常借劈死几个人或动物来显示他的能耐，以此取乐，他舞动雷电鞭和发出吼声时，无人不心惊胆战，人们也不时祭奠或贿赂他。

见到人们都只买雨神和雷神的账，而且雷雨两神的收入都非常丰厚可观，冰雪之神伍凸倪可嫉恨死了，他发誓要降下冰雪把世间的人全给冻死。

伍凸倪只怕太阳神巨俄吐和风神唆衡，还有支格阿鲁，别的神或人他根本就没放在眼里。伍凸倪把冰雪降到地上，巨俄吐放出太阳，晒得冰雪无处藏身，纷纷化成流水，失去依托的伍凸倪只得赶紧逃回天上。风神唆衡却有怕冷怕热的毛病，怕热的时候，赶紧把乌云团拢，因为乌云能把太阳堵在太阳城吉朵巨，使她出不来；怕冷的时候，就把乌云踢跑吹散，把太阳从吉朵巨放出来。

伍凸倪算是彻底摸透了风神的弱点。有一年，风神害上了热病，吃了许多神药都不见好转；支格阿鲁又被策举祖派到天外去了，伍凸倪要祸害人类，总算找到了机会下手。他百般殷勤，弄来大团大团的乌云来给风神降温，处处都顺着风神的需要。风神一睡就是三个月。伍凸倪一边周到地伺候着风神，一边偷偷地每天大把大把地将冰雪抛撒到人间。

人和飞禽走兽一律被淹没在冰雪里面，不少老人小孩和几乎所有家畜野兽都被冻死。开始，人们好歹还能砍伐树木烧火取暖。日长月久，山上所有的树木都被砍来烧光了。伍凸倪这下可得意了："谁让你们把我如此冷落！"他盘算，过不了多久，地上的人就要全被冻死了。支格阿鲁从天外回来的路上看到这幅情景，禀报了天帝策举祖，策举祖把冰雪神伍凸倪叫去臭骂了一顿，伍凸倪生怕天帝惩罚，连连告饶说再也不敢放肆了；风神也吓得连滚带爬，使出全身的气力，一瞬间把乌云踢跑，把云团吹散，将太阳从吉朵巨放了出来。

冰雪神伍凸倪虽然被策举祖训斥，心里很不是滋味；但想到策举祖为了分明四季，总不会把冰雪锁着，到时候还是要放些下去的；世间的树木因取暖都全部被砍光了，看你支格阿鲁到明年拿什么去温暖、去拯救你的人类。伍凸倪有说不出的解恨和惬意。

在人间，人们的确在为明年用什么取暖发愁。支格阿鲁为此又专门到人间走一趟，他对人们说："你们都会种荞子麦子吗？"人们都说那有什么稀奇，就是一时之间种不出树木来烧。支格阿鲁说，那又有什么要紧。他手把手教人们，带领人们把烧过的木炭烬都收拢来，就像种庄稼一样，一个山梁连着一个山梁的，将所有炭烬深埋到地下，并告诉大家说，到明年这个时候，埋下去的炭烬会越长越大，一块一块挖出来，堆起来生火，照样可以烧燃来取暖。

第二年冬天，伍凸倪忘记了策举祖的训斥，要给支格阿鲁一个难堪。他利用掌握冰雪的方便，要将人们置于冷死的境地，再次将大把大把的冰雪抛撒到地上。人们遵照支格阿鲁的嘱咐，扒开冰雪，从地下挖出大块大块的煤炭，点着火燃烧了取暖。伍凸倪又恨又急，要把又黑又丑的煤炭盖了，就把厚厚的冰雪覆盖在黑黑的煤山上，煤炭散出热气不停地把覆盖它的冰雪融化，多余的热气还在冰雪上面玩耍，见到这番情景，伍凸倪气得咬牙切齿，连连跺脚，他真的什么鬼办法都没有了。

四、拯救三姐妹

巡察大地是支格阿鲁的重大职责。支格阿鲁时时刻刻不忘记自己的责任。

据说远古有一个名叫斗苏阿优的人，他的妻子名叫洛口阿漏，两人结合十多年，只生育了三个姑娘，老大叫阿格，老二叫阿烘，老三叫阿娄。魔鬼哼叉姆想吃这三个姑娘，便依附撮宇吐的肉体变成一个妇女来到斗苏阿优家，对他的妻子阿漏说："阿漏大姐姐，我从远方来到你家，望你给一点水喝。我是专门给没有儿子的人家办事情的，一年到头在外面帮人家费口舌。我会治专门害人家不生儿子的迷诺鬼，常年都不得闲呀。"这话正好说到了阿漏的心事。她说："尊敬的客人，你会治迷诺，能不能帮我看一下?"撮宇吐说："看相就要说真话，怕听真话就不要看相。如果看出什么来，我是要说的，你如果怕听就不要找我看。洛口阿漏大姐，丑话先说在前头，背篼却背在后头。"洛口阿漏说："看出什么来你尽管说。"撮宇吐假装认真地看了几下，说："你的面相有点问题。请你的当家人也来看一下。"看了斗苏阿优的面相后，撮宇吐说：“你俩的面相是一样的，缺陷一样大。不管说得准不准，我都讲给你们听。你家一共有五口人，有三个姑娘，对吧？你家没有男孩，对吧？如果想要生男孩，恐怕只有舍弃这三个姑娘，否则想要生男孩连想都不要想。生十个姑娘也不如生一个男孩。该怎么办，你们自己拿主张吧。我要赶路了。”

阿优与阿漏夫妇的心思全被撮宇吐猜透了，他们的心被撮宇吐打乱了。本来就因为没有生儿而苦恼的两夫妇，现在更加痛苦起来。要把自己的亲生女儿害死，他们心中不忍，可是没有儿子而备受歧视又让他们心中忧伤。他们为此吵嘴，为此互相责怪，谁也无法下决心。阿漏最后对阿优说：“我是树枝丫，你是树主干，要做什么事，做不做由你，你自己拿主张吧。”阿优和阿漏商量说：“虎毒不食子。过两天我带她们去大森林里砍柴，把她们放在那里。她们有命是老天照应，她们没有命也不是我亲手害死的。怪老天吧。”第二天，阿优告诉三姐妹要带她们到大森林去砍柴，三姐妹都很高兴。阿优去取斧头的时候，眼睛里含着泪水，心如刀割，迟迟疑疑地不走。女儿们在催他，阿漏也说：“你是怎么了，像一只昏鸡。去还是不去，又没有人逼你。是去砍柴，又不是去挖山。要去赶快去。不想去谁也不敢强迫你。”阿优说：“怎么不去。我是想年年我去砍柴都是一个去，一个人来，一人只能背一背柴。今年带着她三个去，一家人去，背四背柴回来，我就高兴得淌眼泪啊！”阿漏说：“话说在嘴巴上，事情想在自己心头，你怎么高兴只有你知道。事情该怎么办你去怎么办吧。”他硬着心肠把三个女儿带到了远方的大森林。第一天女儿们催他赶快砍柴，他让女儿砍树搭棚，说是要多干几天。第二天女儿们催他赶快砍柴，他让女儿先去拾山珍做饭吃。第三天女儿们催他赶快砍柴，他又让女儿们欢欢喜喜地玩耍了一天。到第三天晚上，阿优一夜睡不着觉，听着山林里各种野兽的惨叫，心中悲伤。天还不亮的时候，阿优硬着心肠早早地离开了森林。

第四天早晨，女儿们醒来不见了父亲，就在森林中到处找。找来找去，不但没有找到父亲，连她们自己都迷路了。没有了吃的，为了保命，又找不到回家的路，她们漫无目标地在森林中寻找着，这样一过就是三年。这时撮宇吐出现在她们的面前，把她们的情况弄清楚后，撮宇吐假装很同情她们的遭遇，把三姐妹骗到了家里，牢牢地控制起来。这样又过了三年，把三个姑娘养得胖胖的，只等机会把她们一个一个地吃掉。一天，撮宇吐对三姐妹说：“你们在家里好好等着，我去洗羊内脏煮来给你们吃。”实际上撮宇吐是去通知她的亲戚们准备一起来享用她的“人肉宴席”。三姐妹见撮宇吐出去多时不见转回来，就冒着胆子到她的屋内去到处翻看，突然看见了一只人手，把她们吓懵了。三姐妹紧张得不得了，一阵议论之后，三姐妹又转到撮宇吐的内屋去翻，又在她的床下看到了许多的人头骨。她们大声惊叫起来：“赶快逃命吧，再也不能留下来了！”撮宇吐请客回来时，三姐妹早已逃跑得没有了踪影。

支格阿鲁骑着他的宝马正在森林中歇息纳凉的时候，突然看见三个女孩子哭哭啼啼地向他跑过来，口中呼唤着“大舅舅，快救救我们！”这正是被撮宇吐追赶得走投无路的斗苏阿优家的三个姑娘。支格阿鲁弄清了事情的经过，对三姐妹说：“你们年纪轻，但是也不要害怕，我会保护你们。你们听我的安排，把我的这把剪刀拿着，到旁边这个洞里躲藏起来等待，我用块石板盖住。撮宇吐来时我会收拾她，你们要好好配合。”三姐妹下到洞里后，支格阿鲁搬来一大块石板盖在上面，然后弄了一堆粪便堆在上面，笑道：“这个妖魔怕不是‘撮宇吐’而是‘哼叉姆’。等她来这里舔了这堆粪便，坏了魔力我再收拾她。”

支格阿鲁只管躺在路边纳凉，哼叉姆气喘吁吁地追来，她问支格阿鲁：“你是本地人，还是过路人？”阿鲁说：“我是过路人。”她又问：“你是早就到了，还是刚刚到？”阿鲁说：“我早就到了。”她说：“你早到了，为什么还不走，还在纳凉？”阿鲁说：“我在等待我后面的伙伴呢！”哼叉姆问：“你来早了，有没有看到有人从这里路过？”阿鲁说：“过的人太多了。”她又问：“我的三个姑娘昨天晚上和我怄气，被我骂了几句就跑出来了，你看见三个姑娘从这里路过没有？”阿鲁说：“不知道是不是你家的姑娘，有三个从这里过去喊救命，被一帮过路人搭救以后，钻进洞里去了。这帮人抬了一块石板压在洞口之后走了。这些人还说，拉一堆屎石板上，就不会有人来怀疑。除非找人的人把石板上的屎吃了，把石板舔通，否则石板永远也搬不开。我要走路了，你自己慢慢找你的姑娘们吧！”支格阿鲁说完假装离开了。哼叉姆等他走了，就按阿鲁的指点找到那个洞口，搬石板又搬不动，见左右没有其他人，就捏着鼻子把石板上的粪便舔吃干净，石板上面果然通了一个洞口。她往里面一看，果然看见三姐妹在里边。她说：“你们三姊妹怎么会在这个洞里？赶快出来我带你们回家去。”大姐二姐都吓得不敢说话，只有乖巧的三妹阿娄说：“我的大姨妈，有人把我们骗到了这里，把我们推下洞中来了。你快扳开石板救我们出去吧。”哼叉姆让三姐妹和她一块搬石板，三姐妹手撑着却不出力，石板搬不开。她又让三姐妹从小洞口爬出来，小洞口太小无法爬出来。她又要伸脚进去拉她们，伸手进去拉她们。乖巧的阿娄说：“我的大姨妈，伸脚进来，怕石头剐伤你的脚；伸手进来，怕石头剐伤你的手。石板是你用舌头为我们舔开的，你的舌头最有力。你就伸舌头来把我们拖出去吧！”哼叉姆说：“还是小老三会想事。”于是把舌头伸进洞口。阿娄又喊，舌头不够长，还要再伸长些。哼叉姆使劲把舌头伸得长长的。阿娄伸过手来抓住这吃人的长舌头，一手用剪刀唰地一下剪掉。哼叉姆痛得大哭大叫，在地上滚过来滚过去，双手乱抓泥巴，用头去碰石板，一会儿又跳过来跳过去，乱扑地面，满嘴是血，话也说不清楚了。这时支格阿鲁走了过来，指着哼叉姆说：“你吃人害人无数，今天就是你的末日！”他把哼叉姆抓起来甩到了一棵大树上，让她在那里流干了血慢慢等死。支格阿鲁又掀开石板，对阿优家的三个女儿说：“你们赶快出来吧，她不是撮宇吐，她是哼叉姆。剪了她的舌头，她会慢慢死去。你们赶紧找路回家去吧。”

斗苏阿优三姊妹得到支格阿鲁的救助和指点，找到了自己的家。阿优和阿漏因为丢弃了女儿们，人早已变得苍老不堪。看见三个女儿找回家来，他们都快认不出来了。一家人相认后都痛哭起来，诅咒哼叉姆的欺骗和迫害。而这个时候，她们三姐妹的小兄弟阿珠已经五岁了。

第十一章　收妖怪

支格阿鲁故事中有关妖怪的故事很多，有个共同点就是就是葫芦收妖怪的故事情节，不同点就在妖怪的名称、数量。支格阿鲁神通广大，通过一系列斗智斗勇，最终战胜了妖怪。

据说有一个名叫古笃阿伍的人，有一天清晨起了个大早，到古笃法卧去割野竹。才割到九棵竹子，他看见悬崖上有一个金灿灿的东西挂在那里。古笃阿伍以为遇到了宝物，他攀上悬崖，看清楚了那原来是一个金葫芦被金绳系着挂在竹子上。古笃阿伍乐得发了狂：“难怪昨天晚上做了个好梦，天君可怜我，赐给我宝贝了。从此我也不必起早贪黑割野竹，免得竹刺划破手指，竹刀也不再磨坏手板了。”古笃阿伍砍断了金绳，撬开葫芦盖。忽然从葫芦里面钻出一个鼠头人身的怪物，就地一滚，变成了一个虎头红人，它说：“谁叫你开的葫芦盖？可恨你差点把我饿死了！”话还没有说完，张开血盆大口就扑向古笃阿伍，要把古笃阿伍吃掉。

古笃阿伍的三魂吓掉了两魂，七魄骇落了六魄，飞跑逃命。接连翻了三座山，他遇到一个放猪的老翁，老翁问古笃阿伍："年轻的小伙子，急急忙忙地跑个啥，小心碰坏了脚趾头。"古笃阿伍遇见人，心中才算稳住了。他气喘吁吁地说了原委："我一清早到山上割野竹，在悬崖上看见一个金葫芦吊在竹子上，打开葫芦的盖子，里面出来个虎头红人要吃我，正在后面追赶我呢！"放猪的老翁说："九千条鲁比'谚语'，第一条说的是为人不要贪心，知恩还要图报，见到危难要帮。我年轻的时候身高力气大，遇到不平要出面，见到危难也要帮，可是而今我已经年迈，力弱体衰，想帮助你也力不从心，救不了你的性命。逃跑还能保住生命，你还是赶快逃跑吧！"

古笃阿伍继续逃命，一山又一山，两山又三山，翻过四座山，遇到一个放牛翁。老翁喊住了阿伍，古笃阿伍又把事情的经过叙说了一遍。老翁对阿伍说："九千条鲁比，最重要的是劝人要帮助人，劝人要救助人。我青年的时期，在高山上放声吼一声，也能够把风雨呼唤出来；种庄稼一天也要种三斗种的地；抱起牛犊撞老虎，也是常有的事情。可惜年老身体衰，救不了你的危难，逃跑还可以救命，你快逃命去吧！"

古笃阿伍心里很失望，脚下不敢停，赶紧逃命去。爬过一山又一山，翻过三山又四山，一连翻了五座山，遇见一个白头翁，骑着马儿晒太阳，拦住古笃阿伍问。古笃阿伍又把情况说明了。

骑马的老翁，高声朗朗地大笑三声：“世上的人都贪心，你也不例外。天上的策举祖，派遣支格阿鲁为人间除害，收拾了撮阻艾。天帝策举祖说，知恩要报，委派了七姓人管地上的租赋。不料七姓人的势力日益大，却恩将仇报，违背了策举祖的旨意，拒绝上缴租赋，这可苦坏了支格阿鲁。天帝策举祖派遣我来查访。我到了习鲁格，求宿求了九家人，无人肯留我；又找了六家人，还是无人管晚饭；最后问了三家人，也没有人留个座。我正要回天庭去，不想把你碰上了。”古笃阿伍知道遇到了救命星君，赶快向白头翁求救。白头老翁说：“我本是阿妣额苏，是专门救助危难的。贪心的凡人，本来不该救助。不过我也想，九十九颗星星，总有一颗明亮；九十九个寨子，总有一个好心人。铲草不除根，过个时候又萌发。如果留下撮阻艾，他还会死灰复燃，一旦它再强大起来，又要危害人间。只怕支格阿鲁的苦心，会全部白费。”然而等了半天，没有见到虎头红人的撮阻艾追来。

阿妣额苏为了除害，让古笃阿伍带领着来到古笃法卧，看见正在饿得发慌的撮阻艾。撮阻艾见到古笃阿伍回来，又急匆匆地要吃掉他，吓得古笃阿伍直往阿妣额苏的身后躲。阿妣额苏拾起砍断了的金绳，拣起开了盖的金葫芦，重新放在悬崖上，开口来问撮阻艾：“你这个虎头怪，见了人就要吃。这个金葫芦听说是你的藏身之所，谁人都不会相信。当着我的面，你能够钻进去，就让你吃人，十二段脊骨，十三匹肋骨，十三吊人肺，十二片心肝，人头和人脸，都随你吃去。你若钻不进去，就是你骗人，我要收拾你！”虎头红人撮阻艾听了阿妣额苏的话，信以为真，为了早点吃到人，就钻进了葫芦。阿妣额苏左手关葫芦，右手锁葫芦。为了更稳妥，连锁了九遍，消除了祸患。

不同版本参考

一

从前，有个男人在坡上挖地，忽然有一片树叶飞到了他的面前，一晃，就变成了妖精。妖精对他说：“我要吃你。”男人吓得要死，赶快说：“你今天不要吃我，让我回去，明天背我的儿子来给你吃。”妖精一想，答应了。

男人回家去，没得办法，杀了一只鸡给儿子吃。第二天，他扯了一条鸡大腿给儿子拿起，背起他朝坡上走去。半路上，他遇到一个人，这个人就是支格阿鲁。支格阿鲁看见他很伤心的样子，问他走哪儿去。男人一边哭一边说，他今天是背儿子去给妖精吃。支格阿鲁听了很气愤，对他说：“你快把儿子放回去，把这条鸡大腿给我拿起。你不要怕他，只管去挖地，我来对付。”男人叫儿子回去，自己到地里去挖地。

那个妖精又来了，见男人没有带儿子来，很冒火，就说：“你哄我，我今天非要吃你不可。”就在这个时候，山那边来了个骑马的汉子，他朝这边喊：“喂，挖地的大哥，你面前站起的是块啥子东西啊？”妖精一听，糟了，支格阿鲁来了。它平时最怕支格阿鲁，吓得没法，忙给男人说：“你快给他说，你身边的是一根树桩桩。”男人就对骑马的汉子说：“它说它是一根树桩桩。”支格阿鲁说：“是树桩桩吗，你拿锄头砸它一下。”男人就一锄头砸下去，把妖精砸得要死要死的了。

支格阿鲁下马来抓住妖精，问它：“你的老窝在哪里？”妖精指给他看：“我们住的是大岩洞。”支格阿鲁把妖精拖到岩洞头，一看，妖精一个也不在，都找吃的去了。支格阿鲁问妖精：“你说，你们晚上睡在哪里？”妖精指着一个葫芦说：“我们千千万万个伙伴，一到晚上就变成像蚊子一样小的东西，飞进这里去歇。”支格阿鲁听后，心头有了主意，就把这个妖精弄死了，自己藏在岩洞背后等着。

天刚黑，一阵“呜呜呜”的响声，一群一群的蚊子样的小东西飞进岩洞，钻进葫芦里去。支格阿鲁等它们进去完了，一个也不剩下，就很快地塞紧葫芦盖，端起葫芦丢进大海子里。葫芦慢慢地沉下去了，从此，一大群悄悄害人的妖精就遭支格阿鲁收拾掉了。

讲述者：安尔使，男，42岁，彝族，文盲，德昌县银鹿乡干海村农民

采录者：李文清，男，14岁，彝族，德昌县民族中学初一学生

采录时间：1986年2月记于银鹿乡仰天窝

流传地区：德昌县银鹿乡

二

山鹰之子支格阿鲁有三个得力的助手：一个叫且排那日仄，每当遇到江河拦路时，他能用屁股堵住澎湃的急流，让支格阿鲁平安地通过；一个叫作乃指波那土，倘若行至大山前，他能一伸食指戳穿大山，让支格阿鲁天天走平路；第三的那一位，就是机智勇敢、惩罚玉皇大帝、创造彝家火把节的惹底豪星。

有一天，支格阿鲁和他的这三位助手行至半路途中便天黑了，只好走进路旁林边一个农户家。哪知这农户家全都是吃人的妖怪，看到壮实的四条汉子的到来，那个当老汉的妖怪直往嘴里吞口水，他把两个儿子悄悄叫到屋外谋划去了。

父子三人出去后，坐在火塘上首位的支格阿鲁就问那个女奴娃娃："这空空的屋里晚上怎么个睡法？"女奴说："到了晚上，他们父子三个就会变成三只小蜜蜂，钻进壁头挂的葫芦里；我呢，只好变成一把扫帚，丢在堂屋门背后。"于是，支格阿鲁晓得了这是个妖怪之家，明白这父子三个出去的原因了。

屋外策谋的妖家父子准备吃这四条汉子了，但先吃哪个呢？妖父让妖老大先回屋看一看，哪个的样儿厉害就先吃哪个！老大看后出来说："坐上首位的最厉害，先吃他！"

等妖老大出门去后，支格阿鲁让惹底豪星坐上首位，自己坐在中间的位子上。听了老大的话，妖父还不放心，慎重起见，他再叫妖老二去看一看。老二看后出来说："中间位上坐的那位最厉害，先吃中间那个。"妖父还放心不下，便亲自悄悄进屋去看。结果支格阿鲁已经坐在最下位上了。妖父出来后，责怪说："都说的瞎眼的话，难对付的是坐最下首的那个！"父子三个争执不休，结果商定：都厉害，白天难对付，待到夜深人静，客人睡熟的时候再吃。

天刚擦黑，支格阿鲁借口说是赶了好几天的路，疲惫已极，便往火塘边一躺，"呼噜噜"响起了"鼾声"。满心兴奋的妖家父子也真的变成三只小蜜蜂，钻进壁头挂的葫芦里。这时，佯装睡觉的支格阿鲁悄悄起身，上前取下这葫芦，堵死了口子；三个助手赶忙烧起火，烧了女奴变的竹扫帚，然后走出妖家，把这装有妖怪的葫芦扔进江里，继续赶路了。

一年后的一天，有个钓鱼的汉子，突然钓到一个封了口的葫芦，他打开一看，突然从里面飞出三只小蜜蜂，随即又变成活脱脱的父子三人，并说非吃这钓鱼人不可。钓鱼人只好说："吃是可以吃，但请让我问一问那个牵山羊过来的汉子，如果他说你该吃我，那你再吃吧。"妖怪答应后，钓鱼人就问那个牵羊路过的汉子："请问牵羊的大哥，这儿有三个妖怪，我把它们从葫芦里放出来，它们反过来要吃我，你说该不该？"牵羊人还没张口，那只被牵着的母羊就开口了："该吃该吃，我一年下一只羔子，不是都被人吃了的么！"妖怪听了惊喜地张开了嘴。钓鱼人又乞求着说："不忙吃，再问一问那个牵母猪的人再吃。"妖怪答应后，钓鱼人又问那个牵猪路过的大叔，可大叔还没开口，母猪又先嚷嚷了："该吃该吃，我一年下十几个崽子，后来不都被人宰吃了么！""哈，这回没啥说的了吧！"狂喜的妖家父子三个又张开了血盆似的嘴。"不忙，请允许我最后一次问问那个骑马的人再吃吧！"妖怪又一次答应了。策马而来的是支格阿鲁，当听见钓鱼人问话后，支格阿鲁还未开口，胯下那匹长翅的飞马却先"咴咴咴"地叫了起来，支格阿鲁狠狠扇了飞马一耳光，勒住缰绳后，跳下鞍，走到钓鱼人的面前，听完原委后，故作不相信地说道："世上哪有蜜蜂变人的？如果他父子三个真能进这葫芦，不用说你，就连我也让他们吃好了。"妖怪父子一听，高兴地变成三只小蜜蜂，重新钻进了葫芦。于是，支格阿鲁猛然抓起葫芦，又一次堵死口子，并对钓鱼人说："这是我在一年前惩处过的三个妖怪。"

支格阿鲁让人烧起大火支起锅，把这葫芦放进甄子里。蒸了九天九夜后，打开一看，妖怪变成三股空气飞跑了。这三股空气，一股是今天沟坝地区流行的摆子病（疟疾）；一股是二半山的伤寒；第三股么，正是今天高山雪原刺骨的寒风。

讲述人：更儿阿此，男，46岁，彝族，普格辉隆人

采录者：阿凉子者，县文化馆干部

流传地区：普格洛乌沟区、西洛区等地

三

远古时，有一个单身渔夫，穷困潦倒，无土地和家畜，仅靠打鱼为生。平时打鱼一般都有收获，至少能保障早晚两顿。有一天晚上，天下了大雨。渔夫想明天能多得一点鱼了，整个晚上在挂念此事未眠。第二天天还没完全亮，就吃了简易早餐，把渔网搭在肩上，往河边走去。

渔夫来到河边，见河水浑浊，心想一定会有收获，心里乐滋滋的，连一杆烟都没吸完就迫不及待地把烟杆放入皮子口袋里，抖了抖渔网，撒进一个漩涡里。拖回来时网里没有鱼，渔夫觉得有点奇怪。他想平时在这里从未扑空过，今天河水浑浊，为何没有鱼呢？他又想如果不到那个水流较慢的地方去，今天可能就两手空空了。于是他抱着湿漉漉的渔网到那里。他做了充分准备后，把渔网丢进水里，第一次，空网拉回，第二次扔进水里，仍然空网拉回。反复打了一天，天要黑了，跑遍大部分河段，真倒霉，网里不说一条鱼，连一颗鱼屎都没有。渔夫饥饿加劳累，心里恼火，垂头丧气地跑到河边，坐在他平时经常休息的一块石头上，拿出一杆烟来吸。他仍不甘心，再次把网撒进另一经常打鱼的地方。拖网时好像有点沉，用力拉有些吃力，心里有了一丝希望。他用力把网拖到岸边，仔细一看，网里没有鱼，只有一个葫芦。他想：网不到鱼，偏要网到多余的葫芦，我家里还有很多葫芦呢。随后又纳闷：哪里有那么沉的葫芦呢？是不是里面藏有金银什么的？于是，他抱起葫芦往河边大岩石上走去。

这葫芦有一个手指粗的口子，口子被堵塞，外面糊上很光滑的材料，如不仔细看，还难辨是个口子，这更使他认为里面一定有“东西”了。他费了把劲才把葫芦盖子打开，里面除飞出一只蜜蜂来以外，什么都没有。看来今天真够倒霉，没捕捞到鱼不说，连捞到另外一点东西的希望也破灭了。

从葫芦里飞出的那只蜜蜂转眼变成了一个顶天立地的巨人站在他前面，他鼻头有酒坛大，耳朵有扇子宽，嘴巴像山洞，眼珠有脸盆大，牙齿有手指长。渔夫被吓呆了，他很胆怯地问了一句：“你是什么人？从那里来，姓啥？”由蜜蜂变来的这人说：“我是专门找人吃的，住在你刚打开的葫芦里，来自上天，没有姓，名叫吃人魔书阿赫，多少年来，被该死的支格阿鲁关进这葫芦里出不来，想吃口人肉很久了，可找不到人肉吃。今天没想到从水底里被你捞上来，而且打开了盖子，这应该感谢你。不过，你若真是一个好人，就应该做好事做到底，我现在饿得要死，也忍不住想吃人肉，我只好吃你了。”渔夫被吓得眼睛发青，从脚到头都麻木了，全身不停发抖，心想事已至此无能为力了，便说说看：“我好可怜！辛辛苦苦把你从水底捞出来，并费劲打开盖子，放了你出来；按理说，你应该感谢我，说饿也应该吃别人，为什么来吃我，真不明白。”吃人魔书阿赫无理以对，便说：“谁为我做事，我就吃谁，难道你不知道吗？”此时，渔夫想出一个办法，对他说：“若真是这样，我俩一起去岔路边坐着，问问来者，过路者说我应该给你吃，那你就吃掉我；过路者说你不该吃我，你可不得无理吃我。”吃人魔书阿赫就和渔夫一起来到岔路口坐着。

一会儿，一头黑母猪路过，渔夫拦着母猪说：“母猪奶奶，我在河里打鱼，捞出一个葫芦。我打开葫芦把他从里面放了出来，但他说他要吃我，现来问你该不该让他吃？”母猪回答：“我一年生下三次儿，一次至少生九个小崽，这些小崽不是被人吃完了吗，依我看，太该吃了。”吃人魔书阿赫听了母猪的话后很得意，说：“哈哈！你听见了吧，你现在还有什么可说的！”张开大嘴要吃他。渔夫对他说：“等等，再问几个，仍然说该吃的话，我也心甘了。”这时，来了一只黑颈山羊，渔夫前去说：“山羊阿果，我撒网捞来一个葫芦，从葫芦里我放出这个吃人魔书阿赫，现在他要吃我，你说该不该吃？”山羊阿果说：“怎么不该吃，我一年只下一次儿，都被你们吃完了，我说本来就该吃。”母山羊说完就走了。吃人魔书阿赫更信心十足，说：“先就该吃了。”他那山洞般嘴巴要打开了。此时，有一条老母牛，有气无力来到这里。渔夫飞步前去，说道：“母牛阿依，今天早上，我去这条河中网鱼，鱼倒没网到，这个吃人魔书阿赫装在一个葫芦里从水里被我捞出来，他说既然被我捞出来，就应该把我让给他吃，你说该不该？”这母牛说：“怎么不该吃呢！我辛辛苦苦三年养一条牛仔，先被你们用来耕地，后连肉都被你们吃掉了，我看早就该吃了，不该等到现在。”渔夫拉着母牛说：“母牛阿依，我从来没有用牛耕地过，也没有吃过牛肉，你说我怎么该拿给他吃呢?”那母牛仍然说：“你虽没有用牛耕地，别人用牛耕地了；你虽然没有吃过牛肉，别人却吃过牛肉了，我还怎么说呢?”渔夫心有不甘地对母牛说：“母牛阿依，我从不欠吃人魔书阿赫的账，也没有欠他的命；再说他被人装进葫芦，扔入深渊，我救了他的命，难道还有错吗?”渔夫抓住母牛论理时，支格阿鲁化了装骑着一匹花骏马过来。渔夫也从来没有见过支格阿鲁，不知道支格阿鲁是啥模样，但毕竟见到了人，这时开始有了信心，阿鲁抢先假装问：“你们为啥在这里吵闹?”渔夫把事情原原本本讲给支格阿鲁听，支格阿鲁想起原来他把这吃人魔书阿赫治服的事来，故意装着不认识似地问渔夫：“朋友，你不该骗别人，那么大一个人怎么能装在如此小的葫芦里呢?如果这个人真的从这个葫芦里被你放出来的，那你就该让他吃了。还有什么可说呢?”吃人魔书阿赫想路过这里的家畜及人都说这个渔夫该让他吃，这渔夫迟早都是他的美餐，便高兴地说：“我真是这个葫芦从里面出来的。”支格阿鲁装着不信，说：“无论如何，我不相信你这么大个人装在这个小葫芦里。要是你们两个不说假话，那你进葫芦里再表演一下给我看。”吃人魔书阿赫心里暗想，这个骑马男人说话公道，他说的话大部分是站在我这边说的，于是答应了。他“嗡嗡”地叫了两三声变成了一只蜜蜂，飞进葫芦里。支格阿鲁飞快前去，用塞子把葫芦口子堵住，盖上盖子，从口袋拿出一些不知名的东西封上缝隙。支格阿鲁把密封好的葫芦递给渔夫说：“朋友，你赶快把这葫芦放进水很深的原来那地方，以后别去那里打鱼了。”渔夫差点被吃人魔书阿赫吃掉，幸亏得到支格阿鲁智慧救助，才免遭于难。他热泪盈眶，感动万分，对支格阿鲁无限感激，称要不是支格阿鲁的到来，早被吃人魔书阿赫吃进肚里，我这可怜的单身汉渔夫生命就这样消失了。

该故事为四川凉山彝族民间文学学者贾司拉核先生收集，由编者译成汉文。

第十二章　除掉苴阿启

阴险狡诈、心狠手辣、有万夫不敌之勇的苴阿启，不把生性懦弱的苴鲁莫国君放在眼里，是迭搓国家真正的主政人。苴阿启一直怀有取代苴鲁莫和吞并德纪国的野心。他不仅得罪天君策举祖，还无理抢夺德纪国城池和财产，惨无人道地屠杀德纪国人民。天君策举祖忍无可忍，命支格阿鲁前去消灭苴阿启。

支格阿鲁在德纪国边境约战苴阿启，削掉苴阿启的一只手臂；追到涩那嘎，一戟把苴阿启结果在那里。支格阿鲁把迭搓国的苴鲁莫和德纪国纪阿育两个君长招来一处开导，要他俩喝血酒钻牛皮，发咒盟誓，答应永世互不侵犯，从此，两国和平相处，人民安居乐业。

天帝策举祖最乐意见到的是，人间以马牛为祭牲祭天祭地，九年一大祭，六年一中祭，三年一小祭；最不愿看到因为战争造成的哀鸿遍野、白骨千里、万户萧疏的惨状。一旦如此，就等于中断了对天地的祭祀。在策举祖看来，给天庭的上供是万万不可断绝的。人间战争的损失如果超过天地所能承受的极限时，策举祖就要进行干预。

策举祖的幺女名叫举祖诺妮，在笃勒策若下地之后，曾经循着笃勒策若私自下地，同凡人苴史阿德相恋，并结为夫妻，生下阿德卓和阿德依依两兄妹。策举祖十分恼怒，一气之下，命杜波阻领兵去将举祖诺妮抓回天庭处罚。

阿德卓娶妻生子，阿德依依也嫁人为妻。许多代以后，阿德卓和阿德依依的后代都分别由家、家族、部落发展为国家。阿德卓的后人建立了德纪国，阿德依依的后人也建了迭搓国。德纪与迭搓两国山水相连，两国世代为姻亲，唇齿相依。迭搓国到了苴鲁莫这一代，以长子苴鲁莫为君，次子苴阿启为臣，三子苴雅毕为毕摩。迭搓国的君长名义上是生性懦弱的苴鲁莫，实际大权旁落。苴阿启既阴险又狡诈，心狠手辣，有万夫不敌之勇，他才是迭搓这个国家真正的主政人。苴阿启一直怀有取代苴鲁莫和吞并德纪国的野心。

苴阿启为吞并德纪国，出动全国的兵力攻打德纪国。一天打三仗，两天打六仗，三天打九仗，德纪国的九十九座城池被攻占了六十六座；剩下的三十三座城池在纪赫哪等三十三汝卡武士的坚守下久攻不下，苴阿启恼羞成怒，下令大肆屠杀占领地的德纪国老百姓。担心德纪国的老百姓被苴阿启杀光，天帝策举祖对苴阿启的行为进行了惩戒，让电闪雷鸣、倾盆大雨阻挡苴阿启的追兵，又令撑地的蛟龙鲁弥朵使劲簸动德纪国被占领的土地。苴阿启前进不得，留下来会被困死，不得已收兵回迭搓国。

既然苴阿启一心要吞并德纪国，就不会因为战争的不顺利而善罢甘休。他派出摩史做使者，胁迫德纪国的君长纪阿育承认迭搓国为大哥国，他的国家是弟弟国，条件是弟弟每年向大哥上贡九万驮粮食，六万驮羊毛，三万驮红铜，而且第一年的必须马上兑现；每天要派出纪赫哪等三十三汝卡武士中的一位，到两国的边界地跟苴阿启比试武功，如果不答应，就要发兵大举进攻。德纪国的君长纪阿育为了自己国家的生灵免遭荼炭，勉强答应了耻辱苛刻的条件。

纪阿育倾全国之力，勉强凑交了如数的纳贡，派出跟苴阿启比武的纪赫哪等三十三汝卡武士，但没有哪个是苴阿启对手，经过三十天的比试，苴阿启每天杀死德纪国的一名武士，已经杀了德纪国的三十名武士。德纪国是人财两空，马上面临亡国的危险。苴阿启的所作所为，引起了天帝策举祖的震怒，他不要德纪亡国，他要除掉恶人苴阿启。

策举祖下旨命支格阿鲁到德纪国铲除恶人苴阿启，限在七日内上天复命。支格阿鲁到德纪国后，在与迭搓国接界的一个寨子停下来，打算选一户合适的人家立足。寨中的阿卡一家恰好被选中。阿卡家的阿卡尔者和迪迪舍依两老膝下无一男半女，支格阿鲁就诚意要认两老做父母，两老乐不可支，让支格阿鲁在他家住下。

苴阿启觉得已扫除了阻挡他的武士障碍，彻底占领德纪国的时机到来了，于是找借口准备荡平德纪国。支格阿鲁刚住下，苴阿启就派人到德纪国喊话："我们迭搓国君长苴鲁莫要尼目祭祖、叙谱，你们德纪国要每天上贡九百驮粮食、六百驮羊毛、三十驮红铜、九千头牛马、六千只猪羊、三千只鸡鸭，少一只半驮，我们的苴阿启就穿通你们纪阿育的手掌，把他像羊一样拴捆在洪鲁山顶上祭风神！"支格阿鲁要迭搓国的喊话人回去转告他们的苴阿启，说苴阿启能杀掉德纪国的九十九个武士，但剩下的一名他是杀不了的，粮食一粒也没有，牲畜一毛也不得，他若是英雄，明日的午时，到两国交界的涩那嘎来相见！

苴阿启一听喊话人回来的禀报，肺都气炸了，说不立即把德纪国荡平，他誓不为人。

第二天午时，在两国交界的涩那嘎，苴阿启带左中右三路大军，气势汹汹趾高气扬地跨马冲在中路军的前面。牛一般大叫德纪国最后剩下的那个武士速出来送死。支格阿鲁身穿有名的鄂莫铠甲，手持鄂莫战戟，威风凛凛地出现在苴阿启的眼前："迭搓国的鼠辈小饿豹，本虎爷已等你多时！"苴阿启不知末日已到来，但见了支格阿鲁的阵势，也不觉倒吸了三口凉气。苴阿启问支格阿鲁谁先动手，支格阿鲁要他先出三招。苴阿启一冲、一卷、一杀，连发三个狠招，招招都想置支格阿鲁于死地。支格阿鲁却冷笑面对，毫发无损。还没等支格阿鲁依规矩出招，苴阿启使出他最拿手的排山倒海功与支格阿鲁拼命，支格阿鲁迅雷般一让，苴阿启重重地落马扑倒在地。支格阿鲁挥戟切豆腐般将苴阿启的一只手臂削掉。

迭搓国的左中右三路大军第一次像洪灾一样溃退，自相践踏死伤无数，苴阿启的助手穆濯赶紧将他救逃。支格阿鲁穷追不舍，一直追到迭搓国都城后面最高的白云山上，一戟把苴阿启结果在那里。

战争结束，支格阿鲁把迭搓国的苴鲁莫和德纪国纪阿育两个君长招来一处开导，要他俩喝血酒钻牛皮，发咒盟誓，答应永世互不侵犯，这才上天缴旨复命。

第十三章　火烧拉哈吉姆家

拉哈吉姆家在准备做尼目仪式祭祖。在还没有举行祭祖仪式之前，九十位毕摩称天下毕摩都没有能力为他家主持祭祖仪式，若祭不了祖，将拒绝向天庭缴纳供品。策举祖大怒，便派支格阿鲁去教训狂妄的拉哈吉姆。支格阿鲁假装毕摩去拉哈吉姆家祭祖。拉哈吉姆故伎重演，仍持先祭祖再杀毕摩的念头，支格阿鲁挫败了他的诡计，惩罚了拉哈吉姆。此后，拉哈吉姆的不光彩暴露无遗，威风扫地，再也不敢在洛斯部地方作威作福。

在南边的土地上，拉哈吉姆家统治洛斯部已经九代，满九代后要举行尼目仪式祭祖。在还没有举行祭祖仪式之前，吉姆家已残暴地杀害了他家境内的九十位毕摩，扬言天下的毕摩都没有能力为他家主持祭祖仪式，他家若祭不了祖，天庭就休想能得到哪怕一根牛毛的供品。策举祖闻讯，天颜大怒，要支格阿鲁去教训狂妄的拉哈吉姆。

支格阿鲁头戴洛洪神帽，身穿布陀神衣，挎着维庹神筒，手持默启神扇，来到拉哈吉姆家，说自己有能力为拉哈吉姆家主持祭祖仪式。

吉姆领着支格阿鲁去察看放在悬崖上的祖灵桶，支格阿鲁盯着拉哈吉姆家的祖灵桶，横竖左右都细细看了许久，然后说："吉姆啊，你家的祖桶里面，正常的祖灵气和一股红绿气交织在一起，有一位女性祖灵，不知是妖，也不知是怪啊，说出来你别介意！"拉哈吉姆从心底里恨死了支格阿鲁，巴不得立马将他撕做八大块给吞了，但表面不露声色，强装谦和地说："看来只有靠毕摩做禳解，把里面的妖邪给驱赶出去了！"

吃过晚饭，待支格阿鲁入睡后，拉哈吉姆招拢他的家人和心腹，吩咐说："这个讨厌鬼同先前的那些毕摩一样招人恨，等他主持完祭祖仪式，揪到祖灵跟前杀了祭奠祖灵，一个时刻也不能留着！"

支格阿鲁揭了拉哈吉姆的老底，掌握了他家的天大秘密，跟先前的那些毕摩一样，捅了在拉哈吉姆家看来是大得不得了的娄子。这下，支格阿鲁终于明白那九十位毕摩招惹杀身之祸的原因。

拉哈吉姆的第三代祖时，同邻部的阿什乌比家开亲。阿什乌比家有个女儿，名叫乌比舍露。这乌比舍露貌若天仙，是出了名的美女，许多人家的小伙踏破门槛都求之不得，由于门当户对的缘故，就许给拉哈吉姆家。

俄勒大岩的岩神斯斯贪恋舍露的美色已久，苦于没有机会下手；无独有偶，住在雅几河中的女妖迷诺却十分贪慕拉哈吉姆家的高贵和富有，巴不得找机会去他家享受一番，岩神和河妖各怀贪欲，却彼此心照不宣。到了舍露十六岁那年拉哈吉姆家到阿什乌比家订了娶亲的日子，随着舍露出嫁日期的临近，岩神斯斯按捺不住了，就迫不及待地找到河妖迷诺说："与人方便，自己方便，你的心思我知道，都各有所图。咱俩好好合作一回，我要夺人美妇，你去做人主母，两不相亏如何？"迷诺乐得合不拢嘴。斯斯和迷诺就细细地密谋了一番。

乌比舍露出嫁的日子，拉哈家大讲排场，派了浩浩荡荡的大队人马去迎亲，乌比家则安排加倍的人马送亲。第二天午时，大队人马走到俄勒大岩下一个叫洛补惹的地方，突然一阵飞沙走石，新娘子舍露不翼而飞贴在半悬岩上，迎亲和送亲的大队人马吓得呆若木鸡，人人不知所措，身上仅有的魂魄全都给吓落了。新娘在那高高的悬岩上下不来，人们又攀不上她那里去，都急得像热锅上的蚂蚁，又生怕新娘子饿死，不断地往岩上丢苦荞粑。到第三天，新娘子连同丢上去的荞粑都变成了大岩的一部分，美女岩就这样永久地留了下来。

迎亲的和送亲的都清楚地知道，没有了新娘子，他们任何人都休想活命。就在他们呼天不应、叫地不灵的时刻，又是一阵怪风，将一个妙龄少女吹到这些人的面前，她就是河妖迷诺变的少女。她虽然不及舍露的天生丽质，但也是人间并不多见的美女。迎亲的和送亲的不管三七二十一，把突然出现在他们面前的女子强拉了塞进新娘子乘坐的轿子里。

河妖迷诺就这样做了拉哈家的主母，算是享受尽了人间的富贵，吃香喝辣，穿金戴银，绸缎裹身，几十年如一日。迷诺为拉哈家生了十二个儿子，人称十二拉哈。老拉哈死后，实现了为人主母夙愿的河妖迷诺，也不好继续待下去，回到她原先居住的雅几河，她的灵却受到十二支拉哈的世代供奉。拉哈家这段家史，被当时迎亲和送亲的一些人给透露了出来。

拉哈家这段不清白的家史被传开，非常影响他家对一方的统治，曾多次受到他人的讥讽。十二支拉哈于是大肆炫耀武力，大打出手，顺我者昌，逆我者亡，并极力编造自家血统高贵的故事。他们还以武力胁迫他家境内外的大姓跟他家开亲，逼迫人家把一个个姑娘送上门去，但只将少数被认为是伶牙俐齿、能说会道且其家人能对赢婚仪歌的姑娘才留下来，多数连同她们的家人一道被百般羞辱后赶了回去，不知多少好姑娘受辱后自尽。

支格阿鲁清楚拉哈家要加害自己的图谋，准备着防范与应对。拉哈吉姆家的祭祖仪式开场，支格阿鲁来到毕摩堂。毕摩堂的摆设十分讲究：地上铺满松叶，松叶上又垫一层黑毡，毕摩用的神桌也用黑毡来垫。支格阿鲁入座主持仪式，边念《祭祖经》，边叫拉哈吉姆家把祭牲牵了过来。吉姆家牵来的祭牲非牛非马，非猪非羊，却是两个十来岁的男孩，脖颈上像祭牲样绾着草圈。支格阿鲁一看傻了眼，却装做稳沉镇静。两个小男孩早被吓得战战兢兢，嘴被塞住叫不出声来，满脸的泪水却如泉水在涌。支格阿鲁念了半天经文，见四下无人，就对着当祭牲用的两个小男孩的耳边悄悄地说："别害怕，明天午时我让你俩逃走！"一个小孩用眼神示意支格阿鲁，要他注意毕摩神桌下面。支格阿鲁揭开垫神桌的毡一看，神桌底下设有深不见底的陷阱，里面密密麻麻布满了尖锐的铜箭头，不禁吸了一口凉气。他将神桌和垫的毡子原样放好，端坐着像什么都不知道的样子。

又念了一会经文，支格阿鲁高声叫拉哈吉姆家过来有话要说，拉哈吉姆应声，赶紧领着他的家人凑了过去。支格阿鲁说："尊贵的吉姆啊，明日午时，将有一对雄壮的鹿子要来闯祭祖场，你家能抓了来当祭牲用就大吉大利，如果抓不来，那恐怕就要坏了大事！"

第二天午时一到，支格阿鲁绾了两个草疙瘩，一念，突然有两只雄壮的大公鹿连奔带闯，进入拉哈吉姆家的祭祖场。吉姆一家男女老少和所在场的人都去追赶那两只鹿子，还越追越远了。

支格阿鲁放了吉姆家做祭牲用的两个小男孩，带他们逃出去，岂知吉姆家早有准备，在进出的每道门上下都布满了尖锐的铜钉铜箭，院落四周凡有缝隙的地方，都挂上了裙子。毕摩有禁忌，不能从女子穿的裙子下面走过。拉哈吉姆家认为支格阿鲁无论如何是走不出去的。哪知支格阿鲁神力了得，飞越障碍是他的拿手好戏，他把所用的神器同经书捆在背上，腋下挟着两个小男孩，从拉哈吉姆家的房顶上飞了出去，回头口吐神火，一把火将拉哈吉姆家房屋烧个精光。

拉哈吉姆家以天怒人怨的方式祭祖而自食恶果，又据说支格阿鲁把拉哈吉姆家的经历告诉了他收为徒的那两个小男孩，小男孩长大为毕摩后，再把拉哈吉姆家的事情传开。拉哈吉姆家从此威风扫地，再也不能在洛斯部地方作威作福了。

第十四章　重竖铜柱

武朴琐在上天之前举行祭祀，清点万物，唯独没有清点到蚂蚁。蚂蚁怀恨在心，把武朴琐正在爬着上天的铜柱咬倒了。天地开始记仇，诺靡和撒靡生起了战端。为了重新竖起铜柱，支格阿鲁号召诺靡的诺雅乃迭、撒靡的撒孜阿俄和力神斯色，共同把铜柱重新竖起。诺靡和撒靡开始和平相处，天人和地人重新来往，出现一片生机勃勃的景象。

九地和八鲁旺的范围被划为诺靡和撒靡后，作为分界线和观测点，支格阿鲁在那里立下了一根铜柱。这根铜柱使天人和地人之间的往来方便了，同时把诺靡和撒靡的人心紧密地联系在一起。

武朴琐是六支叟厄、八支武古中的一支武古，天帝策举祖降洪水淹灭他们这些人时，吓怕了不敢住在地上，要上天去居住，唯一的路子是通过铜柱爬上去。上天之前，武朴琐专门举行了祭奠仪式，世间的神灵和差不多的动植物都祭到了，唯独把蚂蚁给忽略了。

武朴琐借着铜柱往天上爬，生气的蚂蚁却成堆地在铜柱下面蛀咬。他才上到半天云中，铜柱就被蚂蚁蛀倒，武朴琐跌落下来。好在武朴琐背上系着簸箕，簸箕顺着风飘，慢慢地落下地来，否则后果就不堪设想了。

武朴琐家什么都顾不上了，惊慌失措，一个劲地往东逃，好不容易才遇到够阿娄家。够阿娄将武朴琐收留，合做了一家。

铜柱倒了以后，天人和地人反目成仇，诺靡和撒靡起了战端，大家的心连不到一块了。

诺靡的人着急了，要把倒了的铜柱重新立起来，他们推举诺雅乃迭出来。诺雅乃迭认为，既然如此受到看重，就要切实担负起责任来，他领着诺靡的人来重竖倒下的铜柱。诺雅乃迭手把柱头，口念“上半段、中间部、下半段，由我诺雅乃迭立起来！”重复念了三遍。诺雅乃迭和诺靡的人费尽九牛二虎之力，铜柱纹丝不动。诺靡的人只好放弃。

撒靡的人觉得诺靡的人不中用，重新立起倒了的铜柱这活看来非他们莫属，他们把撒孜阿俄推举了出来。撒孜阿俄想，诺雅乃迭自不量力，把事情都往自己身上揽，结果是费力又丢丑，他的性格刚好相反，这种事情最好是往外推。撒孜阿俄领着撒靡的人来重竖倒下的铜柱，他也手把柱头，口念“上半段、中间部、下半段，要靠力神斯色立起来！”重复念了三遍。撒靡的人听撒孜阿俄这样念，大家就都依赖力神斯色出力。力神斯色讨厌撒孜阿俄不负责任，根本就没有出一丁点力气，铜柱依旧纹丝不动。撒靡的人也没有把铜柱重新竖起来。

天人和地人依旧结怨，诺靡和撒靡的隔阂加深，世间充满着极不协调的气氛。

支格阿鲁认为，天地和人之间、人和人之间、群体与群体之间本来是要沟通的，只有协调才能相互依存。他自然承担起了以重竖铜柱来调和天地和人间的责任，他又一次跨着飞龙神马，来到倒下铜柱的诺靡与撒靡分界线，把住铜柱的柱头，口念“上半段，请力神斯色立起；中间的部位，由诺靡撒靡共同来扶起；下半段，是我支格阿鲁来立起！”也重复念了三遍。支格阿鲁念的话语，力神斯色听得入耳，诺靡和撒靡的人听了受到感动，受到鼓舞。几乎没费很大的劲，铜柱又给重新竖起来了。

天人和地人之间再次往来了，交往还越来越密切；诺靡和撒靡的人进一步沟通，彼此之间加深了解，大家的心又紧密地联系在了一起。

第十五章　移山填海

南方洪水泛滥，人们遭受苦难。大力士恒优额和英雄杜波祖因治理不了洪水而深感遗憾和羞愧。支格阿鲁为了改变现状，一心想着治理洪水，翻破了万卷书，求教了上千人，踏破了万双鞋，历经千辛万苦，终于织地神郎笃若给他献上了一计：北方恒吐洛的大力山神鲁依岩家的山可以填水。支格阿鲁的良苦用心遭到鲁依岩拒绝，却获得鲁斯阿颖的芳心，拿上赶山神鞭，赶走鲁依岩的一半群山。刚填好南方的洪水，鲁依岩追赶到，逼迫支格阿鲁交出神鞭和女儿。鲁斯阿颖为了保护南方的人民，折断神鞭，吞进肚里，变成一座大山殉情了。虽然南方的洪水已治理，但支格阿鲁失去了心爱的鲁斯阿颖，悲痛万分。

支格阿鲁虽然驱散了南方的迷雾，但是南方滔天的洪水仍然在泛滥，茫茫的大水仍然没有填平，人民在遭受着洪水泛滥的苦难。倘若驱散了的妖雾借助洪水之力死而复生东山再起，将会前功尽弃，支格阿鲁也将无颜向天帝策举祖交差。好汉做事要一鼓作气，冬天的羊肉要趁热来吃，办事也在趁顺手之时。此时的支格阿鲁，心中想着南方的洪水，口中里说的是南方的洪水，手上写出来的也是南方的洪水。他想到大力士恒优额和英雄杜波祖都因为治理不了洪水而感到遗憾和羞愧，便觉得肩上的担子更重，心中的压力更大。

支格阿鲁下定决心，决不重蹈覆辙。他跨上飞龙马在苍天和大地上巡察了上千遍，翻破了万卷书，求教了上千人，踏破了万双鞋。正当支格阿鲁到处奔走的时候，如同遇到一场及时雨，织地神郎笃若给他献上了一计："大山可以填水，支格阿鲁啊，你不妨试一试。大力山神鲁依岩[1]家住在北方，地方叫做恒吐洛[2]，山是他的财产，大山是他的牛马，小山是他的猪羊。大山九万九千九，小山一百二十万。鲁依岩心上的心头肉，是他心爱的掌上明珠——他的女儿鲁斯阿颖[3]。鲁斯阿颖每天都赶着她的牛马——一群群的大山和她的猪羊——一群群的小山，到恒洪鲁地方放牧。若有谁人能够征服鲁斯阿颖的心，就能够得到一把打开鲁依岩的柜子的金钥匙，从中取出赶山鞭。鲁依岩的山只要能撵

① 鲁依岩，神名，即龙王大力山神。

② 恒吐洛，地名。

③ 鲁斯阿颖，龙王山神鲁依岩之女。

来一半，南方的洪水就不信填不平。”然而，鲁依岩的吝啬和凶狠是四方闻名的。支格阿鲁想，不上高山，就不认识平地；不吃黄连，就不知道蜜甜；舍不得羔羊，就猎不到豺狼；舍不得面子，就达不到心愿。为了能够把洪水填平，就是龙潭虎穴也要闯。

俗话说，世上天大，礼中酒大。支格阿鲁把九坛酒合做六坛装，六坛酒合做三坛装，三坛酒合做一坛装，带上美酒做礼物；从九十九群牛中选出九群，从六十六群马中选出六群，从三十三群羊中选出三群，赶上牲畜做礼物。支格阿鲁带着礼物来到北方的恒吐洛，来到了鲁依岩家。山神鲁依岩家，山是他的家园，山是他的财产，用山盖房屋，用山做桌凳，用山做床铺，大山当饭吃，小山当汤喝。

看见支格阿鲁到来，山神鲁依岩问道：“狗儿汪汪叫，必定有客到。没有名字的星星，你是哪家的儿郎？狐狸和狗不往来，井水不把河水犯，荞子和水稻各有各的地盘，你来我家为哪样？你来我家有何求？我只有群山，群山是我的财产，不准你多摸一下；我只有一个女儿，女儿是我的灵魂，不准你多看一眼！”支格阿鲁说：“我家住在支嘎山，世代为天地效劳。我的父亲叫恒扎祝，毕生都是治理天地的。有志不在于出名，有心不怕年幼。雄鹰给了我力量，我叫支格阿鲁。鸽子和斑鸠是兄弟，鹰龙本是一家亲，铁板搭桥踩不断，亲戚常走路不断。麻绳越拧越紧，亲戚越走越亲。我的国度小，酒礼大如天。麻苦大海无边无际，常年装满了美酒。我只能舀一牛角，美酒敬长辈，牛角表心意。我的国度缺少金子，但却有丰富的星星，大星三千三，中星六千六，小星九千九。星星镶嵌在伦娄上，美丽的姑娘更迷人。我只带来一颗星星，它却代表了我的一片心意。”

山神鲁依岩的脸色像是突然被抹上了锅烟灰，如同垮岩一样顿时沉了下来，恶声恶气地吼道：“我家不是金枝，歇不下金丝雀；我家不是银枝，歇不下银雀；山羊不是岩羊伴，绵羊麂子不相亲，灰鹰夜鹰分支远，鹰龙本来有仇恨！”山神鲁依岩不由分说，把支格阿鲁无情地撵走了。

父亲与支格阿鲁的对话和父亲撵走支格阿鲁的情形，都被鲁依岩美丽的女儿鲁斯阿颖给看见了，给听见了。鲁斯阿颖想，都说星星俊美，支格阿鲁比星星俊美，他有日月一样闪光的眼睛，他有青松一样伟岸的身材，他有龙虎一样的矫健雄姿，他有雄鹰一样的凌云壮志。支格阿鲁为了人民而奔忙的精神感动了鲁斯阿颖，有这样的男子作伴，就是粉身碎骨也心甘。支格阿鲁走了，鲁斯阿颖的心也被他带走了。在恒洪鲁牧场放牧的鲁斯阿颖哟，支格阿鲁才走了三天，她觉得好像过了三年。就好比是严霜浇了的嫩菜叶，鲁斯阿颖一天更比一天枯萎。滴滴泪水湿透了鲁斯阿颖的裙子。

一天，恒洪鲁牧场上，像翩翩飞来了一只蝴蝶，一位英俊的男儿跨马奔来。他向鲁斯阿颖致以问候：“莫非缺少放牧的帮手，阿妹你为何如此伤心?”鲁斯阿颖抬头一看是支格阿鲁来到面前，喜得差点晕过去:“莫非是在睡梦中，还是我的眼睛出了毛病?英雄你是从何而来?”支格阿鲁说:“阿妹不是在做梦，阿妹的眼睛也没有毛病。阿妹的眼睛像珍珠，可是明亮的珍珠也没有你的眼睛美丽，阿妹的眼睛会说话，见一面就终生难忘!”鲁斯阿颖心像是被泡在蜜里，她深情地说:“露水知道疼爱小草，没有露水，小草就没有知音;春风和树木最相亲，假若没有春风，树木就没有知音;白云常把山头作伴，没有白云，山头就没有知音!我是无鞍的滑马，滑马要配鞍;我是无光的星星，需要明月照亮;我是牧场的孤雁，没有人陪伴放牧。要是能够把心掏出，我把心掏给阿哥。”支格阿鲁回答道:“心如金子闪光的阿妹，我要是牧羊鞭，就由你握着;绵羊一样善良的阿妹，我要是金戒指，就常常戴在你的手上;月亮般美丽的阿妹，我要是阳雀，就常常守在你的牧场!”有情有义的支格阿鲁和鲁斯阿颖，牧场成了他们的天地，草场成了他们的世界，夜里各自在一方，白天两人在牧场相会，相亲相爱四十九天，两条河水汇合在一起，红绿彩虹相连在一起，两个影子重叠在一起，说不完的情话，唱不完的恋歌，群山为他们祝福，百鸟为他们歌唱，从此难舍难分。

但是，支格阿鲁是重任在身的人。是好马，就不能系累于厩槽;是好汉，就不能沉湎于私情。南方的洪水还没有治理好，支格阿鲁有重任在身，支格阿鲁的焦虑忽然涌上了心间，好比寒霜浇了头，支格阿鲁顿时委顿了下来。鲁斯阿颖认为是自己犯了错，赶忙询问原因："莫非阿颖不会说话，伤害了阿哥的心？莫非阿颖不懂礼貌，把阿哥给冲撞？"支格阿鲁说："我的心事有两桩，我的心儿却不能分为两瓣，只有一颗心，不知往哪放？洪水毁坏我南方的土地，我的人民受煎熬。他们正盼望我，好像久雨盼太阳，好比长夜盼明灯！"鲁斯阿颖说："阿哥哟，有话装在心中，不会生根发芽，你也是早该说出来。是雄鹰的儿子，只要翅膀没有折断，是龙的女儿，只要是鳞片留在身上，就应该壮志凌云，就应该气吞山河！哪怕是赴汤蹈火，我跟阿哥一起去。哪怕要死九十次，我跟阿哥一起面对。"好比两股麻绳拧在一起，两颗心儿跳动在一起。两只手相搓才能洗白，两个人在一起定的主意才高。鲁斯阿颖为了帮助支格阿鲁完成治水大业，闯过九十九道关口，得到九十九把金钥匙，打开了九十九个银箱子，才盗来了父亲的赶山神鞭。她把赶山神鞭交给支格阿鲁，说："千山万山都是牛马，大山小山都是财产，我的牛一样固执的阿爸，就是靠这根赶山鞭，统领着千万座大山小山。阿哥哟，我把这根神鞭交给你，请你给我的阿爸留下一半财产，留下一半群山。"

撵牛要撵领头的牛，赶羊要赶领头的羊。撵山和撵牛羊是一个道理，赶山和赶羊是一般。支格阿鲁和鲁斯阿颖从牛群里点出八条牛，挑选出八个大山头；从羊群里挑选出八只头羊，群山中选出了八座大山。鲁依岩的牛马是大山，他们赶着大山走；鲁依岩的猪羊是小山，他们赶着小山跟着大山走。他们撵着群山来到南方洪水泛滥的地方，才填住一半地方，才刚刚堵住洪水。忽然间北方的天空一下子黑了下来，乌云卷着大雾滚滚而来，就像要天塌地陷了一般，鲁依岩带着大队的兵马追杀到了南方。他愤怒的吼声像雷霆："低贱的鹰儿你好大的胆，拐走了我的女儿，偷走了我的神鞭。要么你还我神鞭，把我的群山还给我；要么你还我女儿，把我的心头肉还给我。就算是我栽给了你，只能由你选择一样。"

支格阿鲁手里攥紧神鞭，身子护着鲁斯阿颖，大义凛然地说："如果还给你神鞭，把群山还给了你，我就失去了土地，我就失去了人民；如果还给你女儿，我就失去了爱情，我就失去了爱人。人民是我的根本，爱情是我的生命。我缺少一样都不行。天一样高的长辈，还请你手下多多留情！"

鲁依岩的口中吐出烈火，两眼射出闪电，他要夺回他的神鞭，他要抢回他的女儿。鲁斯阿颖是一个忠诚的爱侣，眼看父亲要对支格阿鲁下毒手，眼看自己就要失去心爱的人，她的心中万念俱灰。她毅然吞下了神鞭绳，双手折断了神鞭棍；为了保卫南方的土地，为了保护南方的人民，为了她心中的英雄支格阿鲁和他的民众，明知吞下神鞭活不成，鲁斯阿颖为了爱情而殉情。

看见女儿竟然不听从自己而要为支格阿鲁献身，鲁依岩怒火冲天，两眼的雷电放射不停，满口的烈火不停地吐。他要吞噬自己的女儿，他要吞掉自己的群山。而心如钢铁般坚定的鲁斯阿颖，身如磐石一般刚强，她巍然屹立在电光之下，她坚强地矗立在烈火之中，没有一丝痛苦的挣扎，脸上却带着心满意足的微笑。她用自己坚强的身躯维护着支格阿鲁，直到支格阿鲁战胜了鲁依岩的霹雳电火，击退了鲁依岩的各种打击，战胜了鲁依岩的一切攻击。

南方的洪水被填平了，南方的人民得到了保护。可是支格阿鲁哟，他失去了珍贵的爱情，他失去了心爱的鲁斯阿颖。一颗美丽的星星，永远消失在天空，月亮为此也失去了光辉。一只美丽的凤凰，永远沉入了大海，从此森林也失去了光彩。鲁斯阿颖吞下神鞭之后，她倒下的身躯变化成了一座大山。这座大山的名字，就叫做米雅洛恒山。

悲痛欲绝的支格阿鲁深深地怀念着鲁斯阿颖，他的心像刀割一般疼痛，好像要一块一块地粉碎了。月亮走了留下太阳，杜鹃走了留下白鹤。男儿有泪不轻弹，可是英雄支格阿鲁，为鲁斯阿颖流下了伤心的泪水。支格阿鲁无边的泪水，流淌成了五条诺迤江，变成了啥靡卧海，变成了撒弥默海，变成了鲁那黑海，变成了巴的白海。

不同版本参考

支格阿鲁与罗布石林的故事

传说远古的时候，苍天和大地、山和水、昼和夜、太阳和月亮皆连成一体。出现一片昏沉沉的天地和混混沌沌的世界。倏忽之间，闪过一道强烈的光芒，产生了一名叫做鲁叟佐的神，他打开了金锁。又一名叫朵叟佐的神，打开了银锁。上为顶，下为底，从此就分开了天地，天地就这样产生。起初天地形成之后却没有人来治理天地，既没有秩序又没有大小。天郎恒扎祝他是太阳的精灵、白鹤的化身，他首先为天君策举祖治天，地女啻阿媚是雁的化身，首先为地王恒度府治地。相传恒扎祝和啻阿媚是世上第一对恋人，他们三万年相亲，六万年相爱，相恋了九万九千年，相好如一日。后来有一天，忽然天地间抖了三下，隆隆雷声震惊鸣天地，长长的闪电照亮了无极的宇宙，一只苍劲的雄鹰搏击着无垠的长空。恰巧此时有一个婴儿呱呱降生。

尔后其父恒扎祝用尽全身最后的一丝力气化作矫健的雄鹰，其母啻阿媚呼尽最后一口气化作遍地茂盛的马桑树。可怜的孤儿没有名字，人们就叫他巴若，这就是支格阿鲁。常言道旱莲叶死了又萌发，梭罗树万古长生，支格阿鲁大难临身没有夭殇，白天有马桑来哺乳，夜晚有矫健的雄鹰来覆身。慢慢长成了后世顶敬、人人崇拜、在彝族心目中无所不能的英雄神人。

那个时候，南方的洪水滔天，大水不能治平，他的心里忐忑不安，长夜难眠。如果未能治平洪水，坐等其死而复生东山再起，先祖将前功尽弃。我阿鲁英雄好汉治理江山，理应一鼓作气。就像冬天的羊肉——趁热吃，办事也要趁顺手。性急的阿鲁，满心装的都是南方的洪水，他跨上自己的飞龙白马，驰骋于天地之间，巡穿了千万遍，请教了上千先知圣人，翻破千万卷经书，穿破万双靴鞋，终于得知大山可以填水，不妨试一试。

在北方，叫做恒吐洛的地方住着一户鲁依岩家。他家的山是财产，大山是牛马，小山是猪羊。有九万九千座大山，一百二十万座小山。鲁依岩的心上肉和掌上明珠，千金淑女鲁斯阿颖每天早上都赶着牛马，牛马就是大山；每天还要赶着猪羊，猪羊也就是小山。她经常在恒洪鲁地方放牧。如果哪个能征服鲁斯阿颖的心，他就可以得到金钥匙，也就能得到撵山神鞭，就不愁治理南方的洪水。不走高山就认不得平地；不吃黄连不知蜜甜；舍不得羊羔就猎不到豺狼；舍不得面子哪能得到女人之心。支格阿鲁为了治平洪水，深入龙潭虎穴，上刀山下火海也在所不辞，昂首挺胸硬要闯。

天下彝家酒礼最为大，支格阿鲁就把九坛并六坛，六坛并三坛，三坛并一坛包装，带上自己的香醇美酒，跨上飞龙白马上路，来到天北恒吐洛鲁依岩的家。他家以山做家园，以山做财产，房屋用山盖，桌凳用山做，床铺也用山来铺，大山当饭吃小山当汤喝。这些都把支格阿鲁惊呆!

鲁依岩开口问阿鲁：

“没有名字的星星你是哪家郎？古人有言：狐狸和狗互相不来往，你来我家啥事有何求，荞子和水稻各有地盘，井水不把河水来侵犯，何来我家为哪样？我们家只有群山，它是我的财产，千万不准你多抚摸一下。我只有唯一心肝千金女儿，是我的灵魂，不希望你多看几眼！”

支格阿鲁说：

“我家世居在智嘎大山，祖上世代为天地效劳奉献。阿爸名叫恒扎祝，阿妈名叫啻阿媚。志同道合毕生治天地。有志不在出名，有心不在年纪，是雄鹰给我的力量，本人名叫支格阿鲁。古言：‘鸽子和斑鸠是兄弟，龙和鹰本来是一家亲，踩不断的铁板桥，亲戚常走路不断，麻绳越拧越紧，所以亲戚越走就越亲。’虽然我的疆域小，彝家的酒礼大如天，麻苦的大海无边际，常年装满着美酒。我才舀来一牛角酒，美酒敬长辈，表示我的一片心意，望长辈笑纳。我们家缺少金子，但是却有很多美丽的星星，三千三大星，六千六中星，九千九小星，把星星镶嵌在多姿多彩花衣裳上，美丽的姑娘更加迷人。我只带一颗星，它却代表了我的一颗心！”

龙王鲁依岩，顿时沉下了脸：“我们家没有金枝玉树，歇不下金雀；我们家没有银枝玉树，歇不下银雀。自古山羊不是岩羊伴；绵羊麂子不相亲；灰鹰夜鹰分支远，鹰龙本来有仇隙！”

龙王鲁依岩就把支格阿鲁撵走。

但是，撵走了支格阿鲁的身，却带走了鲁斯阿颖的心，鲁斯阿颖道：

“支格阿鲁哟，人人说是天上的星星最俊美。他胜过星星，有一双像日月样闪光的眼睛，魁伟如青松的身材，马桑茎般的苗条，似雄鹰样矫健，像雄鹰的壮志，今生今世有这样的英姿俊男作伴，粉身碎骨我也心欢乐。”

在恒洪鲁牧野，美丽的鲁斯阿颖哟，支格阿鲁才走了三天，她恰如过了三年，好像霜烧过嫩绿叶，一天更比一天枯萎；一年十二个月，月月想念着支格阿鲁，一月三十天，天天相思着支格阿鲁。茶不思也饭不想，泪水洗面日若年，白天泪水湿衣裙，夜来泪湿枕头巾。晴空万里春光明媚，芳草花香辽远广阔的恒洪鲁牧场，一只蝴蝶顺风翩舞飞来，一位俊男跨马奔来，好比久旱适时的春雨，恰如烈火之中干柴。“莫非缺少放牧帮手，阿妹你如此这般憔悴伤心?”鲁斯阿颖抬头一看，乐得差点晕了过去：“莫非我在白日做梦，还是眼睛又生幻觉病?”“亲爱的阿妹你不是在做梦，眼睛没有病，阿妹的眼睛像珍珠，并且珍珠也无法媲美，你的眼睛会说话，一面相见就难忘！”阿鲁侃侃而谈。

“晶莹露珠最知道疼爱芬芳的小草。如果没有露水，小草就没有知音；微风树儿最美，假若没有风，树就没有知音；白云常与山头伴，没有白云，山头就没有知音；我是无鞍的滑马，滑马要配鞍；我是无光的星星，便需要月亮的光照；我是牧野的孤雁，没有人陪伴放牧。要是能把我的心掏出我就把心掏给阿哥。”楚楚动人的阿颖含情脉脉地说。

“心如金子般闪光的阿妹，我要是牧羊鞭，那就由你来握着把；像绵羊样温顺善良的阿妹，我想要变成金戒指常戴在你的手上；像白雪般忠贞纯洁的阿妹，我想要变成金耳环常伴随在你的脸庞；月亮般美丽的阿妹，我要是阳雀，就日夜常守在你的牧场上！”阿鲁说。

支格阿鲁有心，鲁斯阿颖有意，牧场就成了他们的广阔天地，也绘织成了他们美丽的世界。白天他们在牧场相见，每当夜幕降临的时候各分东西。

寒来暑往，春去秋来，光阴荏苒。两条江河汇在一起；红绿彩虹相互连接在一起；两个影子叠在一起了。他从此难分难舍，他们之间有说不完的痴情话，唱不完的爱情歌，万重大山为他们祝福，飞禽走兽都为他们歌唱。

如果是好汉，千万不能沉湎自己的私情，南方洪水还未治理。重任在身的阿鲁突然忧心忡忡，情绪不安好比寒霜浇头，顿时黯然失色。

这样可把鲁斯阿颖吓坏了，“难道我阿颖不会说话，伤害了情哥的心，还是我阿颖不懂礼貌，把情哥给冲撞?”

支格阿鲁说：

“我现在迫在眉睫最重要的事情有两桩，可不能把我的心分成两瓣呀！只有一颗心却不知道往哪里放。滔滔的洪水毁坏我南方疆土，民众处于水深火热之中，煎熬难受非常悲惨，大家正在盼望我的归来，好像久雨盼太阳，好比漆黑长夜盼明灯！”

“我的情哥哟，你为什么不早开口说清楚，有话装在心里头是不会发芽的。我们是鹰的儿女，只要翅膀没有折断，我们是龙的儿女，只要龙威没有挫伤，就应当壮志凌云、龙腾虎跃、气吞山河！哪怕是赴汤蹈火，我也跟着阿哥一起下。哪怕要死九十九次，我都跟着阿哥一起去！”常言道，两股麻绳拧在一起，两个情人的心儿连在一起；两只手相搓才洗白，两人一起定的主意高。

痴情的鲁斯阿颖哟，她千辛万苦闯过了九十九道关口，得到了九十九把闪亮的金钥匙；最后打开九十九口银箱子，将自己父亲统管千万山的神鞭盗来，献给自己的心上人。

支格阿鲁就靠这杆神鞭统着千山万山，变成千万只牛羊。阿鲁和阿颖，他们撵着大山，他们赶着小山，大山小山变成成群结队的牛羊，浩浩荡荡来到南方。

刚刚堵住洪水，才镇住一半地方，他们又将第二批大山小山变成各种动物赶到补舍影博启[①]。那时日落西山，夜晚即将到来，就在补舍影山神家投宿，准备鸡叫以前启程。明枪易躲，暗箭难防，补舍影山神家的主妇，发现他们的神鞭能赶动山石，便生贪财之念，把他们的神鞭给换了。怕翌日被他们发现，货落店家不好交差，她就连更连夜带着神鞭，回到葛姆影[②]娘家去了。

半夜刚刚过，支格阿鲁和鲁斯阿颖就起程，挥动神鞭吆喝山石赶路，但是它们却撵不动，也不听指挥。不一会儿全院子的雄鸡呜呜叫了。这批山石就伸长了脖子左右倾听，直挺挺地僵化了，再也不能动弹，就变了今天我们所见的千余亩罗布惹（罗布石林）。

到天亮的时候，他们发现自己的神鞭被换，这可急坏了鲁斯阿颖。神鞭是亲爱阿爸的心肝宝物，回去再也无法给阿爸交代。她无可奈何，义愤填膺，就变成了一尊巨石矗立在罗布石林寨门口。

美丽善良的鲁斯阿颖为支格阿鲁殉情，支格阿鲁失去了心爱的鲁斯阿颖。今生今世一颗美丽的星星永远陨落，消失在天边，月亮从此失去了光辉。一只美丽的金凤凰，永远沉入了大海。从此林中失去光彩。支格阿鲁深深怀念鲁斯阿颖。悲痛欲绝，怒发冲冠，一气之下，就用他的测天杖在石林边一戳，就戳了一个在

① 补舍影博启，指小韭菜坪大山脚。

② 葛姆影，指大韭菜坪。

贵州屋脊上最深的竖洞“安哪堵”，又名燕子洞。他又在罗布石林周围戳了九十九个洞。这一带是补舍影山神的宅区，支格阿鲁无意中将山神主妇的宝贝儿子杀死了。主妇在娘家接到噩耗，后悔莫及，悲痛号哭，她的泪水成了九十九股清泉顺山而淌。所以现在葛姆影四周出九十九股清泉，补舍影罗布石林周围有九十九洞。

以后的罗布石林中部就变成了“贵州屋脊”补舍影山神的深宫密室，彝族英雄支格阿鲁对爱情十分坚贞，在石林寨门边和鲁斯阿颖矗立，变成了一巨石高高矗立在她身旁。

岁月沧桑，千万年来，两巨石人依然高高矗立在那儿，一直坚守着自己的罗布石林，相互对视，相互依恋，供世人瞻仰。

该故事选自杨正勇、何刚主编:《中国彝族支格阿龙故事精选》，内蒙古人民出版社，2010年。

第十六章　智胜雕王

雕王弥立大亥娜狂妄极致，祭祀不用牛马，不用猪羊，而要用儿童作祭牲。支格阿鲁的人民和牲畜被雕王捉去了不少，雕鹰本是同宗同源，相煎何太急。支格阿鲁用猪、羊和鸡穿上孩子的衣服，蹲在磨盘上，故意让他捉去，揭穿雕王没有捉人本领，借此挫其锐气。雕王弥立大亥娜不服，要在格伦洛治大摆战场，一决高低。在战场上支格阿鲁用太阳阵来应对雕阵。大火烧断了雕阵；用月亮阵应对虎阵，陷阱如圆月，困住了虎阵；用旱阵困住了蛟龙。死伤者如同松树下的菌子摆满了山野，阵亡的兵士填满了山谷。弥立大亥娜连续败了三阵，失去了锐气。最后，支格阿鲁在“翅膀击打磐石”中智胜雕王，雕王远逃，不再伤害人畜。

雕王弥立大亥娜，突然发了狂。一天，他召集起青雕、赤雕、黄雕、白雕，所有能召集到的老雕，到处抓人吃。这还不说，弥立大亥娜祭祀不用牛马，不用猪羊，而要用儿童作祭牲，他派出各种雕类到处抓人来作祭祀用的牺牲。爷爷带着孙孙玩耍的时候，妈妈带着孩子哺乳的时候，只要稍稍不注意，孩子就被雕抓去了。支格阿鲁的人民，陆笃阿优的独儿子，小小的阿优卓鲁被抓去了，小小的毕鲁被抓去了，蚩诺博巫的仇诺阿娆被抓去了，补依维帕的磨芋阿苏被抓去了，肯诺博外的约洪迭鲁被抓去了，厮索苟峨的赫大惹鲁被抓去了，待借诺呐的俄洛阿嘬被抓去了，诺秋发峨的博古借漏被抓去了，底苏博峨的格尼仇喽被抓去了，球古发启的苏博蒙舍被抓去了。陆笃阿优组织起群众，带领着被抓去孩子的村子里的人民一直追杀老雕，他们追杀到森林，追赶过大山，追赶过旷野，追赶过大河大江，追赶过平地高山，一直追赶到娄发举勾的九层岩，发现这就是雕王弥立大亥娜的老巢。望着高大险峻的悬崖，他们无可奈何了。

雕王大亥娜，做祭发了狂，三天做一次，掳去了支格阿鲁的儿女。阿鲁的人民已经没有人来祭祀宗祠。支格阿鲁的人民像是月明时的星星渐渐稀少，而大亥娜的肉食却像三斗麻籽一样数也数不清。大亥娜要染山，染山要用牛马血，支格阿鲁的牛马被掳去；大亥娜要江河变红，变红要用猪羊血，支格阿鲁的猪羊被掳去。支格阿鲁的猪羊牛马一天天在减少，大亥娜的牛马猪羊一天天在增多。支格阿鲁的地盘上银山开银花，大亥娜来占领了银山；支格阿鲁的地盘金山光闪闪，大亥娜来占领了金山。这样的坏消息一天三次传到了支格阿鲁的奎部宫殿，支格阿鲁仿佛染病了一般，传旨让诺谷苏来治病，传旨让苏额来帮助，都医不好这一块心病。支格阿鲁原来还想，虎猫原本是一家，鹰雕本来是兄弟，大亥娜做事应该有限度，做坏事也要有个尽头。可是，大亥娜的贪婪无止境。天到九层还有顶，忍耐和让步也有限度。支格阿鲁派遣伴摩给大亥娜带去蜂蜜一样的话语，而伴摩从大亥娜那里带回来的却是藿麻一样毒辣的语言。云雀靠的是嗓子，英雄看的是本事，长短要放在一起量，高矮要站在一起比。雕王弥立大亥娜，居然向鹰王支格阿鲁提出了挑战，要在七月十三日，在格伦洛治摆战场。

支格阿鲁知道了陆笃阿优他们的孩子都被可恶的雕王抓去了，他决定先挫一挫弥立大亥娜骄傲自大的锐气。他对陆笃阿优他们作了安排，第一次用鸡穿上孩子的衣服，蹲在磨盘上，大亥娜从天空中俯冲下来，打碎了磨盘，抓走了鸡“孩子”；第二次来，抓走的是羊“孩子”；第三次来时，抓走的是猪“孩子”。这时支格阿鲁出现了，高声朗朗笑起来：“可怜的雕王，你是缺吃的，还是缺用的。磨盘都给打碎了，你是抓哪样?”大亥娜也哈哈笑：“可怜的阿鲁，我要用你的孩童作祭祀，我要用你的婴儿当肉吃。你的人都快被收拾干净了，最后收拾的就是你。你还装什么？战书下给了你的伴摩，七月十三见分晓。”支格阿鲁笑着说：“你能得到人肉吃，我是根本不相信。我们打个赌，如果你抓的是我的人，我的人民全归你。从今往后我就听你的。如果你抓的不是人，你再也没有脸面在世间，你就赶快给我滚回你的九层岩。从今往后乖乖听我的。”雕王弥立大亥娜，笑得快要岔了气：“我天天抓人，我天天吃人，难道还会有错的。”两人打了赌。雕王把抓来的三个“小孩子”，丢给支格阿鲁看。阿鲁让陆笃阿优他们把这些“孩子”的衣服都脱了，原来是些鸡猪羊。大亥娜见了，觉得很惊奇，难道自己亲自抓的孩子还会变，怕是支格阿鲁使用了什么魔法。雕王弥立大亥娜哪里会轻易认输。他对支格阿鲁说：“你别耍花招，你别做手脚，我不相信你。七月十三的战书已经下，格伦洛治的仗还要打。谁是英雄，战场上去见。”

七月十三日子到，在格伦洛治，雕王弥立大亥娜，兵马分成三路，东边是左军，左军雕压阵；西边是右军，右军虎上前；中间摆中军，中军是蛟龙，大亥娜坐镇。如同大风揭开了地皮，大雨透进了地心，大雾遮盖了地面，雕王大亥娜的队伍踏破了七层地皮，腥气透进了地心，一阵紧接着一阵向支格阿鲁的队伍冲击而来。支格阿鲁早就做好了准备。要制伏恶雕，先斩断它的翅膀，必须有熊熊大火。支格阿鲁摆出太阳阵来应对雕阵。大火烧断了雕阵。要破老虎阵，必须先斩断虎爪，必须先擒住猛虎。支格阿鲁用月亮阵应对虎阵，陷阱如圆月，困住了虎阵。要降服蛟龙，要先困住它。支格阿鲁摆旱阵，困住了蛟龙。连续败了三阵，弥立大亥娜失去了锐气。勇猛的雄鹰，凶狠的大雕，战斗还没有胜负，如同松树下的菌子摆满了山野，阵亡的兵士填满了山谷。一天打三仗，两天打六仗，三天打九仗，继续在战斗。一天无二日，一山无二虎。英雄好汉不单单是比拼武力，雕王鹰王还要比赛智慧。格伦洛治磐石，是地上最坚硬的石头，不用锤子敲，不用凿子凿，谁人能把它打碎，谁人从今管天下。两人订下的盟约，若是雕王取胜，鹰王供人作祭牲，童男童女不能少；若是鹰王取胜，雕王从此改本性，不吃人肉吃牛羊。一个巨大的磐石，摆在鹰王和雕王的面前。这样的比赛，正中大亥娜的下怀。雕王现出了本来面目，抢先飞上天，拍打着翅膀直冲云霄，好比射出的利箭，好比飞下的流星，雕王直扑向磐石，雕翅震碎了磐石，雕王也被震昏厥。阿鲁掀开了雕王，变做一只雄鹰，双翅压在巨石上。

大雨过后太阳出，雕王昏死又复生。看到鹰王得胜利，雕王服输认了命。天地间没有空隙，雕王逃向了远方。雕王再不敢用人作祭祀，人民不再受苦难，雕王从此改吃牛马肉，用小猪小羊作祭牲。

第十七章　消灭撮阻艾

在麻抽妥德的大地上，出现九支最大的撮阻艾[①]。这些撮阻艾，还建立君臣师制度。以人肉为饭，以人血为汤，以人骨头盖房子，以人皮做衣裳，比所有的老虎还要凶残，人们民不聊生。天臣可雅直骑着独角羊向策举祖禀报，已经没有人来祭天祭地，人种都快要绝灭了。天君命令支格阿鲁剿灭撮阻艾。支格阿鲁带上九个大力士，乘着雷电驾临能濮彝地，依照九鲁补和八鲁旺设下圈子和埋伏，循着血腥气味找到撮阻艾栖息处。支格阿鲁通过武力拼杀和斗智斗勇，拒绝各种贿赂和求情，把撮阻艾统统赶进葫芦里，用金锁把它锁起来，放到古笃法卧陡峭的悬崖上，解除了人们的生存危机。

宇宙间天地万物都有它生存的法则。天和地共生，日和月

① 撮阻艾：吃人魔。彝语音译，“撮”为“人”之意，“阻”为“吃”，“艾”为“魔”。

共生，星和云共生，风和雨共生，森林和大海共生，飞禽和走兽共生，人类和妖怪也共生在同一大地上。天地十二方，六方生妖怪。人类在发展，妖怪也在增多。

在麻抽妥德的地盘上，分化出了九支大的撮阻艾。这九支撮阻艾中，有三支最强大，他们是三兄弟，老大一支是巧比叔，为君，老二一支是谷洪劳，为臣，老三一支是蜀阿余，为毕摩师。他们以人肉为饭，以人血为汤，以人骨头盖房子，以人皮做衣裳。他们比所有的老虎还要凶残，比其他所有撮阻艾更加凶残。他们跟斯里学到变化无常的本领，跟鲁朵学到斗狠好杀的手段，跟迷觉学到诡计多端的心思。他们吃人的招数也多，老年人用火炖来吃，青年人用水煮来吃，少儿就生生地咬了吃。人类的白骨比石头还多，草房子和瓦房子都变成了撮阻艾的虎狼窝。撮阻艾越来越多，人烟却越来越少。雀鸟不再鸣叫，花儿不再芳香，粮食没有人种，牛马跟着消失，没有炊烟升天，没有人来祭祀，天庭也冷落下来。

天臣可雅直终于出现，他骑着独角羊来传达策举祖的旨意，已经没有人来祭天，也没有人来祭地，人种都快要绝灭了。撮阻艾叛乱，就像冬天的野火越烧越大，好比林中的菌子越生越多，已经威胁到了人类的生存，危害对上天的祭祀。策举祖命令支格阿鲁铲除三大吃人魔，剿灭九支撮阻艾。

支格阿鲁订好计划，带上九大力士，乘着雷电巡察北方，又来到南方，最后驾临能濮彝地，依照九鲁补和八鲁旺设下圈子和埋伏，然后他循着血腥气味去寻找三家最凶恶的撮阻艾。

支格阿鲁寻找到了巧比叔的家里。这个地方血腥气味夹杂着火烟呛得人难受。屋里用三块锅桩石支着一大口圆车锅，人肉骨头的残汤在锅里边熬着。巧比叔的老娘蓬头垢面，披头散发，不断地往火塘里面塞着柴火。她发现了支格阿鲁的到来，一边打量着支格阿鲁一边说：“是什么风雨把你刮到这里来的？你要借火往别处去借，我们这家的火种不传外人。”支格阿鲁说：“住房不比雨伞，出门的时候带不走，外出不比擀毛毡，天黑收好就能歇下来。我阿爸派我出来收租税，天黑路途断，遇到了这样一家亲戚，好比赶路无马草，恰好遇到青草蓬，我来你家借宿一夜。”巧比叔的老娘说：“你是不是吃了豹子胆，是不是吞了老熊心？哪怕你长了九个脑袋，也难在我家过一夜。我家的鸡是饿雕见人就啄，我家的狗是豺狼见人就咬，我家的儿子是魔王见了人就吃。念你是个为你阿爸收租税的孝子，赶快离开吧，晚了性命都难保了！”支格阿鲁说：“我的老人家，你的鸡能吃人，我的肉像刀子它啄也啄不动；你的狗要咬人，我的肉是铁巴，谅它不敢咬；你的儿子会吃人，我的肉中长了刺，他也不敢吃。”巧比叔的老娘说：“六十岁老汉想好了才说话，十六岁的少年说了话才想。看你人还算老成，说话却没有分量。你若想活命，就听我的话，赶快离开吧。”支格阿鲁如磐石，一步也不移动，赶也赶不走，推也推不动。

巧比叔家白天不关门，夜晚不闭户。三更半夜的时候，魔王巧比叔胯下骑着青年，腋下夹着老人，口中含着儿童回来了。大锅炖了老人，小锅煮了青年，生吃了小孩，还来不及抹嘴，就发现了支格阿鲁。他哈哈大笑，送上门来的肥肉，他哪里肯放过，就直接向支格阿鲁猛扑过来。支格阿鲁纹丝不动。巧比叔说，人最怕女鬼，就变成女鬼伸手来捉阿鲁，支格阿鲁变成了一团雾。巧比叔又变成一个大海，要淹没阿鲁，支格阿鲁变成了一块大青石，海水淹没不了大青石。魔王巧比叔心想万物都最怕火烧，又变成大火来烧青石，支格阿鲁变成了一缸水，巧比叔奈何不了水。巧比叔又变成黄蜂，要用尾巴上的毒针蜇死阿鲁，一物降一物，支格阿鲁变成大马蜂追赶着黄蜂，要把它吃掉。黄蜂拼命逃跑，逃到了竹筒子里躲藏起来。支格阿鲁紧紧盯住竹筒，一直到雄鸡报晓的时候，魔王巧比叔变成一只细蚊子逃进葫芦里去了。支格阿鲁挥动维庹，扇动洛洪，用金锁把葫芦给锁住了。这时，巧比叔的老娘哭着来求支格阿鲁："测天量地的英雄，支撑天地的好汉，怕饥饿才种荞麦，怕衰老才养儿子，巧比叔像石头一样愚顽，可是我要靠他养老送终，请求你开恩放了他吧！"她要用九条金绳子来赎回自己的儿子。支格阿鲁说："太阳不会从西边出来，魔鬼不会改吃人的本性。我不能再留着你的儿子，在人间再来吃人。"

支格阿鲁又寻找到老二谷洪劳的家。谷洪劳的老娘对他说："你是新来的生人，你赶快逃命吧。我家饿鸦一样的鸡会啄人，我家饿狼一样的狗会咬人，我家的儿子是撮阻艾会吃人，你若腿脚跑不快，你的性命也难保。"支格阿鲁笑着说："你家的鸡见我会抽筋，你家的狗见我会掉牙，你家的儿子见了我恐怕性命保不住。"谷洪劳的老娘说："小小年纪说大话，人不坚硬话生硬，准是没有人管教。"撮阻艾魔臣谷洪劳，大口是血盆，两眼红冬冬。撞着支格阿鲁，放下骑着的青年，丢开抱着的老人，吐掉口中的婴儿，大喊大叫着："我是撮阻艾大臣，巧比叔君长于我有大恩，既然他被你擒拿，我要报此仇，与你决一死战，洗雪这个耻辱。"谷洪劳抽出腰间的长剑，刺向支格阿鲁。支格阿鲁拉出量地杖，迎着长剑来拼杀，一直厮杀到天亮。谷洪劳双手渐渐发麻，挡不住支格阿鲁，丢掉长剑要逃跑，变成一只画眉飞出去。支格阿鲁变成雄鹰紧紧追。谷洪劳又变成河边的一条白狗，支格阿鲁变成猛虎咬狗颈。谷洪劳变化再多也无处可逃，只得变成一只蜂子钻进葫芦里。支格阿鲁摇维庹，扇洛洪，用金锁锁住了葫芦口。谷洪劳的老娘见到儿子被封锁，哭哭啼啼地来求情："顶天立地的英雄好汉啊，怕寒冷才擀披毡，怕衰老才养育后代，谷洪劳像个泥巴不中用，可是我要依靠他来养老送终。你强如我的生父生母，请你放了他吧！"谷洪劳的老爹取出天一样宽的绸子，用来赎他的儿子。支格阿鲁说："哪怕日月倒着出，哪怕海水会干枯，我也不能辜负策举祖，我也不能让人类再遭殃！”

撮阻艾的毕摩蜀阿余听到了他的君长巧比叔和大臣谷洪劳都被收拾了，赌咒发誓的，要为君长报仇，要为大臣效命。他要使出看家的本领，咒死支格阿鲁。蜀阿余念出最恶毒的咒语，吐出最凶恶的阴火，放出最冷酷的阴箭。还没有等他做完这些恶毒事，支格阿鲁已经找上门，蜀阿余的老娘劝他赶快走。支格阿鲁要收妖魔，不会离开妖魔的老窝。他展开天罗地网，捉拿蜀阿余。蜀阿余口气大，可是见了支格阿鲁也只有赶快逃命，变成一只小蜂子，钻进了葫芦。支格阿鲁用金锁锁上了葫芦，蜀阿余的老娘再求情也没有用。

支格阿鲁一鼓作气，连续收拾了九支撮阻艾，用九条金绳子系在葫芦上，把金葫芦放到了古笃法卧陡峭的悬崖上。

第十八章　阿鲁陷地宫

虎王阻几纳要称霸天下，扫除了一切障碍，支格阿鲁成了他的眼中钉。虎王以小女许配给英雄为由，把支格阿鲁骗进七层地宫并关了起来，施展各种妖法，置他于死地。在地宫里，支格阿鲁在困惑中遇见北海小龙王鲁依哲的女儿吉娜依鲁，得知阻几纳的意图和吉娜依鲁的身世。支格阿鲁与她合计后，用龙珠照亮地宫，锁链朽断，用神奇的维庹往头顶捅出了一块天。他背着奄奄一息的吉娜依鲁，一跃来到了地上。阻几纳正在得意时，突然降下一只雄鹰，抓去了棠梨，抢去了无骨鱼，踢倒了药酒。阻几纳命令弓箭手用利箭射雄鹰，雄鹰的皮毛没射着，利箭落下反而射伤了虎王的兵马。支格阿鲁两眼射出复仇的光焰，口中吐出复仇的烈火，虎王阻几纳连同他的宫殿，一起被烧了个精光。支格阿鲁消除了祸害，鹰王洗雪了受骗的耻辱。

蝙蝠从来都怕阳光，猫头鹰活动只在夜间，毒蛇要借黑夜诅咒，设陷害人是在暗中放阴箭。虎王阻几纳虽然没有回天的本领，却有一颗吞天吐地的心——像乌鸦一样黑。阻几纳要称霸天下，经常躲在黑暗中算计。天上只有一个太阳，他要做这个太阳；地上只有一个王，他要做这个王，他发誓要做这个独王。要做独王就有阻拦，不准大山阻拦，他搬掉大山；不准江河阻拦，他斩断江河；他铲平了阻拦他的大路，他杀死了阻拦他的人们。虎王能够扫除一切障碍，却对支格阿鲁无可奈何。因为虎王只会跑，鹰王会飞翔，这使虎王犯了难。

毒蛇对毒菌亲近，阿拉是虎王的心腹。毒蛇喷出了毒液，阿拉设下了毒计。他说坚硬的牙齿被虫蛀，软弱的舌头却不会。莽汉杀人才用刀，聪明人用计来除人。他要用地洞囚禁鲲鹏，要用泥潭困蛟龙。他知道支格阿鲁的心地像透明的巴氏侯吐，容易上当受骗。阿拉向虎王献上了毒计。

满嘴抹上蜂蜜的阿拉，斜着歪脑袋，骑着歪蹄马，来见支格阿鲁，满嘴都是甜言蜜语："支格阿鲁哟，你是天地的长子，希略星都没有你俊美。天上只有一个太阳，你就是这个太阳，你的光芒四射，你的名声如同大海，若用斗量，千年万年都装不干。是太阳就要有月亮陪伴，地龙王就要陪伴凤凰，世上最漂亮的金鸡，应该来陪伴鹰王。走路靠的是两条腿，英雄怎么能打单身？天上有月亮美，月亮上面的芍巍花更美，但是比起虎王阻几纳的吉娜依鲁，无不失去了他们的光彩。看见吉娜依鲁的美貌，天人也会动心，没有谁再去追求天上的天仙。吉娜依鲁的美貌，能融化严冬的冰雪，能炙干六月的洪水，能叫驼背伸直，能叫哑巴说话，能引来天上的云雀，成群的蜜蜂也围着她转。她那星星般明亮的眼睛，摄去了多少人的灵魂。她的父亲虎王阻几纳说：银马要配金鞍子，月亮要随太阳行，美女要配英雄汉。虎王要挑选能人，定下了三个条件：月亮上的棠梨果，麻苦海的无骨鱼，人间最好的不死药。为摘棠梨果，九十九个部阻（英雄的一种称呼）落入了月亮上守树的虎口；为捞无骨鱼，六十六个恨娜（力士的一种称呼）被麻苦海的迷觉怪收为祭牲；为寻不死药，三十三个都诺（谋士的一种叫法）丧生于妖蛇的毒液。虎王十分失望，说天下已经没有能人，就算手段高如苍天的支格阿鲁，恐怕也只有叹气的权利，没有制胜的把握了。”

如同火镰打火一样的语言，点燃了火草一样易燃的雄心。阿拉一番激将的话语，激起支格阿鲁征服一切的雄心。鹰王从来不信邪，支格阿鲁从来不怕困难。他跨上了神龙马，飞上七层天，擒住守树的老虎拴在树上，摘取了月亮上的棠梨；他飞上九层天，打败了迷觉怪，捞取了麻苦海里的无骨鱼；他来到七层大地的尽头，采来了不死药。支格阿鲁办完了三件事，带上三件宝，来见阻几纳，献上了厚礼。虎王乐得哈哈笑，只要吃了这三件宝，天下无人能战胜，还有谁人不顺从？支格阿鲁啊，从今以后变绵羊。虎王要收拾鹰王，对支格阿鲁说："金子般高贵的英雄，白鹤般圣洁的客人。好花藏在深山里，好酒窖在土地中。我的天女般的姑娘，经不住严冬的寒冷，受不了酷暑的炎热。她住在七层地宫。吐出的口水收不回，我虎王说话从来都算数。小女就许配给英雄，请你在地宫中相见。"

地宫打开七层门，支格阿鲁来到最底层。阻几纳吩咐快关门："不要让雄鹰见到光明，支格阿鲁的英名从此永远埋藏在地下。"地宫的大门，金门和银门，铜门和铁门，石门和木门，还有藤萝门，一道道被关上了。雄鹰的眼睛再明亮，地下黑暗无奈何；雄鹰的翅膀再坚硬，困在地牢难施展。虎王阻几纳下了死命令："大蒜要连根拔起，仇人要铲草除根，隐患要彻底清除！"阻几纳施展各种妖法，采取各种手段，要置支格阿鲁于死地。马桑树雕出阿鲁的像，七十二个弓箭手用利箭射雕像；白绸布画上雄鹰像，用人油和大火来炙烤。请来七十二个巫师，一起诅咒三天三夜。支格阿鲁的像哟，被油煎，被火烧，用水煮，用刀砍。黄金没有足色，阿鲁也有弱点。失去了光明，阿鲁无法施展。疼痛钻进心底，骨架都要粉碎。遭受平生重大挫折，阿鲁面临着死亡的威胁。黑暗紧紧地困住了阿鲁，手脚像是被铁链束缚。

突然一个声音从黑暗深处传来："没有经过高山，就不知道平地；没有经过干旱，就不知道水贵；没有挫折的考验，英雄也难传名。"云雀歌唱一般的声音像黑夜里灯光一样明媚。鹰王想，莫非阻几纳言而有信，是要试试我的诚意。还是阻几纳设下美人计，要取我的性命。支格阿鲁越想越愤怒：“毒秧结不出甜瓜，恶人养不出贤良，你不就是吉娜依鲁！吐不出蜜汁的美女蛇，要砍要杀你趁早。”“身在黑暗中，不要睁眼说瞎话。谷秧稗秧容易混淆，乌鸦养不出金凤凰。我的身上没有阻几纳的血脉，我的胸膛中装的是鲁依哲的心。春风绿叶最知心，你我本是同病人。我的阿爸鲁依哲本是北海小龙王，我的阿妈叫鲁咪伦。我们一家人也曾经过着幸福团圆的日子。可是我的牛一样固执的阿爸为了解除干旱，和雷神抗争，被凶恶的雷神斩杀。旧仇未除又添新恨，狗屎蜂一样的阻几纳看中了我的阿妈，不容分说捉来了我的母亲，改了母亲的名，改了女儿的姓。母亲不愿顺从，被喂了老虎；女儿不肯顺从，被打入七层地牢，用来诱骗你鹰上当！我就是吉娜依鲁，可是我不是虎王的姑娘。阻几纳借助你的力量，轻易得到了三件宝物。等到阴箭把你射死，等到妖火把你烧化，等到你的翅膀折断，虎王就要祭天地，举行隆重的庆典，享受你那三件宝，从此就要称霸王。”吉娜依鲁的一席话像三月的春雨洗亮了阿鲁的心，支格阿鲁说：“你是被囚的玉龙，我是被困的英雄。我们的命运都在一条线上。我们有复仇的心愿，要举起复仇的利剑。哪怕有一丝光明，我们就能够如愿。可惜在这七层地宫，哪里会有一丝光亮？我们一生的英名，只有在这里葬送！”吉娜依鲁对支格阿鲁说：“既然你有英雄的本领，事逢绝境也会有生机。你我有无穷的智慧，你我要取长补短。你有无边的力量却害怕黑暗，我没有力量却不怕黑暗。复仇总是有希望的。”吉娜依鲁说完，从口中吐出夜明珠，见到光明的支格阿鲁重新恢复了神奇的力量。地宫的锁链纷纷朽断，地宫的一切全部砸烂，阿鲁取出他那神奇的维庹，往头顶一捅，开辟出了一块天，背负起奄奄一息的吉娜依鲁，从九千九百丈深的地下，一跃来到了地上。

虎王阻几纳正在得意。他供起了天上的神物，放好不死的神药，要做九天九夜的庆典缩做六天六夜，要做六天六夜的庆典缩做了三天三夜，用白马祭了苍天，用黑牛祭了大地，用猪羊祭了祖宗。他的左手拿出棠梨，右手拿出无骨鱼，不死药已经泡成药酒，刚刚要享用，突然间，头顶上降下一只雄鹰，抓去了棠梨，抢去了无骨鱼，踢倒了药酒。阻几纳大吃一惊，命令弓箭手一齐射。九十九支利箭雨一样射向雄鹰，九十九支利箭纷纷落下，射不着雄鹰的皮毛，反而射伤了虎王的兵马。支格阿鲁两眼射出复仇的光焰，口中吐出复仇的烈火，虎王阻几纳连同他的宫殿，一起被烧了个精光。支格阿鲁消除了祸害，鹰王洗雪了受骗的耻辱。

第十九章　除寿博

支格阿鲁巡察人间，听闻寿博四兄弟不理正事，水灾、旱灾到处泛滥，瘟疫肆虐，危害百姓。为了弄清真相，支格阿鲁到四大海域和四大水系去核实。发现溢居寿博、洛古姆绸寿博、洛支洛架寿博确实在吃人害人。洛支洛架召集他的儿子们商量，用款待方式稳住支格阿鲁，并通知溢居寿博、洛古姆绸寿博前来消灭支格阿鲁。天黑时除了四寿博外，三个寿博的兵马同时向支格阿鲁杀来。支格阿鲁早有防备，大显神威，一把将洛架汝也抓过来，系在马尾上，拖着飞上天，拖着跑入海，洛架汝也几下就呜呼了。作恶多端的三个寿博被除尽了，只跑脱了一个腿脚快的传令兵，逃到皮诺寿博家去了。经验证皮诺是个好寿博，支格阿鲁封他来管理一方水系和一片海域。

支格阿鲁巡察人间四方，还没有来得及到达水系和海域，就听到了占据着四片海域和四大水系的寿博四兄弟不理正事，水灾、旱灾到处泛滥，瘟疫肆虐，危害百姓的情况。为了弄清真相，支格阿鲁骑上上天入地、下水闯火都不怕的神马，要到四大海域和四大水系去。

他首先来到东方水域溢居，从海岸下去巡察东方大寿博洛堵阿佐家，发现溢居寿博家确实在吃人害人。又来到西方寿博洛古姆绸家，也发现了同样的情况。支格阿鲁又来到南方寿博洛支洛架的领域，决定亲自去实地察看，再定夺如何铲除害人的寿博。却不料阿鲁在路上时，他要来除寿博的信息已经被洛支洛架家得知，这一支寿博做好了一些准备，练兵的练兵，策划的策划，要和支格阿鲁进行斗争。

支格阿鲁到来的时候，洛支洛架已经站在大门前，假装咳嗽了三声，问道："哪里来的小青年，你姓什么，名什么？谁人派你来？你来做什么？有什么能耐？你有啥能力，自己清楚不？若是心明白，快离开这里。如果不觉醒，说一说道理。"支格阿鲁说："寿博三舅舅，我是过路人，天色已经黑。我要在你家，借宿一晚上。"洛支洛架说："我家不留客，请你走别处。"支格阿鲁说："人人会出门，出门不带房，要借住一夜。"洛支洛架说："我家九个儿，个个爱杀人；有九个媳妇，个个爱打人；家中老婆子，也能捆绑人；动物和牲畜，都会咬人吃。不说清楚了，你要吃亏的。赶快离开吧!”支格阿鲁说:“你家九个儿，不能乱杀人；你家九媳妇，不能乱打人；你家老婆子，不能乱捆人。你家的牲畜，它不敢咬我。洛堵阿佐家，行事不正义，我不会饶他；洛姆古绸家，会吃人害人，我不放过他。今天到你家，怎么办才好，你自己选择。”洛支洛架说:“我早知道你，是支格阿鲁。年纪轻轻的，别口出狂言。高空中打雷，见过它无数；拍簸箕吓鸟，还是第一次。不过你是客，我先招待你，吃顿见面饭。等到交战时，我决不留情。你意下如何?”洛支洛架先用缓兵之计，把支格阿鲁当作贵客一样哄着，再寻找办法。支格阿鲁什么也不怕，就说:“鸡啄的是粮，你说的是理。按你说的做。”

洛支洛架召集他的儿子们商量，决定先让女人们表演歌舞稳住支格阿鲁，然后派遣人员去通知大房洛堵阿佐家、二房洛古姆绸家、四房皮诺阿架家，各家带上兵马和武器，等到各家人员兵马来齐之后，再用酒把支格阿鲁给灌醉，一起消灭支格阿鲁。计策商定，洛支洛架十分热情地和支格阿鲁叙起客套，呼唤女眷们组织歌舞表演来吸引支格阿鲁。

天快黑的时候，除了四寿博皮诺阿架之外，大寿博、二寿博家的兵马人员全都到齐了。天都黑了，不能再等待，洛支洛架笑容满面地请支格阿鲁入席用晚餐。他招呼他的九个儿子:“我的儿子们，支格阿鲁是贵客，一千年不遇，一万年难见。支格阿鲁是远客，我们家好客，我们家的名声也大，你们一个敬他三盅酒，显显我们的豪爽。”洛支洛架的九个儿子，这个喊舅舅，那个喊姑父，九三二十七盅酒，支格阿鲁都喝下，一个也不少下他。看到支格阿鲁没有醉意，洛支洛架又使眼色，他的大小九个老婆，这个喊亲戚，那个喊外家，一个三盅酒，又来敬阿鲁。阿鲁不客气，也都喝下了。支格阿鲁想，照这样喝法，恐怕要落他们的圈套，就对洛支洛架的儿子洛架汝也说：“洛架汝也，今天的菜肴，盐巴有点重。请你把我的毕礼拿来，我要喝口茶。”支格阿鲁的毕礼中，装的不是茶，是神圣的酒浆，支格阿鲁喝了三口神圣酒浆，一切酒水都不在话下了。洛支洛架又招呼他的九个女儿，一人三大盅，来敬支格阿鲁。光是喝酒说话，大家差不多都累了。这时洛支洛架三寿博认为时机已经到了，大吼了一声：“我的儿子们，送阿鲁上路。”洛架汝也是个急先锋，舞动着武器，向阿鲁杀来，口中大声喊：“你多大能力，有多大本事，敢下来巡海，敢来破城池，敢来毁水域。你从长大没有吃过苦头，不晓得酸辣。没爬过高山，不晓得平地。你是讨骨折，你是讨脱皮。我来教训你。”支格阿鲁早有准备，对一起向他杀来的各家寿博说：“天帝策举祖，派遣我巡察海域，差遣我视察水系，你们不尽职尽责，管理好水务，旱灾也在出，水灾也在出。现在来齐了，免得我到处跑，一起收拾了你们。”支格阿鲁显神威，一把将洛架汝也抓过来，系在马尾上，拖着飞上天，拖着跑入海，几下就呜呼。又杀回战场，凡是上阵的都一齐收拾。实在打累了，就钻进神法具抹争中去休息一下，休息好之后再作战，三个寿博家男男女女老老少少，凡是害人的，都被除尽了。只有腿脚快的传令兵，跑脱了一个，逃到皮诺寿博家去了。

消灭了三支作恶的寿博，支格阿鲁要乘胜追击，去勘察清楚寿博第四支的皮诺寿博是否作恶。如果这个没有被他的三哥通知到场的家伙与他的几个兄长是一丘之貉，就一举消灭掉，免得留下后患。

却说皮诺寿博在听到他的三哥传来的通知时，他认为支格阿鲁是一个名声很好不滥杀无辜的英雄，加上自己历来不愿卷入一些是是非非，没有如约而至。然而不幸的消息终于传来，三个长期作恶的哥哥们，被支格阿鲁消灭了。皮诺寿博听到这个消息，坐卧不安。他的女儿溢居阿诺尼看到父亲的焦虑，认为自己长大成人从来没有为父母分担过，这回无论如何要为父亲和家族消除这一即将临头的灾难。她对父亲说，听说支格阿鲁是一个能够分辨善恶不滥杀无辜的人，只要父亲相信她的清白，相信无论她做任何事情都是为了父亲和整个家族的生死存亡，她要出门到半路去接待支格阿鲁，化解这一场性命攸关的危机。皮诺寿博想，一个小女子能够做多大的事情呢？但是在没有别的办法的情况下，只有死马当活马医，让她去吧！

溢居阿诺尼来到支格阿鲁到她家去的必由之路上，用一条龙造了一栋房子：龙头骨做柱，筋络当板壁，龙鳞当瓦片，龙眼做灯笼，嘴巴做门窗，双耳做桌子，舌头做门板，肚腹做床铺，龙皮做被子，肝做成家具，肠做成绳索，肺做成餐具，一切都齐全。溢居阿诺尼本来就是一个漂亮的龙女，她就坐在门口低头做针线活等待支格阿鲁的到来。

支格阿鲁唤来神马，命令它飞向皮诺寿博家的方向。神马却怎么也不肯动身。支格阿鲁对神马说："你要是认为，洛支洛架所说的他的四兄弟从来不吃人害人，全都是真的，你就叫三声，我就知道了。"神马果然鸣叫了三声。支格阿鲁明白了，他对神马说："你不愿意去，就上天休息。策举祖的安排，我不能不去皮诺家，是善是恶，去了才知道。留正去邪，是我责任。"神马飞去了。支格阿鲁决定一定到皮诺家去验证清楚。

支格阿鲁没有马骑，步行到一座大山下时已经十分饥渴。他看到半山腰有一家人，就爬上去，看见一个姑娘在低头绣花。支格阿鲁咳嗽一声，姑娘知道来了人就抬起头来。支格阿鲁对她说："尊敬的主人，我路过你家，口渴了，想讨一口水喝。"姑娘问："远方的客人，你是要喝茶，还是喝甜酒？"支格阿鲁说："只要主人拿，什么都很好。"在说话期间，姑娘已经把甜酒送到了支格阿鲁的手上。支格阿鲁一边喝一边问姑娘为什么只是一个人。姑娘说，寿博家的四个兄弟中，三个哥哥都作恶，只有四弟皮诺好。他的父母亲和哥哥嫂嫂都被寿博家的三个哥哥抓去了，现在不知是死是活。看见别人的父亲，想起自己的父亲；看见别人的母亲，想起自己的母亲；看见别人的哥嫂，想起自己的哥嫂。整天以泪洗面，没有一天高兴的日子。听到姑娘是一个孤儿，支格阿鲁不禁想到自己也是一个孤儿，就向她介绍了自己的身世，自己受天帝的派遣要来消灭害人的寿博。姑娘说："你是支格阿鲁，我不会相信。天下都传说，支格阿鲁是一个惩恶扬善、扶正斩邪的英雄。像皮诺寿博这样的好人家都要斩杀的人，肯定不是支格阿鲁。你不要假充英雄，不能坏了支格阿鲁的名声。"支格阿鲁说："你没有见过支格阿鲁，我说我是真正的支格阿鲁你又不相信。不过你说的皮诺是个好人，我也听洛支洛架说过。我的神马也不愿意和我来，就是因为它也认为皮诺没有罪过，不该斩杀。可是我受命于天帝，皮诺是好人还是坏人我必须亲自到他家去验证，不能把道听途说的话都全部相信。如果他是好人，水系和海域，还要找人管理，我还要封他为水神。"溢居阿诺尼姑娘知道支格阿鲁确实是个能够明辨是非的英雄，对眼前的人更多了一些爱慕。她对支格阿鲁说："你是不是阿鲁，我也不知道。我心中的支格阿鲁，是人们都敬爱的人，他明辨是非，他除恶扶正。像你所说的要去杀皮诺，不像英雄的作为。你赶快走吧，如果别人知道我招留了一个去杀好人的人，这个恶名声我背不起。何况你我两个孤男寡女，在这深山独屋里，今后我还如何活在世上。"支格阿鲁对这个姑娘十分有好感，他向她证明了自己的正直，他向她说出了自己的心事，他向她吐露了爱慕的心迹，他向她要求在她家借宿一夜。溢居阿诺尼说："你真是阿鲁，可以歇一夜；你不是阿鲁，请你去别家。你如果单身，可以住一宿；你如有妻室，请你去别家。你如真爱我，可以留一晚；你如是骗人，请你去别家。你能辨善恶，可以住一宵；你如杀皮诺，请你去别家。"支格阿鲁终于被溢居阿诺尼接受了，她做出最香的饭菜，拿出了最好的美酒来招待支格阿鲁。她当着支格阿鲁的面，为她的祖先、父母亲敬酒祝愿，为她的将来奠酒祈福，她要求支格阿鲁像她一样做。她对支格阿鲁说："你若真是支格阿鲁，奠了这杯酒，你我两家是一家，两人是一人。我的父母亲，就是你的父母亲。"两人在敬祭了祖先之后，溢居阿诺尼与支格阿鲁共饮美酒，共度良宵。

第二天清晨，鸡还没有叫，溢居阿诺尼给支格阿鲁留下一封信，说明了自己的身世，要他记住自己的诺言，到皮诺家来找她。支格阿鲁醒来的时候，看到这封信，知道了情况。他来到皮诺家，验证了皮诺寿博家确实不是作恶的寿博，就划出了四大水系和四大海域，让他来管理一方水系和一片海域。

第二十章　掉入矮人国

鲁依岩因失去一半群山和美丽的女儿鲁斯阿颖而记恨支格阿鲁。当支格阿鲁路过南方的时候，鲁依岩侦察到支格阿鲁经过地盘的时间和路线，在一个大海子边纠集几个龙族兄弟，一起发动起风雨雷电，驱赶开支格阿鲁的神马，把支格阿鲁摄入直通矮人国的地洞之中。支格阿鲁反应过来时，已经掉进矮人国。在矮人国里，倾听着巴谷署俄讲述，了解到了矮人国的情况，满足了鹌鹑和竹鼠的需要。他把作恶多端的国王，交给矮人国的人民处置，谢绝了矮人国人们的好意，选出巴谷署俄当国王。竹鼠带着支格阿鲁到巴谷大岩脚。支格阿鲁爬到大岩一半时，看见一条大蛇正要吞吃鹰巢里幼小的鹰雏，支格阿鲁打死了大蛇，救下了小鹰。老鹰为了感谢他救了自己的孩子，帮助支格阿鲁回到天上（人间）去。

支格阿鲁分封各地君长之时，因为他移山填海治理洪水而失去女儿鲁斯阿颖的龙王鲁依岩，一直都记着支格阿鲁欠他的这一笔大账。当支格阿鲁路过南方的时候，他侦察到支格阿鲁经过的时间和路线，在一个大海子边纠集几个龙族兄弟，一起发动起风雨雷电，驱赶开了支格阿鲁的神马，把支格阿鲁摄入直通矮人国的地洞之中。当支格阿鲁反应过来的时候，他已经掉到了地层之下的矮人国。

支格阿鲁发现自己掉在一片蒿枝林里，他也不想多动弹，想借此机会看看自己到了什么地方。忽然发现离自己不远处的地方有群小矮人像蚊子哼哼似的忙忙碌碌，原来他们在砍伐着对于他们来说是森林的蒿枝树林。支格阿鲁兴趣盎然地看着他们十分费力地劳动着，心中对他们充满了同情。支格阿鲁掉下来后震起的灰尘铺天盖地地淹没了他们，阿鲁费了很久的工夫才把灰尘扇尽。小矮人们仿佛听到雷电风暴的来临，纷纷跑到蒿枝树下躲藏起来。直到他们发现不知从哪儿掉下来一个巨人砸坏了一大片森林，才战战兢兢地大声与支格阿鲁对起话来。支格阿鲁把声音收得很小很小，才不至于吓着他们。为了减小麻烦，他们推选出头人巴谷署俄直接与支格阿鲁对话。劳作了半天的矮人们已经饥饿了，一大群人跑到地里去十分费力地砍南瓜。支格阿鲁三下两下就把南瓜劈开了。他们一边高兴地享用午餐，一边倾听着巴谷署俄与支格阿鲁谈话。原来矮人国的国王要修一座宫殿，强行征用他们这些老百姓无偿为国王劳动，还天天派遣大臣来监督工作进度，稍有迟缓，就经常遭到毒打。支格阿鲁同情他们的遭遇，拿来工具很快就把他们需要若干年时间才能完成的工作都给完成了，砍下的蒿枝杆足够他们修建一座宫殿之用。矮人们十分高兴，共请支格阿鲁到他们的村里去做客，还纷纷抬出自己饭食来招待支格阿鲁。支格阿鲁看到他们的甑子只是跟鸡蛋壳一样大，吃了好多人家的饭都不能吃饱。小矮人们被吃怕了，支格阿鲁心中也过意不去。于是他来村外的草地上，想念起他的神马，想着要如何才能重返人间，心中烦闷，就找到一根比较大的竹子做了一根细笛子吹奏起来。笛声引来了一只鹌鹑，它倾听着支格阿鲁的曲子，自己却掉下了泪来。支格阿鲁问鹌鹑为什么流泪？鹌鹑告诉他自己多么想拥有他的这件宝贝，用它去安慰它那孤独的老母亲。支格阿鲁把笛子送给了它。这时不知何时聚集到身边的竹鼠也想要支格阿鲁的一支笛子，好去唤醒自己不会睡醒的孩子们。支格阿鲁满足了它的要求。鹌鹑对支格阿鲁说，你是一个好心人，你要重返人间，只要找到巴谷大岩，就可以找到通天（人间）的路。竹鼠说愿意给支格阿鲁带路。等到天明，它就可以带他去找巴谷大岩。

这天晚上，矮人们的村子里突然热闹起来。巴谷署俄跑到支格阿鲁休息的草地，告诉他国王听到他帮助他们完成了砍伐树木的任务，立即派大臣带着一帮人来慰问来了。巴谷署俄又担心地对支格阿鲁说，他们的国王很坏，是怕拥有神力的支格阿鲁夺取他的王位，解放他的人民，要支格阿鲁当心。

当大臣带着许多小人们抬着酒和食物来的时候，支格阿鲁使出自己的法力，把他们的酒和食物全部吃光，然后把这些家伙教训了一顿。然后率领巴谷署俄和全体人民，揪出了作恶多端的国王，交给矮人国的人民处置。矮人国的人民为了感谢支格阿鲁，要他当矮人国的国王。支格阿鲁在人间还有重大的任务，谢绝了他们的好意，帮助他们推选巴谷署俄做了新的矮人国国王。

第二天，竹鼠带着支格阿鲁离开村子去寻找巴谷大岩，矮人国的人民都来送别这位为他们除暴安良的天上（人间）英雄。竹鼠把支格阿鲁带到巴谷大岩脚，告诉他因为巴谷大岩上是老鹰和蛇的天下，而这两家都是竹鼠的冤家对头，竹鼠要回去了。支格阿鲁感谢竹鼠的帮助，独自爬上大岩。当他爬到一半的时候，发现一条大蛇正要吞吃鹰巢里幼小的鹰雏，吓得小鹰儿不停地叫唤。支格阿鲁打死了大蛇，救下了小鹰。小鹰还没有来得及感谢，老鹰飞回来了。小鹰把自己的危险遭遇告诉了老鹰。老鹰问清楚了支格阿鲁的情况，为了感谢他救了自己的孩子，老鹰要帮助支格阿鲁回到天上（人间）去。它要支格阿鲁帮助它捉足三斗蚂蚱以备足够的途中食物。支格阿鲁把三斗蚂蚱捉足后，老鹰驮起支格阿鲁向通往天上的洞口飞去。飞了三天三夜，就要接近出口的时候，忽然从洞口传下雷鸣闪电和风暴，又是鲁依岩在作怪。支格阿鲁所带的余下的蚂蚱全部被风暴刮走了。老鹰说，再给它喂养一次蚂蚱就可以飞到洞口了。支格阿鲁没有了蚂蚱，只有割下自己小腿的肉喂给老鹰。老鹰吃了肉后力量倍增，问支格阿鲁这是什么肉，支格阿鲁如实告诉了它。老鹰说，支格阿鲁，我们是同一族血脉，你不但是一个好心人，你还有英勇献身的精神和无私无畏的品质，我祝愿你成为天国（人间）之王。老鹰飞到洞口进行了最后的冲击，把支格阿鲁送回了人间。

第二十一章　真假支格阿鲁

天臣皮武图的鸽子嫉妒支格阿鲁的伟大功业，它来到人间上演一出闹剧。它变化成支格阿鲁的形象，所有的装束和用具，支格阿鲁有的它都有，支格阿鲁能做的它都能做。于是，啥靡底谷同时出现了两个支格阿鲁，真假难辨。到吉佐米谷找米谷布色偷辨别无果，到洪底找诺色娄评判无果，到吉底日宫找吉友沽色尼评判也无果。最后到天庭策举祖那里，策举祖令各个天臣查看自己的牲畜，发现皮武图的鸽子不见了，皮武图施展神法一收，把假支格阿鲁收进了笼子里。

却说天庭有一样神灵，嫉妒支格阿鲁的伟大功业，它来到人间上演一出闹剧。它变化成支格阿鲁的形象，所有的装束和用具，支格阿鲁有的它都有：白马、马鞍、洛洪、维妥、可洛、洪哪、采买、妥切、毕礼、舍左、金链、铁链、吐恰、抹争、布笃、恰度，等等。阿鲁会讲武图咪语，会变化莫测，它也都会，阿鲁以前做过的事，它心中都知道，能讲述出来。它像支格阿鲁一样骑上白马，下到人间来了。

有一天，神灵阿鲁来到啥靡底谷，这里的五寨九族人最爱闹矛盾，时常为一些鸡毛蒜皮的事情打冤家，头破的也有，缺手的也有，断腰的也有，跛脚的也有，你要我的命，我要你丧生，人口多，事复杂。打柴加火的人少，舀水渗锅的人多。神灵阿鲁来到时，又是有人在打冤家。神灵阿鲁要做支格阿鲁做的事情，他大喊人们不要动手了："你们谁想打，就和我打。"人们虽然停了手脚，看见他却笑起来，其中一个个子小却聪明的啥靡阿根对他说："过路人，别多管闲事。你虽然是好心劝架，但是不要口出狂言。我们上下五寨人，少说也有一万多人，你来打哪个？你是哪一方的英雄好汉？有没有什么名声？敢说大话吓人。"神灵阿鲁说："看你个子小，说话还巴理。在场的男男女女老老少少，我告诉你们，我家姓支格，我名叫阿鲁。是上天派遣我来到人间测天量地干大事。我劝你们是为了你们好，要和睦相处。团结力量大，不受外人欺。心好有粮吃，心好有水喝。古人说得好，别撤篱笆给狗钻。你们都停战，别打冤家了。"

正在这时，真正的支格阿鲁来到了。两个一模一样的阿鲁互相对看着，五大寨子的人们也都看呆了，两个阿鲁没有一丝一毫差别，动作、说话、做事都完全一样。你问我是谁，我问你是谁，你说你是阿鲁，我说我是阿鲁，无法分清谁假谁真。又让小伙子啥靡阿根出主意，让他们两个比变化。两个阿鲁变化着，你变的我会，我变的你懂，两人争斗着，你不肯让我，我不肯让你。比赛到最后，两个同时说：“去找米谷布色偷，由他来分辨真假。”

两阿鲁来到吉佐米谷，一齐对米谷布色偷嚷道：“米谷布色偷，请你判断我们两谁是真阿鲁，谁是假阿鲁。”米谷布色偷看着眼前的两个阿鲁，分辨不出谁真谁假，就对他们说：“你们谁是真的，谁是冒充的，不要多说话，拿出你们的毕礼来，我自会区分。”两个阿鲁同时拿出布补来，米谷布色偷仔细研究了半天，还是分辨不出谁真谁假。布色偷对他们说：“你们俩谁真谁假，我无法分辨。你们另外找高明人吧！”

真假阿鲁又互相拖曳着，谁也不让步，一齐来到洪底找诺色娄评判。找到诺色娄时，两个还在大声争辩，互不相让。诺色娄让他们不要吵闹，把他们分开来坐在左右两个不同的地方，让他们互相看不见对方，听不到对方的说话。然后，诺色娄问左边的阿鲁，说：“你去人间时我送了你什么，现在拿出来看看。”左边的阿鲁说：“我去人间时，你送了我一把金斧头。”说完拿出金斧头。诺色娄仔细看，确实是自己送给支格阿鲁的金斧头。他又去问右边的阿鲁：“你到人间时我送你的东西还在吗？”右边的阿鲁说：“尊敬的诺色娄，你送我的金神斧，我很珍惜它，怎么会不在？”说着拿出了一把与左边阿鲁的金斧头一模一样的斧头。诺色娄把两把金斧头拿来仔细地比较，也看不出哪一把是真的，哪一把是假的。只好对他们说：“你们谁真谁假，我也无法分清。你们去找其他人吧！”

两人又开始了新一轮的争辩，你说你是阿鲁，我说我是阿鲁，一直来到吉底日宫找吉友沽色尼评判。两个阿鲁争吵着，拉扯着，来到了吉底，争着说自己就是真阿鲁，对方是假的。吉友沽色尼喊他们别吵，召唤吉娄和吉郎：“吉娄和吉郎，你们俩一个放日火，一个放日光，给他们俩吃。”吉娄放出火热的日火，吉郎放出刺眼的日光。两个阿鲁一齐变化，一下子都不见了踪影。沽色尼心中疑惑，原来两个都会遁身法，怎么会这样，这样的情况不说以前没有出现过，听都没有听说过。于是沽色尼对他们说：“你们谁是真阿鲁，谁是假阿鲁，我无法评判。你们到天庭去找策举祖天帝去吧！”

到了这个时候，神灵阿鲁才对支格阿鲁说：“天庭也用不着去了。到了天庭，策举祖也无法分辨，因为我就是天上的神灵，我不是阿鲁，你才是阿鲁。一旦分辨出来，天帝也拿我没有办法，假的没有责任，真的还要上当。对你没有什么好处。”支格阿鲁说：“你不要哄我，我不会上当。天帝那里去得去不得，我心中有数。修路给人过，倒钩刺不挂。牛道给牛过，牛来不牴人；马路给马行，马来不踢人。如果你怕了，快快讲出实情，还回你的真面目，我也不追究。如果到了天帝那里，就不好说话了。”两人互不相让，又争争斗斗地来到了天庭。

天帝策举祖见到来了两个吵吵闹闹的阿鲁，也觉得稀奇。策举祖对他们说：“你俩不要吵。谁人是真的，谁人是假的，我会分辨出来的。两个都是假的，没有什么好话说，看我怎样收拾人。”随即命令天臣安排他们先分开住了下来。天帝策举祖随即召集众天臣来商议，如何分辨真假阿鲁。天臣们推推挡挡，没有谁人出得了好主意。最后还是恒友阿买尼说，支格阿鲁曾经领受过天帝的赐宴，把两个人分开来，分别询问当时的情况，就可以区分出谁是真阿鲁和假阿鲁了。策举祖采纳了阿买尼的意见，分别派遣天臣去询问当时赐宴的情况。结果两个阿鲁回答的，都是当时的真实情况。谁是真的支格阿鲁还没有分清，天帝策举祖对各位天臣说：“当年为了治理洪水，驱散迷雾，测天量地，找一个阿鲁都难得找到。现在不要说是有两个真阿鲁，就是有十个，一百个，一千个，都是好事情！”让大家各自去休息，事情先放下来。

天帝策举祖，心中生烦恼，反复地思考：“天上的神仙，我能够区分；地上的神祇，我能够看清；世间的人类，我能够认出；世上的妖魔，我也能分辨。这个怪东西，敢冒充阿鲁，莫非是畜生？”策举祖心中一亮，赶快召来确勺艾和首汝尼，让他们通知各位天臣彻底清查一下自己的牲畜。结果是天臣皮武图的神鸽找不到了。第二天上朝时，两个阿鲁都到了天庭。策举祖坐着，也不发言语。天臣皮武图大声吼起来：“鸽子变的阿鲁，你这个畜生，还不快快现原形。”皮武图施展神法一收，鸽子变成的阿鲁被收进皮武图的神笼子里去了。皮武图首先向策举祖请罪，然后对支格阿鲁说：“支格阿鲁哟，请你原谅。鸽子是畜生，你别和它计较。我没有管好，是我的责任。请你不要记恨。”支格阿鲁说：“恒友皮武图，你放心，管好你的鸽子，让它不要害人。我不会计较的，我不是那种人！”一桩神鸽戏阿鲁的事情就这样收场了。

第二十二章　斩杜瓦

米约奏桥上路过的人畜经常常莫名其妙地失踪。池旨族长组织族人持武器带猎狗前往米约奏，发现米约奏桥头上方岩洞中有一怪物。他们不敢轻举妄动，派人轮流值守，禁止人畜通过米月奏桥。支格阿鲁正好骑马路过此地，被池旨族人拦下，告知过桥危险。支格阿鲁不信，自报姓名，称不怕怪物伤害。得知是支格阿鲁，池旨族长盛请支格阿鲁。第二天，支格阿鲁让池旨人躲在米约奏桥边上，自己戴上洛洪①，穿上可洛洪哪②，拿了采买通切③，倒背着维度，开金锁毕礼，带上金链神斧，念诵过经文，用六支箭亲自宰杀这怪物。原来这怪物是杜瓦舍迫。从此，人畜通过米月奏桥，畅通无阻。支格阿鲁又立了一大功。

---

① 洛洪：彝语音译词，指毕摩黑色法帽。

② 可洛洪哪：彝语音译词，指毕摩黑色法衣。

③ 采买通切：彝语音译词，指毕摩法器。

远古时候，在池勾大水上，有一座天生桥，叫作米约奏。桥头的大悬崖上有一个大洞。桥边放牧的牲畜经常丢失，桥上过的人也经常莫名其妙地失踪。这样的情况已经很长一段时间了。人们到处都在议论，这些东西要是被老虎吃了，却不见老虎；被豹子吃了又不见豹子；是什么野物吃了人和牲畜，吃了肉还应该留下骨头。

住在附近的池旨家族的族中人，就是人畜失踪最多的一家，上下两院的人都非常恐慌。这座桥又是家族生产生活的必由之路，过又怕被怪物吃掉，不过又影响生产生活。有一天，池旨老族长召集两寨人商议，要大家带上刀枪棍棒、弯刀斧子，各种生产工具能拿的都拿上，一起到米约奏桥两边去寻找，看能不能找到什么怪物。第二天大家团结一心到了米约奏桥两边，闹哄哄地到处去寻找，人也吼，狗也叫，没有找到什么。突然刮起一阵风，人们都安静下来，到处张望。忽然空中传来狗的叫声，池旨阿陆喊了起来："你们快看，我家的那条狗没有生翅膀，却会在空中飞了。"一千多家族成员都眼巴巴地看见阿陆家的狗向大岩洞边飘去。池旨老族长大喊："大家要安静，看看洞里边有什么东西。"这一看，大家发现岩洞中有两颗明亮如星星的东西在闪光，里边有一个怪物，头有囤箩大，嘴巴像猪槽，眼睛像火把。族长发现这个怪物既不是老虎，也不是豹子。老人们曾经传说，山、水、岩、洞、树、草、天地万物都有神，这是不是岩洞神，要问老年人才知道。有人说怕是“撮阻艾”，有人说怕是会吃人的“嘞”。池旨老族长告诫大家说：“不管是什么，在没有弄清楚之前，大家不要乱动，家族不知道问邻里，邻里不知道问亲戚。现在它在大岩洞中，上不巴天、下不着地，我们无法和它斗。大家不要站在这里，先回去，怕发生危险。”为了能够继续开展生产活动，池旨老族长安排上下两寨族中人每家出一个青壮年，大家一起轮流在米约奏桥两边值班，负责提醒过往的人和路过这里的牲畜的安全。如此一年又一年，一直过了十二年，还是有不少的牲畜丢掉，有一些不小心的人被吃掉。野物只要走到桥上，飞禽只要飞到了桥上，都会轻飘飘地飞起来，像是昏头鸡一样旋转几圈就被吸进洞里，丢掉了性命。这件怪事情，传遍了四方。

到了第十三年的一天，支格阿鲁骑着马路过米约奏天生桥边，池旨老族长大喊：“骑马的年轻人，赶快下马，桥上去不得。”支格阿鲁听见有人在喊他，便下了马问：“是谁在喊我？桥上怎么就不能过？”池旨老族长急忙说：“年轻人，是你的命大，只差一点你就被悬崖大洞中的怪物吃掉了。”支格阿鲁说：“我是什么人，你还不清楚，就不要乱说。你在说什么，我也不明白。”池旨老族长说：“年轻人，你坐下，听我给你讲情况。”说着把十二年来天生桥大岩洞中有怪物吃人、吃牲畜、吃飞禽走兽的种种情况给支格阿鲁介绍了一遍。支格阿鲁听了这件怪事，说：“哪里会有这样的怪事，你不要哄我，我不听你扯谎。”池旨老族长说：“你这过路人，我好心劝你，你不感谢我，还说我撒谎。做好不得好，点火不见亮。哪个认识你是什么人哟？我是上下两寨人的池旨家族的族长，还会哄骗你？”支格阿鲁说：“不介绍，不相识，怕要说错话。你既然是族长，话是不会乱说的。我是巴氏侯吐边上支嘎山下的支格阿鲁，策举祖天帝派遣我测天量地，收降妖魔鬼怪。岩洞中有怪物，我自然要收拾，这是我分内的事情。”知道英雄神王支格阿鲁来到了池勾大水，池旨老族长激动得泪流满面，说：“你的大名声我们早就听说，从来还没有见过你。支格阿鲁哟，像盼星星盼月亮，我们终于盼到你来了。”支格阿鲁赶忙安慰池旨老族长，说马上要去悬崖上看看。老族长对支格阿鲁说：“今天天已经晚了，先到家里去歇一歇，明天再说。”老族长对小伙子们说：“赶快去牵马，接阿鲁回家。”

支格阿鲁被接到池旨老族长家，上下两寨的人听说支格阿鲁来了，你传我，我传你，你走来，我走来，不大一会就把老族长的房子前后都挤满了，人还越来越多。支格阿鲁对老族长说：“池旨老族长，你给他们说，今天天黑了，叫他们回去。明天叫一些年轻人去，不要上天桥，躲在桥两边看我如何收拾怪物。根据我的分析，你们所说的怪物，可能是杜瓦。”

第二天，天生桥两边躲藏了许多池旨家族的人，他们好奇地等待着看支格阿鲁如何收拾这个危害了他们许多年的怪物杜瓦。支格阿鲁戴上洛洪，穿上可洛洪哪，拿了采买通切，倒背着维庹，开金锁毕礼。喝三口天酒，喝三口神酒，喝三口圣酒，喝下九口酒。然后带上金链神斧，念诵经文。诵完，白马嘶嘶鸣，阿鲁跨上马，四脚不沾地，飞往天桥上。支格阿鲁在马上，左手拿着宝剑，右手拿着弓箭，飞马在米约奏天生桥旁边的悬崖大洞边盘旋着。支格阿鲁观察洞中情况，确实看到了吃人、牲畜和飞禽走兽的怪物杜瓦舍迫在大洞中。支格阿鲁看清楚了这个巨大的杜瓦的形体之后，知道一次射一支箭根本不管用，就每次同时射出六支箭。杜瓦舍迫中了箭，大洞传来巨雷般的吼叫，如同山崩地裂，洞口流出了像瀑布一样的血污，把池勾大水都染红了。洞中吐出的气体像大雾一样。支格阿鲁用毕礼法器装上神火向洞中放去，把杜瓦舍迫烧得像黑色的树桩。支格阿鲁又用金链甩进大洞中，把杜瓦舍迫绑了起来，拉出大洞，洞口的岩壁，顿时红艳的一大片。杜瓦舍迫的躯体从悬崖上扫过，坠落在米约奏天生桥下。池旨家族的所有家族成员，都看到了支格阿鲁斩杜瓦舍迫的壮举，池旨老族长代表全族人感谢支格阿鲁的救助。被杜瓦舍迫搓擦过的痕迹，至今仍然留在天生桥旁边的大悬崖上。

第二十三章　回故土

支格阿鲁即将结束巡察大地的任务。他再次来到此吐德必，思绪万千，心潮澎湃。人马共沐，洗净长期劳累的尘埃，神马更白，支格阿鲁容貌更美，神功更强。他经过巴氏侯吐，来到家乡。乡亲们热情接待支格阿鲁，聆听支格阿鲁的传奇故事。乡亲们睡熟时，他带着乡亲们的祝福悄然离开故土，来到勃弄大城，划定疆界，封立君长，制定好法令和礼仪典章，完成巡察使命。他的天马也在勃弄大岩留下了足印。

支格阿鲁巡视完诺苏中部大地的中部和南部地方之后，又来到诺苏大地之东方。他先来到古诺洛居，以鲁补鲁旺划定地界，封立濮古氏为古祖摩君长，为他家树立了一个牌坊和一根铜柱，制定了君、臣、毕摩的规章制度。到达大革卓舍，封立了普妥君长；到达米凯博乍戈，封立了一姓祖摩君长；到达笃洪那娄，封立了一姓祖摩君长；为他们划定了疆界，制定好法令和礼仪典章。

当支格阿鲁再次来到此吐德必的时候，他勒住神马驻足于这一池圣水岸边，想起自己是在这里洗白之后才上到天庭接受重任，不禁思绪万千，心潮澎湃。阿鲁决定再在这里来一次沐浴，以洗去长期劳累的征尘；再则试验一下没有天使的帮助，能否让自己的容颜彻底洗白。支格阿鲁跃入水中尽情洗浴的时候，岸上的天马也不停地嘶鸣着，抖动着金嚼子挣扎不已。阿鲁问他的天马："你为什么又是跳又是叫？如果你也想洗澡，就鸣叫几声。如果你不想沐浴，就赶快停止叫喊。我就会明白你的想法。"天马真的长长地嘶鸣起来。支格阿鲁为天马卸下了马鞍等物，天马也跃入水中打跳凫水，欢快地游泳起来。阿鲁高兴地说："虽然是畜生，马也会凫水，虽然不会说话，但是它懂人的心思，人说的它都知道，真是人类的好朋友。"

通过在此吐德必的这一次沐浴，阿鲁不但彻底改变了自己的容貌，变得更加英俊，而且有了变化的本领。沐浴结束时他试了一下变化的神力，一下子就变成了一只雄鹰冲上苍茫的高天。他的天马在沐浴之后，也变得更加洁白，还有了变化的神力，从圣水中腾空而起，在勾濮架侯上盘旋了三圈。感谢完圣水此吐德必给予他们的变化神功，支格阿鲁和他的天马飞腾起来离开了这一池神奇的圣水。支格阿鲁来到色举溢帕，为了检验天马的神功，对着已经漫过了两岸的江水，他对天马说："这条大江我过不去，看你有什么能耐通过这条江水？"天马毫不含糊地冲进江心，马蹄还没有沾着水波就已经把支格阿鲁驮到了对岸。

支格阿鲁来到了故乡的巴氏侯吐湖边。他回忆起童年时期在这里的美好生活，那时每到夏天，他每天都要来到湖中游泳嬉戏，从来没有厌倦的时候。眼前的巴氏侯吐，美丽如明镜一般，天上有一行行的大雁，湖边有一只只的仙鹤，水底的鱼虾牵成了线线，群山倒映在湖面上，太阳照射在湖水中，金色的水波如同金黄色的光芒。阿鲁正在欣赏巴氏侯吐美妙的风光，忽然听到不知从哪里传来的声音："我在我家里，你做你的事情。是什么原因你要来干扰我，请你把道理说清楚。你如果不破坏我的城，我就不坏你的事情。你如果破坏我的城，我就要坏你的事。支格阿鲁，你请我吃早饭，我就请你进晚餐；你如害我无早饭，我就害你无裤穿。你如果不相信，我把我的真名大姓告诉你：我名字就叫侯吐巴，是爬洛家的亲舅舅，我的大名人人都知道。不破坏我城池的人是没有罪过的，打扰了我则是自取其辱的做法，我会把这座鲁旺城淹掉它一大半。支格阿鲁，你要尽快离开这个地方，今天要下雨。只要你记住，不论在哪里歇息，下雨的时候用一把筛子挂在门枋上，就可以躲避连天风雨，任何暴风雨都不会降临到你的头上。"支格阿鲁回头一看，只见一个男青年从湖的那边飘然来到他的后面，对他说完这番话之后就突然消失了。

支格阿鲁离开巴氏侯吐回到了他的故乡。他的亲人们立即把消息传了出去，家人传邻居，邻居传亲戚，青年传老人，一寨传一寨：失踪了许多年的支格阿鲁，现在才又回到了家乡。看到阿鲁的各种变化，听了阿鲁的传奇经历，他们传颂着支格阿鲁安山定海、测天量地、四方封疆的伟大功业。故乡的乡亲说的说，笑的笑，动手的动手，三年老腊肉，六年的窖酒，九年的咂酒，白嫩的公鸡，都给阿鲁吃。经年的羊毛，纺织衣服给他穿。请出了洛洪，接出了可洛，找出了采买，翻出的维庹，拿出了通切，寻出了波笃、抹争、侯去、纪善、金绳，还有周毕礼，还有凯侯撮，一切好东西，一切神圣物，都献给了支格阿鲁。他们祝福支格阿鲁说："一切布斯都来扶持你，一切布色都来帮助你！"支格阿鲁也把祝福送给了乡亲们。当乡亲们在祝福声中睡去以后，支格阿鲁在鸡未叫天未明时，离开了故乡，来到他要巡视的最后一个地方——勃弄大城，划定了勃弄的疆界，封立了勃弄君长，刻立了两块岩碑。他的天马在大岩上飞旋了七十二转，足印都留在了大岩之上。支格阿鲁对天马说："辛苦了我的天马，你就在大岩上痛饮岩泉吧，你的功德也将被记录在悬崖之上。"至今在勃弄大岩上，仍然留着支格阿鲁的天马留下的七十二个足印。

第二十四章　得谷种

一次，支格阿鲁及猎友清晨上山打猎。从合谷拉达一路狩猎到姆青勒合山上，猎犬吠声不断。猎犬吠声从阿俄拉达又移到了巴威合普山上，不知什么猎物跑得那么快。阿鲁就派神眼赫热诺支去看看，原来是一头灰色麂子。支格阿鲁及猎友设计圈套将麂子射中，麂子毛突变成云覆盖这座大山。眼看就要下大雨，立马唤狗进山洞。猎犬克木骆典死守着那头灰色麂子没有回来，果热喜底刚把麂子和克木骆典拖进山洞。在洞里，支格阿鲁在克木骆典身上发现有很多草籽，让四个朋友试种，经过多年观察，发现这些植物的种子可以食用且香甜可口。这样就发现了谷种。这一发现为人类增添了食物来源，又立了一新功。

支格阿鲁闲暇在家时，一般都出山打猎。古代时森林茂密，山峦延绵，山峰重重叠叠。北面有甘洛吉热波山，南面聂连蒲沙地区有阿鲁尼威山，东面有硕诺阿举波山，西面有厄彦额哈山、则普阿莫山，中间有日普螺母山、甸坡克罗山、阿都地丽山、阿布策罗山、辣诺赤合山、穆福波俄山、姆青勒合山、巴威合普，吉留额达山、布尔茹罗山、俄罗泽维山，是个天然的打猎场。支格阿鲁一伙入山打猎，猎犬优秀，猎技高超，总是收获不小，猎物山珍满身挂。猎手果热喜底一跑起来比风的速度还快，用弓箭射杀，百发百中，无猎物能逃脱。

有一次，支格阿鲁这帮人天未亮就起床，喂好了猎狗，备好了弓箭，伴随着清晨的阳光到诺支波威打猎。过了半天不见猎物来，支格阿鲁他们很不甘心，从合谷拉达一路狩猎到姆青勒合山上，刚到这个山不久，猎狗好像发现了什么，猎犬吠声不断从山里传出，过了一会儿，猎犬吠声从阿俄拉达又移到了巴威合普山上，果热喜底也追到那里，可猎犬吠声又从威洛拉达转到厄彦额哈山。不知是何猎物跑得如此快，跑得这么远呢！果热喜底回到支格阿鲁处，把打猎情况向阿鲁描述了一下，阿鲁也感到奇怪，就派神眼赫热诺支去看看。经赫惹仔细一看，原来是一头灰色麂子，对阿鲁说："阿鲁啊，不是什么怪物，只是一头灰色麂子，这头麂子跑得很厉害，不是普通的麂子。"支格阿鲁更觉得有些奇怪，说："朋友们，这真是有点怪，普通的麂子不会有那么快，也跑不了那么远，一会儿这麂子还会跑到这里来，你们都把弓箭准备好，它来这里时，将它射中，看看它是怎样一只麂子。"大家都按照支格阿鲁的意见隐蔽起来，待射倒麂子。

黄昏时，一束晚霞照耀在巴威合普山上，猎犬吠声从厄彦额哈山，经威洛依嘎，逐渐传到巴威合普山上。赫热诺支站起来看，还是那头灰色麂子，那些猎犬每个都追在这头麂子后面。灰色麂子向支格阿鲁所在的巴威波俄山闯来时，支格阿鲁一箭射中麂子，在麂子身上射出细长的毛，直冲上天，像旋风般旋转。这麂子翻了两身，立马站起来。阿鲁的其他朋友也分别射中麂子，麂子倒在地上不动了。顿时，麂子毛变成白云覆盖在这座山上。支格阿鲁对朋友说："快跳进山洞里，要不，就要遭暴雨淋冰雹打，若不躲藏起来，我们有可能就被打死。把猎犬也唤进山洞里。"人犬进了山洞，只少猎犬克木骆典，原来这只猎犬死守着那头灰色麂子。支格阿鲁对果热喜底说：快把那头灰色麂子拖进山洞。果热喜底刚把麂子和克木骆典拖进山洞，天上就下起了倾盆大雨，并砸下南瓜那么大的冰雹。

洞里阴冷，支格阿鲁他们生起野火，人犬围着火堆取暖。支格阿鲁对克木骆典一天的辛苦进行安慰，他抚摸克木骆典身上，发现犬毛中粘着很多草籽，支格阿鲁也很好奇，便把这些草籽拿去洞口仔细看，不像草籽：这些草籽有壳，有须，内有漂亮白籽，放进嘴里嚼，味香。阿鲁想：用它来做饭吃一定很不错。他让那四个朋友试种这些"草籽"。

第一年，稻苗长得旺，稻巅长弯弯，稻子也很密，收起来共计一石三升。一些拿来煮粥吃，可口味美，人吃叫人馋。一些拿来蒸着吃，其味更美。配其他肉类也可以。于是支格阿鲁将稻子分给人们去播种。一年种在水里，一年种在旱地里，水里种比旱地里种的好。从那以后，人们栽种田中水稻，而且发现经培育的秧苗再移插在田里长得更好。除去杂草，施加肥料，更长得好，稻子饱满数量多。因大米好吃，在逢年过节、嫁女娶媳、祭祖祭神都用大米做主食。人类能得到米饭吃，首先归功于克木骆典，其次归功于支格阿鲁，彝族人每年吃新米时，头一碗敬狗的规矩大概来源于此。

彝族聚居区河谷和坪坝地带一般都有吃新米的习惯，每年收割水稻时，把新谷子晒干或在锅里炒干，然后，放入碾子里捣出白米。煮成饭后先盛一碗饭喂狗，并念“要不是您克木骆典的话，我们今天吃不到这么好吃的米饭；要不是您支格阿鲁，我们也不知道大米从哪里来，今天我们尝新米了，先拿来祭您和克木骆典，所有吃大米的彝族人永远忘不了你们，你们让人类吃上新米”，以纪念支格阿鲁和克木骆典为人类带来水稻，丰富了食物来源。

不同版本参考

支格阿鲁的四个朋友

远古的时候，支格阿鲁一生为民除害，射日月、降雷公、呼唤日月，治服巨蟒蛇及吃人魔书阿霍，人类才得到了生存的空间，开始过上幸福生活。支格阿鲁之所以能言之成理、足智多谋、战无不胜，是因为得到了他那四个朋友的鼎力相助。

支格阿鲁的这四个朋友个个本领高强，江河拦不了他们，陡峭的山岩阻不了他们的去路，是没人能与他们为敌的神界枭雄。他们各擅专长，本领盖世，是支格阿鲁不可缺少的伙伴。支格阿鲁的所有成就都有这四个朋友的参与。

果热喜底由于动作敏捷，擅长于跑，跑起来见不到人影，只听见风声。遇到追野兽、抓逃敌、捉魔鬼、追和睦罗热、沙土补则等时，都叫果热喜底上场。他从未放走一只野兽，只要有他在，打猎没有一天无获而归。

果热喜底善跑名满世间，有一天，兽王尼色阿史化成一只梅花鹿来到支格阿鲁及他的四个朋友面前说："支格阿鲁啊！听说你的朋友果热喜底这个人是个'飞箭腿'，谁都不能取胜于他。要是真有这本事的话，我俩来比试比试，我先跑，他后面追，到对面穆姿瓦莉时若被他追上，他就是赛跑第一人了，而且，从今以后，允许你们打猎是理所当然的；我未被他追上，从今以后，不许你们打猎，这样定下来怎么样？”支格阿鲁对他说：“梅花鹿啊！你所言所语，一定要遵守诺言，要是一会儿，你被抓住，别的野兽不说，包括你也要被我们当场吃掉的，到时莫后悔喔！”兽王尼色阿史化身的梅花鹿看了果热喜底一眼，得意地眨一下眼，昂首望天回答：“好！不守诺言者，就像这根蒿草一样短命。”说完咬断一只蒿草放在支格阿鲁面前。支格阿鲁看出这是梅花鹿化身的兽王尼色阿史，对果热喜底说：“喜底啊！它不是一只梅花鹿，而是狡猾的兽王尼色阿史，你要多加小心，我们得恪守诺言喔！”果热喜底做好心理准备，仔细打量着这只阴险的梅花鹿。变化无穷的梅花鹿说：“果热喜底啊！你真有这本事的话，来追我吧！”“啪”一声跳进大蹩林里，果热喜底也“嘣”地一声跟着跳进大蹩林里，梅花鹿在前跑，果热喜底在后追，支格阿鲁让赫惹诺支盯住梅花鹿的去向，随时告诉果热喜底，果热喜底在赫惹诺支的指示下，梅花鹿还没到穆姿瓦莉，在滑书竹依嘎的地方就被果热喜底擒住，被带到支格阿鲁前面。阿鲁对梅花鹿说：“怎么样！是否遵守诺言？”梅花鹿首尾缩成一团，对阿鲁说：“按诺言吃掉我吧，说话算数！”支格阿鲁说：“真说起来，你是兽王尼色阿史，我早就认出来了，虽然化成梅花鹿，我都能认出来，我们不杀你，不吃你的肉，把你放回去，去管那些百兽，怎么样？”尼色阿史出乎意料，喜出望外，高兴地说：“阿鲁啊，谢谢你，以后，你们打猎时，我不再阻拦你们了。”大家一致同意，放走了尼色阿史。

赫惹诺支具有透视能力，见别人未见之处，猎物何去何从都能看得清楚，远处的麂子、豪猪、虎豹、野猫等被猎犬赶出来时他都能辨别所在位置；在与敌人作战时，能从远处看见敌人的数目，弓箭的多少，首领是谁，哪里埋伏有敌人，危险处在哪里。哪里路险、哪里可以通过等也能从远处看得出来。故追擒尼色阿史时，梅花鹿何去何从都被他告诉了果热喜底。有一年冬天，下了一场大雪，支格阿鲁及四个朋友一起去打猎，九条猎犬从九个地点追赶猎物，不知为何，其中有一只猎物，转眼间变成一个美丽动人的姑娘，她站在高高的合木顶则山上，其美貌把补洛务倮山照得金灿灿，所罗阿举波山上，阳光灿烂，晴空万里。这个姑娘来到支格阿鲁他们前面求情：“只要你们不要打我不要杀我，我就嫁给你们中的一个做妻子。”支格阿鲁认为这个美女的出现有些奇异，赫惹诺支一看，原来是一只花狐狸变的。支格阿鲁的四个朋友气得直跳起来，立刻搭弓射箭，这只狐狸精“呼”一声跳到所罗阿举波山上去了。这一情景被赫惹诺支看在眼里，支格阿鲁及四个朋友追到所罗阿举波山上时，这只狐狸又变成一只黑色的狐狸在那里睡觉，其上面的天空不飘雪，四周也没有雪。支格阿鲁对他的四个朋友说，算了，让她吧！看见它的特殊本领就放了吧。后来有一天，又去打猎，支格阿鲁见一头野猪在马祖波利竹林里，支格阿鲁对赫惹诺支说：“诺支啊！你看看，在马祖波利竹林里的那头野猪好像是尼迪波斯。”经赫惹诺支仔细一看，哪里是呢！原来是上天派下来的害人的魔鬼尼尼厄勒。支格阿鲁说：“朋友们，尼尼厄勒这个魔鬼曾在人间吃过人，他今天也要来吃我们，不把他除掉的话，更让他嚣张，大家准备好弓箭，若他要跑，我们要发挥各自优势，将其消灭。”

让洛基波纳图、钦波诺伊卓两个各射一支箭去，一箭射中这头野猪颈部，一箭射进腰部，未射中要害，野猪逃去。让赫惹诺支站在后面看它的去处，果热喜底去追赶，洛基波纳图、钦波诺伊卓用箭追射，尼尼厄勒被杀死。这个不分男女老幼、见人就吃、吃人不眨眼的、嘴里沾满血迹的魔鬼被消灭了，世间的人们纷纷前来感谢这五个英雄，而赫惹诺支目光敏锐，能透视判辨真假，受到特殊尊重。

洛基波纳图因用一手指穿通一座叫穆乌格取波的山而出名，是支格阿鲁的一位不可缺少朋友。一年春天，支格阿鲁等人在尼姆合萨山打猎，猎犬克木尼曲撵出一个奇形怪状的野兽，野兽突然又跑进叫麻姆麻尼的林壑中。平时此地无猎手打过猎，克木尼曲紧追不舍，支格阿鲁他们在后叫猎犬紧跟，手中持弓箭，果热喜底跑在前，洛基波纳图、钦波诺伊卓跑在后。支格阿鲁和赫惹诺支站着看，原来是一头有翅的麂子（聪吐巴瓦）。这麂子先玩弄克木尼曲和支格阿鲁他们，眼看天要黑了，这麂子意识到遇到了不平凡的猎犬和猎手了，抖一抖翅膀，用力一拍，飞到穆乌格取波山的背面去了。克木尼曲显得百般无奈，站在穆乌格取波山脚的一个岩石下，伸着长长的舌头，滴着唾液。果热喜底、赫热诺支、钦波诺伊卓三人不知该返回还是前进，不知所措，都被惊呆了。支格阿鲁对洛基波纳图说："洛基波纳图，你还等待什么呢，赶快穿洞而过呀！"洛基波纳图如梦方醒，用中指直穿穆乌格取波山，只用了一顿饭的工夫就穿通了。克木尼曲及所有人经过刚穿通的洞子来到山北面，那条麂子做梦也不会梦到克木尼曲及这些猎手这么快来到这里，它正在勒莫泊西睡大觉。克木尼曲咬住它，支格阿鲁及朋友分别抓住前后脚，终于逮住了这条怪兽。这条长翅的麂子被制伏后无奈地道出原本："我白天生活在尼姆合萨山中，晚上睡在穆乌格取波山里，是上天额体古子的信使聪吐巴瓦。我长翅麂子有生以来从未被猎犬咬住过，也没有被抓住过手和脚。今天我大意了，心想你们过不了穆乌格取波山，没想到你们是强中最强人，只用一根手指就能穿山而过，在睡觉中被你们逮住了，就算我的不幸吧！"支格阿鲁对它说："你以前没有害过人，要放你回去，望今后一如既往为人类多做好事！"长翅麂子说："我没有礼物送你们，只能给你们一个麝香，它能给人类治病，能治蛇咬伤。"说着就飞进山林里。

钦波诺伊卓是一个神奇的水手，无江河及大海能挡住他的去路。一年夏天，支格阿鲁及朋友们一道前往合史波乌，打算除掉吃人魔书阿赫。来到伽诺拉达巴依河边时，巴依河正洪水滔天，不说是人，就连鱼和水獭也过不了，许多鱼及水獭被冲击在岩石上后死在河边。因涨水拦住了支格阿鲁这伙人的情景被吃人魔书阿赫看见，它更加猖狂，用镰刀般的脚爪将人割倒，用那四颗手指长的锈黄色牙齿咬人的脖子。支格阿鲁目睹吃人魔书阿赫的这种残忍行为，心急如焚。巴依河中有一个长着鸡鸭嘴脸的怪物跳到河边石头上坐着，其长相恐怖，让人胆破心惊。它很得意地说："我是上天额体古子派来管理巴依河的，名叫吃人祖克尼，对面的合史波乌吃人魔书阿赫我俩是一家，要是我在这里把你们挡住，它就会拿点人肉到这里来给我吃，你们今天谁也不准去过河，谁过这条河谁就被我吃掉，先给你们说好，一会儿免得后悔。"它大言不惭地说了一通之后，支格阿鲁设计问它："如果真是因你本领高强而让你管理这河，那这河任你摆布了，你能把这河堵到旁边，就算你有本事了，否则，你是骗人的，要是你把这河堵住，过其他地方的话，我们这五个人就乐意让你吃。"当这个吃人祖克尼堵河时，被阿鲁一箭射进嘴里，被水冲到河边，阿鲁朋友几个轮射几箭，吃人祖克尼被乱箭杀死。其后，钦波诺伊卓用一只大腿堵住巴依河，使朋友们身上未沾一滴水就通过了巴依河，顺利除掉了该千刀万剐的吃人魔书阿赫。从那时以来，合史波乌不再有吃人魔，人们平安吉祥，百畜兴旺，五谷丰登，过上了幸福生活。

第二十五章　支格阿鲁与智女

彝族女性非常聪慧，支格阿鲁这样智慧的男人在传说中也败给了女性。本文讲述女性阿丝阿妞和支格阿鲁斗智三件事。第一次间接斗智，在妻子阿丝阿妞帮助下，愚笨的老公阿呷格一与聪明的支格阿鲁斗成平手。第二次直接斗智，又是平手。第三次战胜了支格阿鲁。支格阿鲁只好服输，并送了一顶帽子给阿丝阿妞，以表认输。

在尔尼阿各姐妹俩住处的中间，有一个叫阿呷跌拖的地方。一天，支格阿鲁骑马路过这里，遇见一个犁地的小伙子叫阿呷格一。他用额尼（红桦树）做的犁头、合尼（红枣树）做的枷担、莫尼（嫩竹腊篾）做的牛纤、莫什（黄竹）做的鞭子，赶着阿卓（黑牯牛），正吃力地摇着犁把，疲惫地晃着鞭子，翻耕一块青色的石包地。支格阿鲁看见他那可怜的样了，忙问："辛苦的犁地人，你今天一共犁了多少转？能说出一个准数来吗？"阿呷格一听，心想：如果随口说个假数，那是表示不老实；要不说出一个数来，又觉得自己太愚蠢了。该怎样回答呢？他想了好一阵，最后还是没想出一句巧妙的答话来，只好甘愿当个愚蠢的人，不开腔。支格阿鲁见小伙子答不出话来，笑了笑，自以为聪明过人，赢了这个愚蠢的犁地人，便骄傲地扬鞭驱马走了。

晚上，阿呷格一回到家里，将白天遇见的事向他老婆阿丝阿妞说了，他老婆笑了笑说："你真笨。如果那人明天还来那里再问你时，你这样问问他，看他怎样答复。"

第二天，支格阿鲁又骑马路过这里，他奚落地问："犁地人，昨天问你的话，现在想好了吧？你给我说一说。"阿呷格一便把老婆教他的话学说一遍："你骑马跑了一天，那马尾一共摇了多少下？"支格阿鲁听后，也是半天答不出话来。最后，他想了想说："年轻人，昨天是你答不出来，今天是我答不出来，两个相抵，都不算输赢好不好？"说完，骑马走了。

又过了一段时间，支格阿鲁再次路过这里，见犁地人正举起锄头挖地。支格阿鲁又问："挖地人，你今天挖了多少锄？"阿呷格一这一次又回答不出来。回到家里对老婆一说，阿丝阿妞生气地说："这与上次的话，都是一个道理，他是不是上次问你的那个人？你就不想一想，问他的马蹄一天要在路上踩多少蹄印？"阿呷格一听后顿时觉得脑子又清醒多了，到了第二天，当支格阿鲁重过这里，要挖地人回答他的问话时，挖地小伙子又照老婆的话学说了一遍，问他的马蹄一天要在路上踩多少蹄印？直问得支格阿鲁哑口无言。不过，他很怀疑：这年轻小伙了，为什么当时回答不了问话，过了一夜，就反问得我也答不出话来呢？这里边有什么原因。便问："小伙子，刚才你问我的话，是谁教你说的？"

阿呷格一老老实实地说："是我老婆阿丝阿妞教的。"支格阿鲁赞扬说："你有这样聪明的老婆，我很为你高兴！"但他暗暗地想了想，人间真有这样聪明的妇女吗？我倒要试一试。便对青年说："请回去向你老婆说，我明天牵一只公山羊来，同你家搭伙喂，可不可以？"阿呷格一回家对老婆说了，阿丝阿妞认为，这人太骄傲自大了，这样瞧不起妇女，一定要叫他在我面前认输告饶杀杀他的傲劲，于是同意了。

到了第二天，支格阿鲁真的牵来一头公羊，交给阿呷格一说："我们搭伙喂这只公羊，到明年的今天，我便要来分小羊！"小伙子按老婆的意见完全答应了，把公羊牵回了家里。到了第二年的这一天，支格阿鲁确实没有忘记，又骑着马找到这家来，心中乐滋滋地认为，这回你这女人该认蠢服输了吧！

支格阿鲁走到阿丝阿妞的门口，问："主人家有狗吗？"屋内回答说："有狗拴好了。"他便骑马径直来到阶檐边，从马背上翻身下来，一只脚踩在马镫上，另一只脚踏在阶前的地上，向着出门来的一位年轻妇女问道："你看我这是在下马还是在上马？"阿丝阿妞听了，心中暗笑：这家伙只知道问这类的话，看来脑子也只有这么点儿灵巧，也随便把一只脚跨出门槛外，一只脚留在门槛内，斜着身子问道：“请问客人，我是出门来迎接你还是退回屋内去躲避你呢？”支格阿鲁心中一怔，这女人真厉害，但转念一想，不管你多么凶，今天你是赢不了的。便起身进门，径直坐到锅庄上方，才向阿丝阿妞问：“你家男人到哪里去了？”阿妞说：“你问他干什么？”支格阿鲁说：“该不会忘记吧！去年的今天，我不是同你家搭伙喂了一只羊子，约定了今天来分小羊儿吗？”

阿丝阿妞故作惊诧而又抱歉地说：“哎呀！你来得真不凑巧，我家男人正在坐月子生娃娃咧！”支格阿鲁认为简直是在开大玩笑，便说：“从来没听说男人坐月子生孩子哩！”阿丝阿妞听后点了点头说：“既然是这样，那我们伙同喂的公羊，能生羊崽崽吗？”支格阿鲁张口难对，他细细地瞧了瞧阿丝阿妞，心中一阵惭愧涌了上来：人间这样聪明的绝不是只有我一人。看来，我没有这个妇人那样智谋过人而又沉着稳重。他忙起身向阿丝阿妞认输告辞，并将自己身边带的一顶俄尔喀苏（妇女戴的一种帽子）送给阿丝阿妞，作为胜利者的奖品。阿丝阿妞忙接过帽子，戴在自己的头上，不大不小刚刚合适。从此，妇女都喜欢戴这种标志着聪明智慧的俄尔喀苏（帽子）了。

不同版本参考

一、服输

智慧过人的支格阿鲁从来没有在谁的面前输过理，不巧有一天，把理输给了一个农家的妇人，事情是这样的：

这个妇人要租养支格阿鲁家一只母绵羊，以便接种治家。支格阿鲁却租给她一只大公羊。妇人只好牵去了。

事过两年后，催租的支格阿鲁来到了这妇人家。说是租羊已有两年，该是一只变三只了，他支格阿鲁要抽一只。妇人答应了，但是说要跟丈夫商量。支格阿鲁问她丈夫到哪里去了？妇人说是她的丈夫在生娃娃，支格阿鲁听了哈哈大笑说："世上哪有男人生娃娃的？！"妇人也反问："你的公羊都会下羔子，我的丈夫怎么不能生娃娃呢？"支格阿鲁无言可答，只好服输了。临走的时候，他悄悄念下咒语：犁（拱）地母猪狠，不会伸直拉犁沟；辩嘴妇人狠，不会伸展话头和话尾，像头顶的盘帽（彝族聚居地区妇女戴的一种帽——编者），像脚边的裙子，妇人说话，老是翻来覆去打着小圈圈。

二、支格阿鲁与挖地夫

远古的时候，所有的男人只会做体力活，其他方面与女人相比显得十分逊色，连家庭内的权力也大部分掌握在妻子的手中，故称彝族社会是以女为主的家庭。

古时人类不会驯牛耕地，地一般都靠人挖，而且挖地的人都是男人。有一个男人体形魁梧，力气十足，挖起地来真猛，但很不聪明，连一些动物想把他捉来吃掉也不知道。

有一天，这个男人正在挖地，一个吃人婆魔想吃这个人而来到挖地处坐着，问这问那地打量这个人。吃人婆魔说："你挖地如此强，要是有一个人来攻击你的话，肯定不在话下，谁都不能取胜你吧！你累了吗？我来替你挖吧？你饿了吗？怎么不回去找点饭吃呢？你好像口渴了，怎么不去找口水喝呢？要不吸杆烟休息一下吧！"反反复复缠着这个人，试探不停。这个男人毫不理会她，只顾挖地。而且，吃人婆魔越说，他越只顾自己挖地。吃人婆魔很气愤地问："喂！你这个男人是傻的还是聋的？我问什么你都不回答。"这个人也没说是哑的还是聋的，依然只顾自己挖地，而且更加用力挖，都要挖到吃人婆魔坐的地方了，吃人婆魔担心挖着她，不断往后退。这天，因这个人手中有把锄头，吃人婆魔不敢攻击，只好空手而归。这个男人回到家中，把当天遇到的这件事原原本本告诉妻子，聪明贤惠的妻子认为一定遇到了吃人婆魔，妻子教他：“挖地时，只要你不放下手中的锄头，她不会轻易对你下手，如果她有所举动的话，你就用锄头挖她。”

晚上，妻子想到这件事翻来覆去总是睡不着，不除掉这个吃人婆魔的话，要是她吃掉我的男人，孤儿寡母谁做活儿，怎样生活？只有去找支格阿鲁才是上策。天未亮，她就去找支格阿鲁了，到合倮瓦拖时，支格阿鲁骑着马正好路过这里，她就把支格阿鲁直接请回家里。回到家中，她男人因挖地劳累还在睡觉，女人便立刻叫醒他，杀一只鸡招待支格阿鲁。阿鲁对她的男人说：“你注意好，吃人婆魔从你后面过或站在你后面时，锄头反起用，狠狠用力往后面摔，向后面打她。如果坐在你前面，你把锄头两三次连续挖过去，让她来不及跑时，把她搞死，我佯装陌生人在对面教你，一定按着我的话做哈！”

饭后，这个男人像平时一样扛着锄头去挖地。挖了一会儿地，他看见吃人婆魔从他后面过，就故意用锄头往后摔着挖，吃人婆魔怕伤着她，从他后面转到他前面坐着，反复说着头一天的话。支格阿鲁手持弓箭坐在对面的山梁上，对这个挖地男人说：“那个挖地男人啊，谁在你的前面影响挖地，用锄头把她挖死。”这个挖地男人回答：“她说她是一个好婆婆。”支格阿鲁高声说：“是个好婆婆就用锄头打呀！”吃人婆魔对挖地男人说：“那你就把锄头举得高，放下时用力轻点哈！”这个挖地男人回答：“好！就听你的话。”于是，他鼓足力气，把吃人婆魔打死了。支格阿鲁喊道：“赶快把她烧了，要不她还会活起来。”当用火烧时，有一个破斗笠从火上飘过，阿鲁立即用箭把它射了下来，放进火里烧掉了。吃人婆魔被支格阿鲁和这个挖地男人消灭以后，这里的人们不再受吃人婆魔威胁，可以高枕无忧了。

三、限制女人聪明

古时有一家人，女主人叫阿各，她天性聪慧，知识丰富，心灵手巧，是个容貌智慧齐全的能人。男主人叫阿且，他朴实可靠，说一不二，勤勤恳恳，干劲十足，但头脑简单，没有多少知识，每遇事都向妻子报告，历来言听计从。

阿且在外面挖地劳动，一个叫支格阿鲁的人骑着一匹花骏马，站在阿且旁边，握住缰绳对阿且说：“正挖地的年轻壮男，你今天挖了多少锄地？”阿且不知道如何回答，呆呆站着。他想他从天亮挖到现在，一直没有休息，哪个还记得住挖了多少锄呢。

“哈哈，我本来就知道，你不能回答我的问题，才故意这样问你的。”见阿且目瞪口呆，无言以对，支格阿鲁很得意地取笑了他一下，便赶着马走了。

阿且被人取笑后，感到很愤怒，脸色难看，气冲冲地把锄头摔到肩膀上回去了。回到家中，妻子见阿且脸上怒气未消，问：“你今天怎么啦，没出事吧？”阿且把支格阿鲁取笑他的话一句不漏地告诉妻子，妻子对他说：“没关系，这男人你明天去挖地时如果他还来的话，你就说……”阿各在丈夫的耳边说了些悄悄话。

第二天，阿且在那里汗流浃背地挖着地。果然，支格阿鲁又骑着马来到，用马鞭指着阿且问：“年轻的男子汉，你今天该记住你挖了多少锄吧？请说说看！”阿且要理不理的，把手里的锄头顶着腹部，看了支格阿鲁一眼，指着支格阿鲁的马说：“你这马今天摇了多少次尾巴？你的马鬃有多少根毛？”此时，支格阿鲁无法回答，看了看打量了一下阿且，从长相看不像聪明人，于是问他：“这男子汉，是谁教你说的？”阿且很诚实地回答道：“这是我妻子教我的。”支格阿鲁想，这个女人一定很聪明，自言自语道：“喔，是了！是了！……”听了阿且的话后支格阿鲁很自傲，小看阿且：“今后第三天，我牵来一只公羊让你家喂养，三年后我来分羊崽，另外，我来的那天准备九十九个菜，九十九根马勺，少了一根也不行。”说完拨转马头飞快地骑马跑了。

阿且被吓得很担心，像是有七人在追杀他一样上气不接下气地跑回来，坐在炉子上方的竹席上，张大鼻孔出气。妻子见丈夫怒气冲天，猜想丈夫是因今天又说不赢支格阿鲁而生气，笑着对他说：“碰到什么了，这么冒火？”丈夫回答：“你知道为什么冒火吗？要不是你的话不会遇到这些难题。我被你教来去给神人支格阿鲁赛智，他所说那些事是我们做不了的，现该怎么办呢？”就把支格阿鲁所说的一切道给妻子听。妻子“哈哈”笑了一声，说："我以为是什么天大的事，你说的这些有啥可怕呢？让他来吧，看他能做什么。"丈夫方才放松下来。

约好的第三天，阿各在屋前搞扫除，支格阿鲁骑着马带来一只小公羊，把小公羊递到阿各手里，说；"我这只公羊给你一起合养分仔，三年后我来分羊。"阿各若无其事地把小公羊放进羊圈里。支格阿鲁问："你丈夫哪里去了？"阿各好像不在意地说："我丈夫在坐月子。"支格阿鲁想不通男人怎么能生孩子，好奇地问："什么意思，男人怎么会生孩子呢？"阿各直截了当地说："你说男人不能生孩子，那你的小公羊怎么能产羊羔呢？"支格阿鲁听了她的回答后，看了看屋里，见九个石头上面摆着九根草，用六根马勺佯装摆成八十八根。阿鲁有些吃惊，对阿各说："你若是个聪明人，我这马有多少根毛，请你回答一下！"阿各也把手里的扫帚举起来，问："你若是个有智慧的人，你看这扫帚有多少片竹叶，请你说出来！"阿鲁又问："你今天扫了多少把地？"阿各毫不犹豫地对他说："你从今天早上骑马到这里，请你说说你马蹄蹬了多少次地。"这几番下来，支格阿鲁脸色变红，准备返回。这时支格阿鲁一只脚踩在马镫里，一只脚还在地上，对阿各说："你看我现在该骑上马，还是该下来？"阿各立刻把一只脚放在门槛内，一只脚在门槛外，说："你说现在我该出来还是进去。"阿鲁接连败给阿各，只好骑马走了。

支格阿鲁败给阿各之后，阿鲁一直耿耿于怀，他想女人为何如此聪明，越想越气愤。后来，支格阿鲁暗中施计，依然克制不了女人的聪明。他又找来一个铁板压在女人的头上，用一根绳子把女人的心拴住，他想这样女人就再也聪明不了了，但这铁板被女人用来做漂亮的头饰，绳子被女人做成腰带，用来系美丽的红裙、黄裙、白裙，走到哪里就穿到哪里，都很漂亮。

支格阿鲁见后，更不甘心，来到山上，念了经："彝区头帕转一圈，裤腿裙脚绕两圈，簸箕筛子摇三圈，锅儿炉子围三圈，从今以后，望无一女人聪明绝顶，女人的知识将受限。"这样被支格阿鲁诅咒后，女人不再聪明了。

讲述者：更几阿此，男，45 岁，彝族，普格辉隆人

采录者：阿凉子者

采录时间地点：1988 年于普格西罗

流传地区：普格洛乌沟区、西罗区等地

第二十六章　救母

支格阿鲁回到故乡后，寻母和救母成了他的头等大事。他把猎物打成肉粉，装进兽皮口袋内，背上射太阳和月亮的铜弓铁箭，骑上大家送给他的那匹神马，去寻找吃人魔特比阿嬷。路上得到母鹅宝针，节省不少路程，历经千山万水，终于来到凄凉荒野木刻列拖，发现乱石堆木板房中有一位穿红衣服伤心哭泣的小姑娘。支格阿鲁问清缘由，便给这个很久没有进过餐的小姑娘食物，并告知他是前来寻找母亲的。小姑娘听后感到惊讶不已，生怕他不敌妖魔，劝支格阿鲁离开这魔地。无果，于是说出特比阿嬷所在的地方，并送了父亲遗物铁钩给支格阿鲁。支格阿鲁辞别小姑娘深入魔窟，与魔鬼斗智斗勇，将母亲救了出来，可是放跑了妖魔母子。

一、鹅母献宝针

在寻找阿嫫的路上，支格阿鲁被请去收服一条巨蟒。支格阿鲁收了巨蟒后，立即向主人告辞，要去找他的阿嫫。主人是一位妇人，她说什么也不让支格阿鲁走，再三挽留他住一夜，她要将迭坡洛博西的人们，都请来为支格阿鲁送行。阿鲁难却妇人的盛情，只好再三表明仅留住一夜。

那妇人家中喂了三只鹅，两只老鹅和一只小鹅仔，她要杀一只来款谢支格阿鲁为人们除害的恩情。哪知这个心意，却被三只鹅知道了。当夜，那三只鹅蹲在支格阿鲁睡的墙边，互相商量着。

老公鹅对老母鹅说："这位支格阿鲁是英雄，这次他又为人们除了害，色嬷（女主人）要杀我们去招待感恩是对的，但是，要杀就杀我吧，你是小鹅的妈妈，儿子还需要你带大呀！"老母鹅忙说："还是先杀我吧，因为我的小鹅长大了，不能没有爸爸教育他呀！"小鹅听了也忙说："如果色嬷不嫌我小的话，还是先杀我吧，因为爸爸老了，不能没有妈妈照顾！妈妈老了，也不能没有爸爸照顾呀！"三只鹅都说得有道理，开始互相推让，好言劝说，慢慢地最后吵起来，由争吵又变为细声劝让。这样你说我推，我争你吵，反复延续到天亮。支格阿鲁完全听懂了它们的话，理解了它们各自的善良心思，一夜没睡着觉。

天一亮，那妇人便起身要去杀鹅，支格阿鲁忙去问道："你准备要杀哪只鹅来招待我？"妇人道："当然杀那只大公鹅才对。"支格阿鲁说："杀了老公鹅，那只小鹅长大后，可就没有爸爸去教育它了。"妇人笑了笑说："那就杀那只老母鹅吧！"支格阿鲁也笑着回答："那小鹅还没长大，没有个妈妈，又靠谁来带它长大呢？"妇人为难起来，想来想去，最后只有决定杀小鹅。支格阿鲁说："这两只老鹅，只有这么一只小鹅吧？要是杀了小鹅，两只老鹅又依靠谁来侍奉呢？我看，这三只鹅互相依靠生活，杀了谁都不行，还是不杀吧。煮顿素饭吃，比杀只鹅吃还使我心情愉快咧。"

妇人感到支格阿鲁不仅很勇敢，还是个非常有孝道的好心人，对他更加尊敬和信服。

吃过素饭后，山里的人们都来到门前为支格阿鲁送行，那三只鹅也跟在人们的身后。支格阿鲁骑上神马，背上弓箭，大家把他送到一条河边。支格阿鲁拱手要大家停步，自己将神马一纵，跳到河的对岸，再转身向大家告辞。正准备催马上路时，却见三只鹅从河中游过来，母鹅一上岸，就向支格阿鲁飞扑而去，停在马前说："英雄的支格阿鲁，你去找你的阿嫫，前面路程还很远哩，刚才遇着这样的小河，你的神马可以跳过去，要是遇着大海，碰上了不能爬的陡岩，你该怎么办？"

支格阿鲁想了想说："遇着大海，我沿着海岸上走；碰上陡岩，我绕着路走就行了。”母鹅又说：“我知道你找阿嫫的心很急，如果按这样走下去，那要走多少年月，才能找着你日夜想念的阿嫫？”

支格阿鲁有些为难了，可是有什么办法呢？他仍很坚决地说：“这些困难，我是想到了的，但是我有信心和决心，一定能战胜这些困难，找到我的阿嫫。”母鹅感动极了，说：“你真是世间上最好的人，这样爱阿嫫，爱人们，也爱我们，谁不感动哩！为了感谢你的救命恩情，我们三个商量好，愿将我们祖传的一个用了九十九代的细鹅绒毛炼出来的宝针送给你。如果遇上大海，你将这针向海中一指，海水便会分开，亮出一条直路来；若是碰上陡岩，也将针一指，山岩就会让出路来，这样，你会缩短不少行程，提前找到你的阿嫫了。”

支格阿鲁立即翻身下马，一下跪在母鹅的面前，双手接过宝针，流着激动的泪水说：“鹅阿姆，我太感谢你们了，等我找到阿嫫后，一定多给人们做好事，来答报你们这样深厚的情谊。”说完骑着马，急向木刻地方奔驰而去。

二、红裙姑娘

离开迭坡火洛博西后，支格阿鲁由于有三只鹅送的宝针，划水开路，指山让道，行程极快。有一天，他纵过黑洞洞的三道深沟，来到玛楚蝶吉（长刺竹的地方），迷路了。他忙问当地的人；

“你们知道特比阿嬷住在什么地方？”当地人说：“你问这个妖婆干什么？她到处吃人，凶恶得很！”支格阿鲁忙说：“就是她抓走了我的阿嫫，我是去报仇的。”人们听了都很高兴地说：“这妖婆住的地方，说来很远，可是她走来却近。你还是要向前面走去。”

又一天，支格阿鲁跳过三条绿茵茵的河，来到抒朱博尼长杉树的地方，在杉林中难辨方向了，忙向当地人问：“去木刻的地方，还有多远？”在杉树林中居住的人回答说：“你问这地方干什么？那里住个妖婆特比阿嬷，吃人无数，不能到那里去。”支格阿鲁说：“就是因为她抓走了我的阿嫫，我要去报仇。”人们都有点怕他斗不过特比阿嬷，会被妖婆吃掉，所以只说了一句：“还要继续向前走。”

以后，他不分白天黑夜地赶路，又奔过了三个蓝茸茸的草地，来到达朱博尼（长蕨蕨草的地方），还是没有问清去木刻的确切路程，最后他又翻过笔陡陡的三道梁，来到了木刻列拖（西方的一个地方）。只见一片凄凉荒野的景象，看不见人家，也没有人迹往来，听不到鸡的叫声，也无雀鸟飞过，静悄悄的僻野坟郊，冷清清的死水深潭，真是茅刺丛生，乱石荒丘，如同走入了大地的死角。支格阿鲁在这块斜坡山边一直转了三天，最后才在一堆乱石中，发现了半边斜搭在一个大石包上的木板房，房内传出咽咽哭泣的声音。他忙下马躬身进屋，找遍房中，最后在屋角的一个石堆边，发现一个身穿红裙子的小姑娘，双手捂住脸在那里哭泣。

支格阿鲁忙问："小妹妹，你为啥独自一人哭得这样伤心？"小姑娘听见有人说话，非常惊诧，半天才说："我们木刻列拖这个地方的人，都被特比阿嬷这妖婆吃完了，由于我藏在一个柜子里，才没被吃掉。现在我一个亲人也没有了，我已经三天没吃饭了，又饿又怕，该咋个办啰？！"支格阿鲁忙将自己身边带来的赫舍庶莫（用鲜肉粉做的糍粑）拿给姑娘吃。姑娘非常感谢地说："你真是个好人，赶快走哇，要是被特比阿嬷知道了，一定会来吃你的。"支格阿鲁很高兴地大笑起来说："我不走了。我为找这妖婆，受了千辛万苦才来到这里，多不容易呀！"

小姑娘更加惊诧地说："哎呀，别人躲都躲不了，你还专门来找她，不是自己来送死吗？"支格阿鲁将找阿嫫和报仇的事说了，小姑娘才稍稍安心些，不过还是劝道："这家伙凶得很，从来没有哪个敢惹她，你是什么人，有这么大的胆？"支格阿鲁说："我叫支格阿鲁，什么也不怕，射了天上的日月，降了空中的雷神，收了地上的巨蟒，这吃人魔特比阿嬷，就算我打不赢她，也要与她拼一下。"小姑娘完全相信了，忙说："这妖婆就住在离这儿很近的木刻博俄山上，经常派她的儿子到很远的地方去抓人来吃，她就住在这附近抓人吃。你去可要小心呵！"支格阿鲁从穿红裙子的姑娘口中，弄清了特比阿嬷的住处，极为高兴，忙抓了三捧赫舍庶莫给小姑娘说："这是今后几天的口粮，待我收了吃人魔后，你就能自己找吃的了。”支格阿鲁急不可待地出门上马，要去木刻博俄大山找他的阿嫫，向特比阿嬷报仇。小姑娘忙从身边取出一件东西来，送给支格阿鲁说：“我的阿达在时，也是个打猎的，他有个祖传宝物留给了我，为了感谢你救了我，又去收妖婆为人们除害，我将这件宝物送给你，也许以后对你还有点用处。”支格阿鲁接过一看，原来是一个小巧玲珑的铁钩，他很恭敬地把它收藏在身边，重新辞谢了小姑娘，才牵着神马离开了。

三、魔窝救母

支格阿鲁牵着马在前面走，那穿红裙子的姑娘总是跟着走；支格阿鲁心如火焚，他很想一下就抓住特比阿嬷，救出阿嫫来，哪能理解那姑娘流着泪送他的心意，最后，他一提缰绳翻身上马，回头看了看姑娘，毅然扬鞭直向木刻博俄驰去。途中遇着一只獐子跑过，他忙将红裙子姑娘送的铁钩撒去，那铁钩真像一条非常伶俐而凶猛的猎犬，一出手便把獐子钩住。他把獐子的皮剥了，将肉背着，心想回来再送姑娘吃，继续朝木刻博俄奔去。

到了木刻博俄大山，只见大山周围斜坡上，围满了一带苍松；穿过松林，又是一圈杉树；跑过杉林，便是一排铁棘树；奔出铁林，就是满地铁蒺；踩过铁蒺，遇着一堵墙似的倒挂乌泡刺；闯过乌泡刺，便被那密密麻麻铺天盖地的箭竹挡住；再爬过箭林，看见嵌在山上的一个蓝茵茵的海子。海子中间突起一个笼罩着奇云怪石的山包，山包上那嶙峋陡峭的山峰，飘浮不定的烟云，若明若灭，似合似散，令人见而生畏，凶险难测。支格阿鲁停在海边，将老鹅送给他的宝针，拿出来对着海水一划，海水立即分开，亮出一条直通山包的路来，他一扬鞭便过去了。

小山包上有盘旋迂回的小道，还有宛若迷宫的岩石，支格阿鲁只好牵着马四处寻找。最后，在一处箭石林立的石丛中，发现了一排用三棱青石砌的房屋，支格阿鲁便走了进去。屋内只有一个瞎眼老妇人，瞎眼妇人说："特比阿嬷和她的儿子特比惹都不在，我是她家的佣人，你从哪里来，有什么事？"支格阿鲁说："我从蒙木列拖来，那里住的楚哲绍禾，他家有个女儿，生得非常漂亮，现已长大成人，派我到这里来，向特比阿嬷的儿子特比惹求婚。"

"哦，这是喜事！可惜特比惹到伊乌所洛（北方水来的一个山沟）去牵一条娄古莫（没生过儿的母牛，隐语，指未嫁过人的姑娘）来吃；特比阿嬷到伊门所洛（南方水来的一个山沟）去拉一条类合惹（未犁过地的牯牛，隐语，指未结过婚的小伙子）来吃。"

"他们都不在家，就不好说了，我只有在这里住一夜，等他们回来。"支格阿鲁趁机把屋内四处看了看，想找到她的阿嫫，但又不敢乱走，只好又说："唉，今天走了一天，太累了，我想去睡一下。"

瞎妇人想了想，认为真是来求婚做媒的客人，应该给个好地方睡觉，便将支格阿鲁带到特比惹的房里去睡。

支格阿鲁去到特比惹的房中，便四处查找。除了几间阴森森、黑洞洞的石房屋外，没发现什么奇形怪象。当他倒向特比惹的床上睡时，却看见枕边放着五双十个用铁煅成的极其锋利的铁指甲，他拿来往自己的手指上一戴，恰好合适。于是他便戴着十个铁指甲，倒头一睡，哪知这一睡却真的睡着了。

半夜，特比阿嬷和儿子特比惹都回来了，特比惹抓来一个青年姑娘，特比阿嬷也抓来一个年轻的小伙子，一并摔在火塘旁边。累了的母子俩半躺在火塘上方，叫瞎子妇人去杀了那对青年男女，给他们端来两盆人血，两人各喝了一盆，又吩咐瞎子妇人将两个青年男女砍成坨，放进火塘去烧。这时，瞎子妇人想起在屋里睡觉的客人，忙向特比阿嬷说："蒙木列拖的楚哲绍禾，派了人来你家求婚，因为你们不在，他已经去睡了。"特比阿嬷听后，说："楚哲家的姑娘，能配上我的儿子，那太好了！快，快去把客人请来。"

瞎子妇人带着支格阿鲁来到火塘边，坐到客位上后，特比阿嬷便盘问道："你是楚哲绍禾的什么人？"

支格阿鲁揉了揉眼，随口答道："我是他的侄儿，他的女儿是我堂妹，所以楚哲绍禾派我来求婚。"特比阿嬷一听，想起自己常去楚哲绍禾家，从未听说有个侄儿，心里怀疑起来。正在这里，特比惹突然很惊诧地向特比阿嬷说："怎么有一股生人的气味?"特比阿嬷用鼻子嗅了嗅，不在意地说："大惊小怪的干什么? 刚才杀了两个人，火塘内烧着人肉，怎么没有生人的味道呢? !"这下，支格阿鲁才知道它们已把抓来的人杀了，而且火塘中烧的是人肉。

火塘中的肉还没烧好，母子二人已饿极了，便抓起三坨交到支格阿鲁手中，说了一声："快吃吧!"它们便张开血盆大口，一坨坨地撕嚼起来。支格阿鲁闻着股股腥味，看到那种极为残忍的状况，早已心碎肝裂，哪里还忍心去吃。但为了不露马脚，只好将在路上钩着的那只背在身边的獐子肉，偷偷拿出三块来，放进火塘中去烧，边烧边吃，吃得又馋又香。特比阿嬷母子俩直到吃得半饱后才想起应该看这个客人是怎样个吃法：若果真是楚哲绍禾的侄儿，就非常喜欢吃人肉，若是假的，那就不会吃人肉。当它们盯向支格阿鲁时，他刚从火塘抓起一坨烧好的獐子肉，吃得嘴角流油，特比阿嬷和她的儿子，也就减轻了心中的怀疑。

但是，为了确切弄清真假，特比阿嬷还想再考验一下。

当他们坐在火塘边闲谈的时候，特比阿嬷便借机说道："既然我们已开了亲，便算亲戚了。"她指了指儿子和支格阿鲁说："结了亲，你们俩便是舅子老表了，按规矩习惯，舅子老表可以随便玩耍打闹。"儿子特比惹一听，懂得了特比阿嬷的用意，是要他去摸一摸支格阿鲁，看看对方的妖功硬不硬? 本事强不强?

这个方法，是它们常用来区别人和妖的一个绝招，于是特比惹提出："我们摸一下牙齿，看谁的快。"

夜已深了，火塘中的火，也慢慢微弱得快要熄灭了，半暗不明，大家都有些看不清，支格阿鲁很爽快地答应："对嘛，那让我先摸一下你的牙齿。"支格阿鲁先用手在特比惹的口中一摸，觉得那满口牙齿，硬是锋利无比，像把把尖刀利剑，摸完后，他赶快将自己打猎剐皮用的小尖刀，暗中往嘴里一放，半张开嘴说："请摸我的牙齿！"特比惹伸手一摸，然后对特比阿嬷说："好家伙，比我的牙齿更锋利更粘手些。"特比惹见特比阿嬷没表示态度，又对支格阿鲁说道："我们再来摸一摸谁的手杆粗壮？"支格阿鲁又是先摸，只觉得特比惹的手杆又粗又硬，满手都是毛茸茸的。摸完后忙说，请你等一等，我穿的衣袖太窄小，等挽上去后再摸，他便暗暗将拴肉粉口袋的皮绳取来缠在自己的手杆上，伸出手去请特比惹摸。摸了后，特比惹对特比阿嬷说："虽然手杆没我的粗，但毛比我长得短和硬些。"特比阿嬷仍然没开口说话。

特比惹又提出来要比试戳手背。但比试办法是用指甲互相戳对方的手背，谁伤得多谁输。这是特比惹在与对手比试中最狠的一招，因为他暗中做了五双十个铁指甲。这时，他借小便为名，忙去房中取那铁指甲，以便戴在手上戳伤支格阿鲁。哪知在房中找遍了，也没想起这十个铁指甲放在什么地方，找不着，只好勉强走出来。支格阿鲁明知特比惹没找着铁指甲，催促说："既然要比戳手背，那就开始吧！”特比惹虽没找着铁指甲怕输，但话已出口，只好无可奈何地伸出右手来，让支格阿鲁先戳。这时，早已戴好了铁指甲的支格阿鲁，对准特比惹的手背，猛一下狠狠地戳去，只听见隐隐一声唉哟，那手背被戳穿了十个小洞，顿时血流满手。他想缩回手去，支格阿鲁又迅猛地向他的手杆手背乱戳起来，把只右手戳得血肉横飞，鲜血直流。特比惹又痛又气，可又不好意思求饶认输，硬撑着说：“来左手吧！”结果左手同样又被戳得稀烂，痛得他钻心透骨，再也没法回戳支格阿鲁了。

特比阿嬷见儿子败了，心里却非常高兴。因为凡是想来制伏她母子俩的人，不管怎样伪装巧扮，它们都用这套方法去识别真伪，只要一识破，便立即吃掉。这次，经过三种考验，儿子全失败了，这就证实支格阿鲁是它们的同类，是楚哲绍禾的侄儿，怎不高兴呢？母子俩的疑惑完全消除了。特比惹的双手虽被戳烂，疼痛难忍，但他认为这个舅子比自己强得多，于是回自己的房中去睡了。

支格阿鲁一见特比阿嬷完全相信了自己，便趁机用赞扬的话去奉承：“你们母子俩，真算得木刻博俄山里最凶最狠的了，没有谁能敌得过，想吃什么，可以随心所欲地到处去抓。不说楚哲绍禾瞧得起，就是我也佩服你们。”特比阿嬷听后高兴得手舞足蹈起来，表面上却故意谦虚地说：“别过夸了，你的本事也不小。说句老实话，不说这山里，就是整个人间，谁能敌过我们母子俩？就是外面说得最凶的支格阿鲁来，也会死在我们嘴里。”支格阿鲁听得心里一惊，不过她虽知道自己的名字，看来现在还没认出自己来，心中仍很平静地听特比阿嬷继续说。

“不过，其实我们两母子，也没啥了不起的本领，只要人们摸准了我们的行动规律，那就抓不到人吃了。”支格阿鲁很高兴地催促问：“那为啥？”话刚出口，突然想起，不要急躁，以免露出破绽，于是欲擒故纵地说：“那你们这种行动，想来是最秘密的了，可不能随便说呀！”特比阿嬷笑了笑说：“没关系，不是已成了亲戚吗，舅子老表还能互相瞒着说话吗？”这样，特比阿嬷便将她初一在木都（东方），初五在木刻（西方），她儿子特比惹，哪三月在木斯（北方），哪三月在蒙洛（南方）的秘密行踪说了出来。并说，如果人们掌握了这个行动的时间和方向，就完全可以在出行的方向上让开，只要躲开了它们按时所在的方位，便不会遇到被吃了。支格阿鲁初步弄清了这些奇怪的行踪秘密后，发觉天已蒙蒙快亮了。这时，互相都可以隐隐约约看得见各自的面貌，特比阿嬷一看清来的人，并不是个妖形，明明是个人，心想：这个家伙真胆大，敢来骗我。正要张开嘴巴大声叫儿子出来，抓住他做早餐，哪知支格阿鲁手疾眼快，忙将红裙子姑娘送给他的那个铁钩，向特比阿嬷的口中甩去，一下就钩在了特比阿嬷的舌头上。儿子特比惹跑出来一看，只见支格阿鲁紧拉着铁钩的绳子，把特比阿嬷的舌头扯得长长的，她一声也没法喊叫，两只手抓着那打有倒钩刺，很难拔出来的铁钩，痛得顺着牵绳在屋内旋着圆圈打转。支格阿鲁进一步逼问行踪秘密，特比阿嬷无奈说出：我特比阿嬷牛、虎、兔三年在东北，龙、蛇、马三年在北方，羊、猴、鸡三年在西方，狗、猪、鼠三年在南方。特比阿布牛、虎、兔三月在东北，龙、蛇、马三月在东南，羊、猴、鸡三月在西南，狗、猪、鼠三月在西北。特比惹初一东方、初二东南、初三南方、初四西南、初五西方、初六西北、初七北方、初八东北、初九天上、初十地上。支格阿鲁完全弄清了这些奇怪的行踪秘密。

特比惹知道支格阿鲁的厉害，昨夜两手已被戳伤，现在无法去抓支格阿鲁，只好撒腿逃跑。瞎子妇人听见叫声，连忙跑来，拿她那把常杀人使用的尖刀，猛地向支格阿鲁砍去，一刀未着，她复砍二刀；说时迟，那时快，支格阿鲁把身上的宝针拿出来一指，瞎子妇人的身子，一下断为两截。

特比惹逃跑了，瞎子妇人死了，支格阿鲁才将钩住特比阿嬷舌头的绳子放松一点，问她：到底吃了多少人？为啥要吃我的阿嫫？我是特地来报仇的。特比阿嬷更加惊讶，说："我从来没吃过你的阿嫫，你是什么人？"当支格阿鲁道出自己的姓名后，特比阿嬷一下跪在地上，苦苦哀求说："你的阿嫫还在，我并没有吃她。"支格阿鲁气得将绳子一扯，愤怒地说："你撒谎，我阿嫫还在，为什么没看见！"这时特比阿嬷才说，原来把你阿嫫抓来时，发现她太瘦，实在不够吃，所以把她养了起来，想喂胖些再吃。哪知她日夜哭泣想念你，始终长不胖，这样便活到现在。支格阿鲁一听说自己日夜想念的阿嫫还活着，忙叫特比阿嬷带他去看。在一个四壁棱石的黑洞里，他看见一个面容枯瘦、脸色苍白的妇人，睡在一堆蕨蓑草上，哭泣着，眼泪流干了，简直不像个人样。支格阿鲁一见，心如刀绞剑穿，猛地跪倒地上，爬着扑过去，一把抱住蒲莫列伊，大声呼叫阿嫫，倒在阿嫫怀中大哭了起来。这一哭，却放掉了手中牵住特比阿嬷的绳子，特比阿嬷便趁机一翻身，带着那难取下的铁钩，呼啦一声逃走了。

蒲莫列伊突见一个年轻的小伙子哭着倒在她怀中，弄得一时惊喜不定，心想：他真是自己日夜呼唤的支格阿鲁吗？恐怕也是在做梦吧。她慢慢睁开被泪水蒙住的眼睛，反复用手掌和手背擦了又擦，才看清了支格阿鲁藏在左眉心里的一个小指甲痕。当年她被特比阿嬷的儿子抓住，走在那座洛觉瓦峨的悬岩边，丢下支格阿鲁时，暗中用指甲戳下了一个小小记号，只有她才知道。当蒲莫列伊弄清了面前真是她的儿子后，哇的一声抱着支格阿鲁哭昏了过去。

第二十七章　遇姻缘

支格阿鲁从魔窝救出母亲蒲莫列伊，回到故乡后，整天守着母亲。蒲莫列伊看着儿子丧失斗志，不思救民、不问大事，心里不悦，认为一切都因她而起，便设法投河，几次未果，最后以只有九度九拃长的头发才能治愈她的病为名，诱支格阿鲁寻找长发。支格阿鲁带着两个表妹找到长发回来，发现母亲已离世。按父母的嘱咐，支格阿鲁同两个表妹成亲。姐妹俩分住跌坡火洛海两岸，姐姐尔尼阿各住在海的东边，妹妹尔尼阿妞住在海的西边。后因支格阿鲁耽搁返程时辰，引起姐妹间的猜疑，她们为了私利悄然剪去马翅，最终导致支格阿鲁连马带人坠入大海，并引发鹰海大战。

一、寻长发治病

蒲莫列伊苏醒过来，惊疑不定地忙叫支格阿鲁赶紧逃走，免遭特比阿嬷的伤害。支格阿鲁将昨夜的情况说给阿嫫听了，蒲莫列伊才安下心来，答应同他回觉土木古去。据说，自他母子俩走后，那个逃跑了的特比阿嬷，由于舌头挂着有倒刺的铁钩，她自己难以取下来，便再也无法去抓人吃了，只有她的儿子特比惹，还是妖性不改，常抓人吃。不过，人们都知道它三个月一换的行动方位的秘密，凡是外出的人，只要把它的行动时间和方位推算准确，绕道回避，不闯入它的邪位，特比惹就抓不到人吃了。

支格阿鲁把蒲莫列伊接回觉土木古住下后，便天天守望着他的阿嫫，寸步不离。阿嫫坐在火塘边，他守着添柴加火；阿嫫站立门槛边，他陪在门前说话；阿嫫去到院坝边，他就守护在核桃树下；阿嫫走近山坡边，他就去采来索玛花敬献；阿嫫笑了他也笑，阿嫫愁眉他就苦脸。三个月过去了，九个月亦如一日。从此，他不上山去打猎了，不去草坡找牧羊人了，不去林中同老铁匠耍了，不去地里种庄稼了。家中的口粮快吃完了，蒲莫列伊要他去种地，去收妖降怪为人们做点好事，支格阿鲁不愿意离开，他说："蝴蝶思念妈妈，翅膀总是不停地飞；虫儿想念妈妈，急得在地上翻滚着跑跳；蝉子为了找妈妈，哭得一身干壳壳；我好不容易找到了阿嫫，怎么能够又离开。"蒲莫列伊没有办法，只有暗中思索着能叫支格阿鲁离开她的办法。

他们住房的门前有一条小河，河水清凉洁净，蒲莫列伊常去那里洗脸梳头，常从水中看见她自己的面容。她想：要是能把我的面容留在一件什么东西上，交给支格阿鲁带在身边，使他经常都能看到我，不是就可以使他离开我，去做一切工作了吗？

一天，蒲莫列伊正在小河边洗脸梳头，突然从头上掉下来一片枫叶，落进水中，沉下水底，那张枫叶映照着她的容颜，衬着晨曦，显得分外清晰真切，她忙伸手去水中捞起这片枫叶一看，也真奇怪，她的相貌全部印在这片枫叶上了。蒲莫列伊高兴得像获得珍宝一样，忙拿着这片留有她面容的枫叶回去，交给支格阿鲁说："你不要再守望着我，你带上这张有我面容的叶子，去林中打猎，上山放羊，为大家做点好事。我都在你的身边，你也是守护着我一样啰。"

从此，支格阿鲁上老林里打猎去了。可是没走完三步，就把挂在胸前的枫叶，拿在手中看看，过去出三口气就能爬上去的坡，现在要出九口气才能爬一半；当獐子三次停在他的面前，他还在呆看枫叶，没拿出弓箭来。过去一箭就能射倒的鹿子，现在射三箭只是吓跑了。当白公鸡已长叫三声，问候太阳的时候，他还没出门坎；未等白公鸡欢送太阳的三声长叫时，他已经空着手回来，坐在火塘边呆呆望着蒲莫列伊了。七天过去，他没射回一只鹿子；九天完了，他未拿回一根小鸟的羽毛。蒲莫列伊看见这种情况，非常生气地说："你未找到我前，还给山里人除妖灭怪，做点好事，现在找见我了，不但不去给大家做点有益的事，反而连打猎也无能了，这岂不是因为找到了我，反而误了你的前程吗！"

支格阿鲁为了不让阿嫫生气，只好又去挖土地种庄稼，当他选好一块荒地，便把枫叶挂在一根树枝上，插在自己的前面。挖土九锄，便要去移动挂枫叶的树枝三次；移动树枝一次，他要细细瞧看阿嫫的容颜九遍；细瞧一遍，还要向阿嫫说九句话。一天有多少个九锄、三次、九遍、九句话的时间呢？因此山里的布谷鸟都哑口了，支格阿鲁还没挖出一块种包谷的地来。家中简直快断粮缺吃了。

正在蒲莫列伊对他生气怨恨时，突然从挖格觉莫地方来了一个人说："在蒙捏觉各（一个大坝）地方，出了一匹妖马，经常吃人，请支格阿鲁去制伏这匹妖马。"支格阿鲁听后，看了看他的阿嫫，忙推辞说："我的箭射不准了，连獐子也不怕我；我的锄头举不高了，连泥土也不肯张口，还有什么本领去治妖马？"支格阿鲁没有去。

又从益尼洛古（水牛沟）地方，来了一个人，向支格阿鲁请求，说他们那个地方，出了一头长脸盘角、铃眼扇耳、铁尾钢蹄、力大无比的水牛，长年累月，不分昼夜吼叫，声如雷炸，震得九山九岭都晃动起来，吼似地塌，能叫九沟河水倒流，闹得人们不安宁，鸡鸭满山飞，雀鸟不归林，牛羊不回圈，请他去制伏一下。支格阿鲁望了望阿嫫，还是谢绝说："铁弓我已拉不圆了，九天没射来一只小鸟，尖锄我已不会用了，三月没挖出一块荒地，还哪有劲去治牛怪？"支格阿鲁仍然没离开他的阿嫫。

九次的劝说，七回的怨言，三遍的咒骂，支格阿鲁也不听从，最后，蒲莫列伊气病了。这下，支格阿鲁更是寸步不离，日夜守护着阿嫫，蒲莫列伊心想：要是这样活下去，不仅阻碍儿子去为人们做点好事，也使大家多受灾难，怨恨着我，不如我自己主动离开他。她暗中想出了一个巧妙的办法来，便对支格阿鲁说：

“你不去治马妖牛怪，我也不说了，只是我这病，如果我能喝上一口獐子的血，或许会很快地好起来。”支格阿鲁一听阿嫫要喝獐子的血，赶忙取弓拿箭，像飞一样就奔进树林里去了。他刚一走，蒲莫列伊立即起床，准备向门前的那条大河走去。可是刚从床上坐起来的时候，支格阿鲁已打到了一只獐子回来，双手把血捧给阿嫫喝。

蒲莫列伊喝了獐子的鲜血后，又向支格阿鲁说：“看来，这獐子血，也治不好我的病，如果有一只鹿子的鲜心吃，也许能治好。”一听说鹿子的心能治好阿嫫的病，支格阿鲁一转身跑进山林。儿子前脚一走，蒲莫列伊又急忙起床，要向门前的河走去，哪知刚走到门口，支格阿鲁又捧一颗活鲜鲜的鹿心回来了，蒲莫列伊又未去成。

第三次，蒲莫列伊说：“獐血和鹿子心，都治不好我的病，就只有吃深山沟里的黑熊胆了，可能还会见效些。”阿嫫要吃黑熊的胆，支格阿鲁没说二话，返身又向深山沟奔去。这次，只待儿子一出门，蒲莫列伊忙起身向门前大河跑去，谁知刚跑到院坝边，支格阿鲁便捧着黑熊的胆回来了。蒲莫列伊心想：每次他都回来这样快，我怎么能走河边去呢？只有把他支使到一个极远的地方去，也许能实现自己的想法。便又说："这黑熊胆是热性，吃了心头像火烧一样，如果有一块凌冰吃吃，该有多好呀！"支格阿鲁忙问："阿嫫，现在是虎月（热天），凌冰应到哪里去找？"蒲莫列伊故意想了想说："根据现在的天气来说，这凌冰只有到危杰尔曲（终年积雪）山上去找。"支格阿鲁听说危杰尔曲大山有，急忙出门上路了。这次，蒲莫列伊连头也没回，飞速向大河扑去。刚走到河边，正准备纵身跳下水去，却见支格阿鲁回来了，她便只有假装蹲下身去，用手捧起河水洗脸，支格阿鲁一见，忙把阿嫫扶了回去。

蒲莫列伊几次想投河死去，都没成功，最后，她突然想起：自己有两个外侄女儿，住在跌坡火洛莫鼠莫（白天与黑夜分界的地方的一个大海）的海底里，离这里很远，要是叫支格阿鲁到那里去，她就有充裕的时间去完成心中的愿望。同时儿子去那里，找到他的表妹们，也许会成为姻亲，从而繁衍子孙后代，也算了结自己死前的一桩心愿；但是如果说要他去找表妹，恐怕他更难答应离开，只好又装着病了说："昨夜，我做了一个梦，有个毕摩对我说：我这病，要用一根有九庹九拃长的头发，烧了烟子用鼻子去闻，才会医好。"

支格阿鲁忙问："这样长的头发，我还没见过，要到哪里去找？"蒲莫列伊一见儿子答应去找，便说："只有到跌坡火洛鼠莫的海底去找，到了那里，就会找到这样长的头发回来。"支格阿鲁一想到这长头发能治好阿嫫的病，不管这大海在天涯地角，海底有多深多险，他也要去取回头发把阿嫫的病医好。这次，因为路途遥远，他便骑上神马，背上弓箭，带上宝针，备好干粮，向跌坡火洛鼠莫飞奔而去。

二、两个表妹

辞别了阿嫫，支格阿鲁真是心急如火，马快似箭，直奔跌坡火洛莫鼠莫。当他跃马驰过立曲薄亚额（大草原）时，草原的主人捉了一对云雀，来接待英雄的支格阿鲁，要他住一夜，看看草原上的羊群。支格阿鲁想到阿嫫的病，急着要去找长发，顾不了主人的盛情，婉言辞谢了。他扬鞭飞过达竹薄亚额（蕨蒺林）时，蕨蒺林的主人拴了一对雄雉鸡，要接待英雄的支格阿鲁，请他留上一宿，看看蕨蒺林中的猪群。支格阿鲁想到阿嫫的叮嘱，取回长发紧迫，他难领受主人的厚情，笑语谢绝了。当他催马来到麻竹薄亚额（一片竹林）时，竹林的主人套了一双雄锦鸡，来接待英雄的支格阿鲁，求他耍一宵，听听牧羊人吹奏的竖笛。支格阿鲁想起还远的路程，阿嫫急待着长发，他没心情欣赏主人的晚会，细言辞别了。当他跨沟跃谷来到瓦竹薄亚额（大石岩）时，石岩的主人捉了一对采蜜的蜂子来接待他；经过特竹薄亚额（松林）时，松林的主人猎取了一只獐子、一只鹿子来招待他；路过日竹薄亚额（杉林）时，杉林的主人抓到一对花鹿来款留他，支格阿鲁为了尽快找到长头发好回去给阿嫫治病，没敢停留，全部辞谢了。他马不停蹄，人不离鞍，日夜兼程，翻过了九十九座高山，跃过了九十九条沟河，驰过了九十九个草坡野坝，冲乱了九十九条峡谷的秘云险雾，甩掉了九十九股狂暴的风雨吼啸，支格阿鲁很快来到跌坡火洛莫鼠莫，大海的岸边。

跌坡火洛大海，坐落在白天与黑夜的分界处，只见那汹涌奔腾的海浪，从黑夜的边沿一个接一个地翻滚澎湃而来，找不到源头，也看不清尽头，只是一派白晃晃、蓝悠悠的无涯无边，真像天地合拢接成一条线的样子。想来，这线的那边看不见的地方，就是黑夜，线这边能看清的大海便是白天了。可是要去到海底才能找到长头发，哪里去找去海底的路呢？支格阿鲁迟疑了一阵，想起三只鹅送的分海宝针，便拿出来对海一指，只见针尖喷出一股金光，射向海中，海水立即自然分开，显出一条去海底的路来。

来到海底，只见在海底的一块益利尔惹（大红石板）上，斜卧着两个年轻的姑娘。二人曲肱相对而眠，斜盖在身上的蓝色披衫的长穗间，隐约露出二人丰满微突的胸脯，那半撒半合的百褶裙边，现出一对似屈似伸的赤脚。金色的耳坠，鹅黄的膀圈，桃红的脸蛋，微笑的嘴唇，二人那散披至脚边的乌黑长发，真叫支格阿鲁看得痴痴似梦、呆呆入神，哪愿轻轻动手去扯那急需的长发。不过，当他想起阿嫫的病时，再也顾不了那爱慕的心情，毅然悄悄伸手拈住一个姑娘的长发。正要扯时，突然想起：阿嫫要一根九庹九拃长的头发，这根头发是否有那么长，必须比量一下。他忙伸开两臂，庹了九下，再张开大指和食指一量，正好九拃。但又想，只扯一根，要是带在途中丢失了，又该咋办？不如多扯一根作预备用，于是他便在两个姑娘的头上，各扯了一根。当他用力一拔，那两个姑娘也同时一下坐了起来，三双晶亮的眼睛，同时发出惊奇的光彩，射向各自的脸上，三人相互越看越痴，越痴越迷，越迷越说不出话来。半天，那个稍大一点的姑娘才含羞掩情地问：

“你这人从哪儿来，为啥扯我们的头发？”说完，两个姑娘望着支格阿鲁那痴迷的神情，掩着口吃吃笑起来。支格阿鲁忙说：“是我阿嫫病了，梦里毕摩说要烧一根长头发来医治，并说要到这里来找。我用这宝针划开海水来到这里，所以才扯了你们两人的一根头发。哪知惊醒了你们，很是对不起。”两个姑娘心想：他怎么知道我们住在这里，又能到这海底来，一定是个了不起的英雄人物。再说，他又是这样爱阿嫫的好人。还有，小伙子长得这样英武魁伟。不说扯一根，就是扯九根，九十九根，心里也是甘愿的。大点的姑娘忙说："一根头发够了吗？还要多少，你就来扯吧！"小一点的姑娘也含笑说："她是我姐姐，叫尔尼阿各，我叫尔尼阿妞。要是这头发能适合你的用处，我们两姐妹都愿意你来扯。"支格阿鲁非常高兴地在两人的头上，又各扯了一根长发，包好放入怀中，正要告辞回去，却见小一点姑娘尔尼阿妞噘着小嘴巴说话了。

"三年头发长三分，九年的头发长九寸，九庹九拃长的头发，该要多少年月才长成？要是算清了，你就走，若是算不清楚，小伙子，就对不起你啰，请把扯掉的头发，给我们长在头上。"支格阿鲁一听，明知这是阿妞姑娘在用话发难，想留住自己，想了想，也巧妙地答道："三年的头发哪止长三分，九年的头发也不止九寸，姑娘今年有多少岁？头上的头发早已表明，既然长成了九庹九拃的长发，给了长发也就交了你的青春！"阿妞姑娘一听支格阿鲁理解了她的心意，便再不发言了。大姑娘尔尼阿各看见妹妹不说话，就接着说：

"快黑的今夜，天黑在我家里歇，不黑也在我家歇。蜜蜂虽无夜，见了岩石就要歇，乌雅虽无夜，看到树子就会歇；牛羊不知夜，牧人赶去圈中歇；云雀忘了夜，飞到草原便要歇；远来的小伙子不恋夜，见了殷厚的主人怎不歇。"支格阿鲁知道大姑娘也想留他住下，便用巧言答道："路长的今天，天黑也须走，不黑更应走。蜜蜂有石岩，天黑便要回岩去；乌鸦住树林，黑了就往林中飞；云雀爱草原，天黑便落草原上；水獭宿江河，天黑也须住在水里；牛羊圈中困，天黑停蹄在圈里。远行的人虽感主人好，愿献长发是为了救阿嫫的命，若是不救阿嫫，便先醉在主人的殷勤里，那献长发的心也不会算真诚。”姐妹俩都初步探得支格阿鲁的心意，便不好再挽留了，忙问：“年轻人，这样疼爱你的阿嫫，到底你阿嫫是谁？”

支格阿鲁忙说：“我的阿嫫就是舒祖山里的蒲莫列伊。”两个姑娘同时惊讶地说：“哦，搞了半天，原来你就是支格阿鲁。”支格阿鲁惊奇地问：“你们怎么知道我的名字？”大姑娘尔尼阿各笑着说：“你不知道，蒲莫列伊是我们的嬢嬢，她被特比阿嬷抓走后，你便住在我阿达（父亲）洛觉瓦峨（石岩边）那里。阿达常说：在我们的头发长到九庹九拃长的时候，你便会来接我们去安家的。今天果然把你等来了，要是嬢嬢真正病了，那我们就一道回去看嬢嬢吧。”支格阿鲁高兴极了，当夜便出海骑上马，奔回觉土木古地方去了。可是，由于走得慌忙，却忘记带回那三只鹅送给他的宝针，丢失在大海里的红石板上。

三、结姻缘

九天的路程，三天便回到觉土木古地方。当他们三人走到院坝边，听不见鸡鸭的叫声；三人走到院坝中，看不见喂牛羊的木槽。他们急忙走拢阶檐边，墙边的石碓窝倒了；三人惊异地奔向门前，门上斜挂着一把牛尾锁，支格阿鲁慌忙推门扑了进去，门边的磨盘上仍是他走时推的糌粑面，水缸盖上仍是他走时放的葫芦瓢，锅庄边上仍是他走时砍的刺藜柴，铁锅里面还是他走时炖的鹿子肉，墙上挂的背水的皮绳，柜上放的拧羊毛线的筐子，床铺上垫的褐色豹皮，都是原样未动，就是不见了他的阿嫫。

支格阿鲁和两个表妹去到房子的左面，喊着阿嫫，叫着孃孃，转了三转，没有听见回答；他们三人又到房子的右面，喊着阿嫫和孃孃，转了三转，仍然没听见回声。支格阿鲁认为阿嫫到草坪上去织裙子去了，草坪上只有织裙子的腰带和梭子放在那里，不见了阿嫫；两个侄女认为孃孃到河边洗脸去了，他们找到河边，只见蒲莫列伊常披的那件毡衫，半截飘在水里，半截落在岸边，经常包头用的那条长头帕，半截在水中漂，半截绕在石头边。看见这些物件，支格阿鲁全明白了：阿嫫是投河自尽了，要他找长头发治病，不过是借口而已。他悲痛万分，悔恨当时不该离开，离开也不应归回得太晚。他肝肠寸断，正想跳下河去，把阿嫫打捞上来时，却被两个表妹牢牢抓住。当他们最后在河边找到蒲莫列伊留在枫叶上的遗像时，两个侄女才完全确信孃孃死在这大河里，更加悲伤起来。

支格阿鲁从悲痛的晕厥中苏醒过来，详细地向两个表妹哭诉了他如何去寻找阿嫫，找回后又是如何不忍离开，愿意长年守护在阿嫫身边。哪知阿嫫却不愿他待在家里，要他去打猎，去挖地，去除妖灭害。他都没有去，最后阿嫫病了，要他去寻求药物，他才去了，哪知她竟忍心丢下他投了河。两个表妹听后，才知道他们孃孃死去的原因，支格阿鲁不能只为了守住她，而不去为大伙除妖灭怪；阿嫫是要他去自己安家立业，永远做个英雄好汉，所以才忍痛投河死去，以免自己断送了支格阿鲁的前程，而成为人们怨恨的罪人。姐妹俩从悲痛中想起孃孃这样对支格阿鲁的疼爱，现在已经死去，再悲痛也不能叫孃孃复活了，只好劝慰支格阿鲁说：

“孃孃要离开你，就是为了要你很快成家，多为大家做些好事，保持你的英雄名字。如果你真心爱孃孃的话，那就按照她生前的遗愿去做，让她死后也得到安慰。”支格阿鲁在两个表妹的再三劝说下，只好同意了她们的意见，按照他们双方父母的嘱咐，议定了婚事，选择龙日结婚成家。

龙日这天，姐妹俩去东边的紫云山上，采来了带露的紫色花朵；从北面的白云峰顶，采回一束含苞的米色鲜花；由西方的红云山巅，摘来刚开放的朱色花束；向南方的黄云岭上，撷来鲜嫩的鹅黄花簇。他们用花簇做成了三个花环，扎起了三顶花冠，并给支格阿鲁编结了一条英雄彩带。而支格阿鲁也带上弓箭上山去，打来三只花鹿，三条肥麂，三个獐子，九只锦鸡，九只竹鸡，九只金鸡。他把獐子、肥麂杀来祭祀祖先和鬼神，用锦鸡、竹鸡、金鸡的美丽羽毛，做了两件漂亮的彩衣，送给两个表妹。当（她）他们穿好彩衣，挂上花环，戴上花冠，佩上彩带，胸前插满红花后，才向着洛觉瓦峨的石岩，对着舒祖山上的神鹰，向着枫叶上蒲莫列伊留下的遗像，叩拜过后方成为一家。

婚后，姐妹俩以跌坡火洛大海为界，姐姐尔尼阿各住在海的东边，妹妹尔尼阿妞住在海的西边。互相议定：支格阿鲁在东西两边轮换居住，一十三天轮换一次，公正相待，欢乐相处，生死相依，不能有偏心和私意，厚此薄彼。从此，支格阿鲁便在跌坡火洛的东西两方经常来往。由于他失去了三只鹅送给他的宝针，姐妹俩为了使他在往返程中方便，不耽误时间，不冒风险，她们一起给支格阿鲁做了一条木飞马，给木飞马安了九层翅膀，使它飞行得又快又稳，给支格阿鲁渡海时骑用，能保证来去的速度，也保证了往返途中的安稳。

四、飞马翅膀遭剪

按照尔尼阿各和尔尼阿妞两姐妹的议定，支格阿鲁以一十三天的时间计算，轮流在她们住地两边来往，生活过得非常欢乐幸福。一天，他正从大表妹阿各的住处到小表妹阿妞家去的途中，路过蒙捏觉各地方，他骑马经过一家人门口，看见有两个小女孩坐在房门前，双手捂住脸，咽咽地哭泣。支格阿鲁停住马问道：

“小妹妹，你们为啥要哭？”这时从屋内走出一个妇人来说：“客人如要听我们的回答，就请进屋里坐。”支格阿鲁只好下马进门，坐到火塘的上方，听那妇人说出的原因。原来，这蒙捏觉各地方出了一匹妖马，专门吃小娃娃。这地方的小娃娃都快被吃完了，现在轮到吃这两个小女孩。过去曾听说，觉土木古山里出了一个能收妖治怪的英雄支格阿鲁，我们去请了，他不肯来，现在这妖马更凶恶疯狂啦，到处吞吃小娃娃，就是没哪个敢去制伏他。支格阿鲁想了一想，确实有这么回事。当初他不愿离开阿嫫，是有个人来请过他去制伏妖马，那时他没去，曾受到阿嫫的责备。现在遇着了这事，能不管吗？忙问老妇：

“这妖马，曾有人去驯服过吗？”老妇人说：“好多人为了去驯服它，结果都丢了命。我的男人，就是死在驯服这条妖马上。”

支格阿鲁又问：“这妖马，现在住在什么地方？”老妇人告诉他说：“就住在蒙捏薄乌（蒙捏山上），要是有人能去把它驯服了，该多好哇。”支格阿鲁当场没有表示他要去驯服妖马，而是走出门外后，同他骑的那匹神马商量说：“这山里出了一匹妖马，自称是神马，到处吞吃小娃娃，毁了你这神马的声誉。现在我打算去驯服它，想请你帮帮忙，在我收拾它的过程中，你只需要随机应变地为我说几句话，就行了。”神马点头答应了。这下，支格阿鲁才告辞老妇人，骑马爬上了蒙捏薄乌山。

蒙捏薄乌山长满了半人高的绿草，在一个草坪上，果然站着一匹高大的灰马。满坡的嫩草它不吃一口，只是站在那里刨着蹄子，不停地蹶跳。支格阿鲁骑马走近问道：“你是不是那匹有名的吃人神马？”妖马听后反问道：“你怎么知道我是吃人的神马？”支格阿鲁说：“因为我骑的这匹马，也是吃人的神马，听说你吃人很凶，也很会吃人，所以专门来请教你，看你用什么巧妙的办法去吃人哩。”

妖马看支格阿鲁骑的那匹神马长得膘肥体壮，毛光水滑，鬃鬣刚直，蹄圆腿长，非常羡慕地说：“我有啥子好办法？饿得实在不行了，才去找个娃儿吃。这里的人还常来打我，弄得我有时几天都难找到一个小娃娃吃哩。”支格阿鲁假装叹息地说：“多可怜的神马呵，怪不得长得这样毛长体瘦，耳软眼浑，尾垂蹄塌，气短无力。你看，我骑的这匹神马，多么健壮，因为它一天要吃九个小娃娃。”妖马听得更加眼红了，忙问：“你怎么一天就能吃到九个人呢？”

这时，支格阿鲁把他骑的神马一指说：“这个诀窍，你就要问它了。”神马一见支格阿鲁要它说话了，想了一想，便仰头望着支格阿鲁说：“这完全是因为有了这个好主人，只要他把我骑上，人们便认为我不是吃人的马了，谁也不防备。这样，我瞧见凡是大人不在的时候，便把小娃娃弄来吃了。直到今天，人们还不知道我是吃人的神马呢。”妖马听了，信以为真，忙哀求支格阿鲁也把它收留下来，每天骑上它到山里去转。支格阿鲁却故意对它说：“我倒很愿意骑上你去吃人，但是我自己的神马就无娃娃可吃了，你们先商量一下吧。”

妖马和神马商量出一个办法来，每天轮流被骑着出去，找着了小娃娃，双方互相分了吃。支格阿鲁一见机会到了，便说：“今天还有时间，你们谁先让我骑出去？”妖马早已饿得饥肠辘辘难受极了，巴不得被先骑出去好找个娃娃吃，忙向神马祈求说：“先让我被骑出去吧！”

这下，支格阿鲁便把神马的笼头解了下来，套在妖马的头上，刚合大小。又将马鞍也架在妖马的背上，亦甚恰当。只是勒马的肚带稍稍短了一点，支格阿鲁便一只脚踩在马镫上，双手抓住肚带，用足力气狠狠一勒。妖马忙说：“哎呀，太紧了！我的肚子痛得很，放松一些吧。”支格阿鲁笑了笑说：“就是要勒紧点，才好骑。”说完，又将嚼口拿出来，叫妖马张开嘴好勒进去，妖马一见要衔上嚼子，便有些疑惑地问：“把这个嚼子衔进口中，还怎么能吃人呢？”支格阿鲁装作不耐烦地说：“要是不衔这个嚼口，谁相信你是个不吃人的马呢？这是掩人耳目的办法。”妖马深怕支格阿鲁不骑它了，忙规规矩矩地张开嘴巴，让嚼口放了进去。这时，支格阿鲁把缰绳一提，翻身骑到妖马的背上，两脚踩住马镫，紧紧夹住马腹，扬起那条用牛筋编成的方形鞭子，狠狠地在妖马的屁股上抽了三下，那抽响的鞭声，把山都震动了，把山泉都吓得不流了，把林中的鸟惊飞了，把草中的兔子吓跑了。

妖马痛得将身一纵，想把骑手甩下背来，却顿时感到背上的人的力量，心想：吔，这家伙真厉害，不是一般的骑马能手。忙问："你为啥这样狠狠打我？"支格阿鲁一下变得愤怒极了，又接连狠狠抽了三鞭，才大声斥道："你这妖马，吃了人们的多少娃儿？谁不恨你，我是专门治服妖魔鬼怪的支格阿鲁，今天是特来收拾你的。"说完又扬鞭猛抽。妖马这时才知自己受骗遭整了，顿时野性大发，昂头大叫三声，蹶起前蹄一跃，便腾空而起，上下翻滚，横冲猛撞，又蹶又纵，想把支格阿鲁翻下鞍来。哪知那衔入口中的辔子，勒死了的肚带，紧紧钳住腰身的马镫，狠狠抽打的牛筋鞭子，使妖马虽然用尽了全身气力，也没法把支格阿鲁摔下鞍去，相反自己却受伤很重。最后，实在支持不住了，才一下落到蒙捏觉各，跪在地上向支格阿鲁求饶说："你放了我吧！以后再不吃人了。"

蒙捏觉各的人们，一见支格阿鲁降服了妖马，都跑去看。妖马又向大家求情，表示今后愿意吃草，不再吃人了，而且子子孙孙都不吃人。支格阿鲁仍紧紧骑在鞍上，重鞭抽打。"不行，你已经吃了很多小娃娃，犯下的罪恶不小，今后单是不吃人还不够赎罪，你要给人们多做些事才行。"妖马全部答应了，以后子子孙孙都给人们驮东西，拉车拉犁头，让人家骑着走。这下，支格阿鲁才把妖马的缰绳，当众交给了大家说："从今天起，你们便可以轮流饲养骑用。"

妖马被驯服了，支格阿鲁忙骑马来到跌坡火洛海边，换下神马，骑上木飞马，横渡过海，向小表妹尔尼阿妞的住处飞去。进门只见阿妞正在生气。她心中暗想：原来议定好了的，一处住满了一十三天后，就该来我这里住，怎么这次已过期三天了才来，一定是被姐姐阿各留下多住了些时日。你当姐姐的有私心，难道我做妹妹的就不该有私念吗？于是暗中瞒着支格阿鲁，将横渡大海飞行的木飞马的九层木翅膀，悄悄剪去了两层。她认为木飞马少了两层翅膀，便不能走，支格阿鲁就可永远住在她这里了。哪知，到了住满十三天的时候，支格阿鲁仍骑着木飞马向尔尼阿各大表妹的住处飞去。但那木飞马飞到海上时，却没有往常飞的那样快和平稳，觉得有些摇摇晃晃，飞得很吃力。无论如何支格阿鲁也没想到，这是由于阿妞的误会而产生的情妒，剪去了木飞马的两层翅膀。

五、支格阿鲁坠海亡

大表妹尔尼阿各从没多留过支格阿鲁的住宿时间，每次只要到了一十三天的期限，她便立即催促支格阿鲁飞到妹妹的住处去。这次，支格阿鲁又在返回尔尼阿妞住处的途中，路经一个叫益尼洛古（水牛沟）的地方，突然听见一阵沟鸣谷应，地动山摇，惊人的吼叫声从山里传了出来，把他的耳朵都震聋了。

支格阿鲁停住马一看，只见山里的一些小娃娃吓得在地上乱滚，年轻人也吓得钻进了树林中去，老年人跑不动，只好钻进岩洞去，一些妇女吓得脚手无力，瘫软在地上。这是什么怪物的叫声？支格阿鲁正惊惑间，一个年轻小伙子从山里跑来说："你这骑马的人，还不赶快跑，这是山中的牛怪的吼叫，马上就要跑出来了。它的吼声，会把山震倒，将人吓死，快去找个地方躲一躲吧！"支格阿鲁毫无畏惧地回答："谢谢你的关照，我就是专门治妖收怪的支格阿鲁，不是我躲它，而是它应该避开我。"年轻人听后，一下想起年长的人说过，前几年早就去请过这人来治牛怪，但没有请来。现在他亲自来为大家治服这条怪牛，多好哇。年轻人忙高兴地对着躲藏、逃跑的人们大声呼叫起来："大家不要逃跑了，我们过去没请来的支格阿鲁英雄，现在来了，大家快出来呀。"

大伙听了这个令人振奋的消息，立即互相传信，欢跳起来，跑出了树林、岩洞，齐向支格阿鲁涌来。哪知，大家的欢呼声却被那牛怪听见了，一听说是支格阿鲁来了，它忙把盘着一对弯角的头一埋，哞的一声长叫，前脚一纵，后腿一蹬，把短尾一甩，从鼻孔中喷出两股长气，掉头便逃，引起人们一阵大笑。

支格阿鲁一见牛怪逃跑了，忙挥鞭追了上去。翻过三十三四大山，没赶上，却把山里吃草的鹿子惊得竖起了耳朵，昂起了头。直到现在，鹿子吃草时，总要竖耳昂头惊惶地东张张、西望望，现出一副惊慌不安的样子。跳过了七十七条沟，没赶上，却把黑老熊惊吓得双掌蒙住了耳朵。奔过了九十九个大草原，没赶上，却把云雀惊得高高飞到天空去。追来追去，最后撵回了益尼洛古地方，牛怪跑不动了，支格阿鲁一把抓住它的弯角，死死地把它的头压在地上问："你这个怪物，今后还乱吼乱叫不？"牛怪忙哀求说："从此再不大声吼叫了。"哪知就是这样的哀求说话声，却是像打响了一个闷雷样，也把大家惊倒了，震得支格阿鲁的耳朵也嗡嗡地响。气得他忙拿出皮鞭，一手握住鞭把，一手抓紧鞭梢，紧紧套在牛怪脖子上，然后翻身骑在牛怪的背上，死死勒住牛脖子不放，边勒边问："你还这样大声吼叫吗？还用粗喉咙说话不？"牛怪脖子被皮鞭勒得出不了气来，只能轻声细气地苦苦哀求说："我永远也不大声吼叫了，而且子孙辈辈都不乱吼乱叫了；为了赎罪，愿永远给人们拉犁耕地，不吃粮食，只吃山里的野草，请求你把我放了吧。"

牛怪制服了，支格阿鲁到了跌坡火洛海边，将神马放在海边上，换骑上木飞马，过海来到尔尼阿妞的家中。这次为制伏牛怪又迟到了五天时间，小表妹阿妞更生气了。暗想：姐姐一再自私，多占我的团聚时间，这样绝情无义，难道我做妹妹的就下不了狠心，做不出绝情寡义的事来吗？她不好对支格阿鲁说出这些话，更不好意思去追问来迟的原因，但趁支格阿鲁夜里熟睡了的时候，偷偷地又将木飞马的翅膀再剪去一层，这下连以前剪去的已有三层了，木飞马现在只剩六层翅膀了，阿妞心中暗暗高兴："看你还飞不飞走？我要你从今天起永远住在我这里。"

到了住满期限的那天，支格阿鲁又骑上木飞马，向小妹阿妞告辞说："下次，我一定按时到你这里来。"尔尼阿妞心中又羞又怕，不敢说出她的真情实意来，只好含着泪水羞羞涩涩地说："阿鲁哥，我是多么想念你，但愿你快去快来！要是木飞马飞在海上飞不动了时，你就立即转来。"说完，双手捂住哭泣的泪眼，跑回房内去了。

支格阿鲁没有看出阿妞的异样表情，还认为是表妹的柔情绵意，夫妻的恩爱情长。于是，仍旧骑上木飞马，腾上海面，飞越大海，向尔尼阿各的住处飞去。哪知刚飞到大海上一处浪涛汹涌翻水卷的地方，木飞马突然飞不走了，两边的翅膀挡不住风浪的卷刮，扇动不起来，慢慢倾斜，一头坠入大海的波涛之中。当支格阿鲁快要落海之际，他大声疾呼："我是神龙鹰的儿子，现在要死在海中了，天空所有的神龙鹰，快来为我支格阿鲁报仇呀！"

支格阿鲁坠入海中时，正是他二十五周岁的龙年、龙月、龙日、龙时的生日。

六、鹰海之战

风刮浪卷，波涌涛翻，大海像一锅暴涨了的滚开水，汹涌澎湃，一浪赶一浪地奔腾潮啸，把支格阿鲁一下抛上天空，又立即卷落浪底，好像要把支格阿鲁死的消息告诉天空中的神鹰和所有的百鸟。大海潮啸了三天，山里的神鹰和百鸟才知道了情况，全部飞来搭救，可是支格阿鲁再也漂不出海面，永远沉入海底。

大海同山里的鹰和百鸟，从此结下了难解的冤仇。大海说，鹰来迟了，它鼓了三天的海潮，大声呼啸，一次又一次把支格阿鲁送上天空，都没有得到搭救，应该由鹰来赔偿它鼓了三天海潮的损失；而鹰却说，是大海淹死了英雄的支格阿鲁，这条命债应该由大海来赔偿。它们从晴天谈判到阴天，找来了大雾做调解人，大雾也只能把大海的愤怒，搞些遮遮掩掩，将鹰的暴横，做点轻缠慢绕。由于各说各有理，没有调解好。它们又从阴天讲述到雨天，请来乌云做和解人，乌云也只能抚摸几下大海汹涌的胸膛，要它平静安详点，为鹰洒下几滴悲伤的同情泪，叫鹰要歇翅停止飞翔。结果仍然由于各有道理，坚持不下，没有和解。它们又从春天争论到夏天，请来雷电做调停人，电用利剑去劈击海水，要海水停止翻滚，雷用暴声来吓退鹰群，不准再与海水纠缠。但越说越生忿，难得调停好。它们再从秋天吵闹到冬天，请来了彩虹做说和人，彩虹先送个大花圈给死在海里的支格阿鲁英雄，作为对死者的祭奠；献给大海和鹰一条和好的彩带，以示和平团结的景象。但它们都不接受，说和再次失败了。最后，还是打起了艰难的冤家。

直到现在，每年到了龙月龙日这天，山中的各种雄鹰，林里的百种雀鸟，都一齐飞到海上去，向大海汹涌的激波巨浪，横冲猛扑，翅击尾劈，嘴啄爪挠，展开一场猛烈的冤家械斗。要是雄鹰同百鸟打赢了，海中的一些鱼鳖蟹虾的脑袋，就一个个的掉在海水里，大海认输了，浪不鼓了，潮也不啸了；要是大海打赢了，一些年老的雄鹰和雀鸟，也会一个个地掉进海水中，随着冲天的波涛、狂啸的海潮，卷入海底，喂了鱼鳖蟹虾，鹰和鸟认输了，它们带着残缺不全的羽毛飞回山里，积极准备来年的战斗。这样，每年必打一次，每次都各有输赢，至今还没分出谁胜谁负。

分住在大海东西两岸的尔尼阿各和尔尼阿妞两姐妹，她们知道支格阿鲁死在大海中后，双方都对坐大海的两边，对着大海哭泣。数姐姐阿各哭得最伤惨，她诉说支格阿鲁的英勇，为人们做了一件又一件的好事，谁不喜爱和尊敬他；妹妹不该起了私心，剪去了木飞马的翅膀，使这个年轻的英雄支格阿鲁死在海中。她哭的时间长了，眼泪流进海里，涨起海潮，发出啸声，便向妹妹阿妞的西边扑去。妹妹尔尼阿妞自知做了坏事，心中悔恨极了，哭得也非常悲痛，她诉说支格阿鲁的公正诚实，不怕困难艰险，不计个人得失，是因她太爱他了，是她的私心太重了，以致做下这难以容忍的罪过，造成这不可挽回的损失。她哭的时间久了，眼泪滚进海中，也涨起海潮，掀起波澜，发出怒吼，向姐姐阿各的东岸涌去。

这样，你涌来，我扑去，年复一年，月继一月，那大海的海潮就变成了惯例，不是东边涨就是西岸涨，若是西边跌便是东岸涨。据说，全是阿各和阿妞两姐妹为了想念支格阿鲁、过于悲伤痛哭所流出的眼泪，形成了海水的涨落。要是谁不相信，就请去尝尝海水吧，它会给你多少苦涩的滋味!

不同版本参考

支格阿鲁之死

支格阿鲁有两个老婆。一个叫勒布玛，住在东海右手方；一个叫勒舍，住在东海左手方。每天晚上，支格阿鲁就骑着飞马，来回地在勒布玛和勒舍之间跑。支格阿鲁的飞马，有两只大翅膀，每只翅膀都有九层。

有一天晚上，勒布玛悄悄把飞马左手方的翅膀剪去一层，好让支格阿鲁晚一点飞到勒舍家，和勒舍少睡一会儿。没想到，勒舍也这样想，同样悄悄地把飞马右手方的翅膀剪了一层，这样今天你剪一层，明天我剪一层，飞马就越飞越没劲了。支格阿鲁不知道这件事，照常骑着飞马从海上过。最后飞马驮不起，连人带马一齐落到海里。

支格阿鲁一落海，海蛇就一群一群地游过来咬他们的肉吃。不大会儿，马吃完了，海蛇又咬支格阿鲁的下半身吃。支格阿鲁晓得自己活不成了，就打主意向海蛇报仇。这时，天上飞过来一只大岩鹰，支格阿鲁连忙编了几句话，对岩鹰说："天上的那只岩鹰啊，我是岩鹰的儿子，我的爹就是一只岩鹰。我落到海里，海蛇正在咬我的下半身来吃，我就要死在海蛇口头啦。请你带个信给我的爹，叫他每年带着岩鹰到海边上为我报仇。"说完，支格阿鲁沉下去，海蛇把他咬来吃完了。

天上那只岩鹰信了支格阿鲁的话，从此，每年岩鹰都要一群一群地飞到海上，和海蛇打架。如果蛇打赢了，那年的天气肯定不好，不是干就是涝，没有好收成。如果岩鹰打赢了，那年的天气一定很好，保证好收成。

讲述者：立罗、周信

采录者：陈越、钱正杰

采录时间地点：1983 年 4 月于屏山

支格阿鲁被妻害死

远古时，有一位美丽善良的姑娘，名叫蒲莫列伊，属羊，22岁时生下支格阿鲁。支格阿鲁的出生年月日为龙年龙月龙日，龙方位。他饥饿吃龙饭，口渴喝龙奶，在龙的护养下成长，成了一位战无不胜、攻无不克的英雄。

支格阿鲁的父亲丁曲巴瓦是觉洛南丹的女婿。当丁曲和觉洛两家强盛时，各占天地一半。他们两家曾聚集出兵天上的额体古子家，大闹了天空，兵多得像黑云一样遮住了阳光，使天空变成一片漆黑。无奈之下，额体古子同意丁曲觉洛两家管理天下所有动物，从那以后，所有动物让他们任意处置至今。

支格阿鲁身强力壮，风华正茂，因射日月、降雷公、治服巨蟒等征服自然为民造福而名声远扬。觉洛南丹之子觉洛阿史来到丁家说："两亲家一代不开亲，就疏远了一代，我们两亲家应继续保持传统姻亲关系，我想把我家的女儿觉曲尼惹嫁给支格阿鲁做妻子。"丁曲巴瓦说："你我两家联姻以来，子孙兴旺，英才百出，这门亲事我很赞成，只是我从来没有以父亲的身份抚养过支格阿鲁，他也从来没有叫我一声父亲，你直接去问支格阿鲁，让他自主婚姻，由他自己定夺好了。"

有一天，觉洛阿史在额姆加勒找到支格阿鲁及他的四个朋友，向支格阿鲁说明了原委。支格阿鲁不说二话当即同意了。

第七天，属猪日，觉洛阿史之女觉洛尼惹嫁给了支格阿鲁。婚后夫妇居住在滇坡松洛湖边叫觉洛乌坡的地方，他们夫妻恩爱，家庭和睦，过着幸福美满的生活，四邻及朋友都很羡慕他们。

觉洛容貌美丽，性格开朗，与人相处融洽，受到人们崇拜和仰慕。支格阿鲁的四个朋友果热喜狄、赫热诺支、洛基波纳图、波钦诺伊卓，他们对觉洛尼惹的照料更是体贴入微，照顾支格阿鲁家胜过自己的家。正当支格阿鲁家室温暖、家业旺盛之时，出了连支格阿鲁自己也想不到的一件事。

在冬天，支格阿鲁和他的四个朋友一起到滇坡海对面的西山打猎，一个自称是依乌鲁热家的传话者的人，专程找到支格阿鲁打猎处，说："我是受我主人鲁布嘎呷之遣前来给支格阿鲁说媒，我主人说：'支格阿鲁是我养大的，经我家教育后聪明能干、英勇无比、神力十足，现在有可能忘记了。除非忘记养育之恩、教育之识，训武之功，否则应娶我孙女鲁乍尼惹（鲁阿迪之女）为妻。要不，我们两家就有可能难以相安。'他让我很严肃地把话转告给你，我作为一个媒人，虽可开玩笑，但已把主人的话转达清楚了，主人的这些话你要好好三思三思。依我看：人家鲁乍尼惹这个人真是个绝世佳丽，与你相配，她美貌绝伦，心灵手巧，你英勇无比，智慧超人，娶她为妻的话，无论从哪方面看，你没有亏处，只有你赚的，希望你能接受我的好言，娶鲁乍尼惹为妻吧！"这个媒人缠着阿鲁不放。支格阿鲁说："我已是有妻之夫，还能娶妻吗?”媒人又说“至少你应该把她娶为妾，要不，鲁布尼泽与你两家不会相安。鲁布嘎呷这样经过三思后才把话说出口的，确实君子一言，驷马难追。”支格阿鲁对他说：“等等，等三天后回你的话，你要来这个地方。另把我已有妻一事如实告诉对方。”支格阿鲁回到家中，脸色阴沉，其四个朋友已没有往日欢声笑语。聪明灵敏的觉诺尼惹感到有些奇怪，问她的丈夫支格阿鲁：“你们今天没出事吧！为何大家都沉默无语呢？是否饿坏了？正等你们来吃饭呢！”说着便去端饭菜。饭后，支格阿鲁把鲁布尼泽家提出的结亲一事全部告诉妻子。支格阿鲁的四个朋友都在说鲁布尼泽家无理，觉诺尼惹一听见，便哈哈大笑一声，对支格阿鲁说：“支格阿鲁啊，你可算是盖世枭雄，难道还不能娶上一妻一妾吗？人家鲁乍尼惹如此年轻美貌，要是愿做你的小妾的话，算你有福气了。再说，谁叫你欠了鲁布尼泽养育之恩呢！我现在尚未拖儿带女，你也不是那种喜新厌旧的人，你不必担忧，但这件事我得给我后家谈谈，你约人家以三天为期限，我明天得回娘家说说这件事，后家人人心胸宽阔，通情达理，大概不会有障碍。”支格阿鲁及朋友们大吃一惊，万万没料到觉诺尼惹心胸如此宽广，他们感动不已。

第二天，支格阿鲁未出山打猎，待再家里，等待觉诺尼惹带回的消息。天色渐暗，觉诺尼惹带微笑的容光回到家中，说：“后家说这事先应让我决定，其次看支格阿鲁。但支格阿鲁有了小妾后不能只顾小妾，只爱小妾，不管妻子，疏远妻子，在妻妾之间平均分配生活时间，一月中上半月在妻处，下半月在妾处，这样安排何如？由支格阿鲁来决定。”于是，支格阿鲁心情放松了，满脸出现笑容，四个朋友也高兴起来。觉诺尼惹、支格阿鲁及四个朋友都明白，鲁布尼泽这家是谁也不能说得动的，同意支格阿鲁娶她家的女儿实在是太好了。

约定的日期到了，支格阿鲁及朋友们到指定的地方，表达了成婚之意，并将觉洛南丹家提出条件向对方讲清楚，鲁布嘎呷也表示接受，双方达成一致，支格阿鲁正式结娶了鲁乍尼惹做妾，并安家在滇坡松洛海的对面。

支格阿鲁与鲁乍尼惹婚后，召集妻妾一起，商量妻妾间日后的一些事务，特别商讨一月中哪十五日在谁家的问题。小妾鲁乍尼惹抢先说：“下半月在我处，上半月在姐处，住的房子、家产、食物，我跟姐姐一样享有，不能因我是小妾而少了一份或降个等次，如因我是小妾而不公平对待我的话，我可不做，有言在先哈！现在就定好，以后不得反悔。要是出现不公平的话，将会给你出难题。”说完眼睛盯着支格阿鲁。支格阿鲁回答：“好！你说的这些我会注意的。”妻觉诺尼惹说：“我没有什么可说，按小妹说的做，别的事情，支格阿鲁你是个明人，由你做主好了。好吧！就这样定了，以后大家按诺言行事吧。”三人就这样做好了家庭协议。

刚娶鲁乍尼惹这段日子，正值后半月，支格阿鲁的四个朋友在鲁乍尼惹处修建房子，三四天后完工了，他们返回去照料觉诺尼惹，支格阿鲁留了下来。在鲁乍尼惹过了十三天时，支格阿鲁发现鲁乍尼惹美容艳光灿烂，像月亮般照得滇坡松洛海金灿灿，品行却与觉诺尼惹相差天地之远，他突然心烦意乱。支格阿鲁回妻子觉诺尼惹这边时，妻问他："鲁乍尼惹她人不错吧?"支格阿鲁只作了简短回答："好像人美话多，竹美虫来啄呀。"阿鲁的简言明语让觉诺尼惹略领一二，她却说："阿鲁啊！你现在已把人家娶来，要好好对待她呀，人家年轻，知书不达理，无论如何，你们要好好相处。"

支格阿鲁按惯例在各处居住十五天，骑神飞马往返两岸。不到几年，小妾有了新想法，做起美梦来，她认为：支格阿鲁没有这匹神飞马的话，就不能飞越滇坡松洛海，没这匹马，支格阿鲁只好留在我这里，让支格阿鲁独爱我，不再与别人分享夫妻之情。有一天，支格阿鲁在鲁乍尼惹处居住到期，准备往觉诺尼惹处按期居住，鲁乍尼惹暗中悄然剪去神飞马翅三层，而支格阿鲁也没察觉其马翅被人剪去。当支格阿鲁骑着神飞马飞跃滇坡松洛上空时，力量不足，连马带人坠入海中淹死。

觉诺尼惹等到归期已过，不见丈夫回来。了解夫君甚深的觉诺尼惹对支格阿鲁不归感到有些蹊跷，想到支格阿鲁曾在她那里说过的有关小妾的话，更觉得她这位英雄盖世的夫君可能被暗箭所伤，可不要如彝族谚语所言“猛虎命运葬于蕨草下”了。于是便派支格阿鲁的四个朋友到对面小妾鲁乍尼惹住处打听去。鲁乍尼惹很得意地说道：“支格阿鲁昨天中午就骑上神飞马去了他妻子觉诺尼惹那里了，我怎么知道呢。”赫热诺支发现从神飞马身上剪下的翅膀丢在马厩内的墙角边，他悄悄拾起这些残翅，把它隐藏起来，佯装丝毫未发现任何蛛丝马迹似的叫上另外三个朋友离开鲁乍尼惹，回到觉诺尼惹家，把这些残翅让觉诺尼惹及另三个朋友观看辨认，并说：“阿鲁和神飞马一定被这个可恶的鲁乍尼惹害死于滇坡松洛海中了。怎么办？无论如何，我们得从海底找出支格阿鲁和神飞马尸首。只有以此为据，才能向鲁布尼泽家讨伐，要不，就是出师无名。”所有在场人一致同意。果热喜狄绕着滇坡松洛海边找；赫热诺支游到海面找支格阿鲁及神飞马，看有没有尸体浮现；波钦诺伊卓把海轮换堵成半边，在海底寻尸，先找到支格阿鲁的弓，然后找到一双神飞马翅，依次找到被蛇及鱼吃了的半截支格阿鲁尸体，神飞马头、四肢及残骨。他们把这些残尸放置在海边的草坪坝上，叫来了很多人来核证，也包括鲁布尼泽家，见人马二尸骨时，其无言以对。大家见况愤愤不平，都说以妻害夫，天理不容，应以活烧论处。首先觉洛南丹以找回女儿丈夫为名，出兵鲁布尼泽家讨债，鲁布尼泽房屋全毁。其后丁曲家联合觉洛家起兵鲁布尼泽家，鲁布嘎呷被打得鼻青脸肿。鲁布尼泽被迫请来当时赫赫有名的德古举热所玛来调解。鲁布尼泽家提出解决方案均遭到觉洛和丁曲两家拒绝，说无论如何，除了支格阿鲁和神飞马还原以外，其他都免谈。两家更以曾受到支格阿鲁的帮助和救命的盟军威胁，吓得鲁布尼泽惊慌失色。双方谈九天九夜没有结果。最后，调解者、德古纷纷脱离，并宣布丁曲觉洛两家和鲁布尼泽开战。

宣战后，双方准备弓箭等武器。第一天战斗的结果，鲁乍尼惹被活捉烧死。第二天，鲁布嘎呷被觉洛兵射瞎眼并绑在树上，准备绞死，他说："儿在外面做事，父眼未见着，我原本做好事，到头成坏事，把药做成了毒。"见他年迈免去绞死，让他活受罪到死。鲁布尼泽见状悲痛万分，召集他们亲属布史、赫布赫斯积极反抗，战斗激烈，双方伤亡巨大，但互不退让，仍然在怒吼声中猛战。

鲁布尼泽以水战为优势，觉洛以空战为优势。晴天水战中，鲁布尼泽家战胜；阴天空战中，觉洛家战胜。如此毫无休止打下去，谁也难取胜。举热所玛又出来将双方的代表请到约姆几乃进行谈判，觉洛代表说，我女婿出生龙年龙月龙日，也死于龙年龙月龙日，我们为女婿讨命债，选个有纪念意义日子来决战，就定在龙年龙月龙日吧。当日天阴，也对觉洛作战有利，这样定下来，就看双方的运气了。鲁布尼泽家代表一听见，这个日子正符合鲁布尼泽家生辰，立马同意了。就定在每年的龙月龙日了。

根据协定，鲁布尼泽和觉洛两家从古至今已超过万年，一代又一代，打了无数的战。人们都说觉洛方是正义战，鲁布尼泽方是非正义战。

故事中所述的事迹不知是否存在，但至今滇坡松洛、麻甸罗曲、约书夫、海莱书夫、沃卓书莫、卧尔书皮等地，一到秋天，觉洛（鹰，海鸥）一群群地在海上盘旋，好像在寻找攻击对象。见到一群群冲向水面的觉洛时，联想起觉洛为女婿讨命债，在水中与鲁布尼泽激战的场景似乎是真实事件，令人油然伤感。

选自杨正勇、何刚主编:《中国彝族支格阿龙故事精选》，内蒙古人民出版社，2010年。

图书在版编目（CIP）数据

支格阿鲁民间故事选 / 杰觉伊泓，何刚编著 . -- 北京 : 民族出版社，2023.11

ISBN 978-7-105-17154-5

Ⅰ. ①支… Ⅱ. ①杰… ②何… Ⅲ. ①彝族—民间故事—作品集—中国 Ⅳ. ① I277.3

中国版本图书馆 CIP 数据核字（2024）第 000866 号

支格阿鲁民间故事选

策划编辑：罗　焰
责任编辑：张国兵
封面设计：刘福勤
出版发行：民族出版社
地　　址：北京市东城区和平里北街 14 号
邮　　编：100013
电　　话：010–64271909（汉文编辑一室）
　　　　　010–64224782（发行部）
网　　址：http://www.mzpub.com
印　　刷：北京盛通印刷股份有限公司
经　　销：各地新华书店
版　　次：2023 年 11 月第 1 版　2024 年 1 月北京第 1 次印刷
开　　本：880 毫米 ×1230 毫米　1/32
字　　数：186 千字
印　　张：9.75
定　　价：68 元
书　　号：ISBN 978–7–105–17154–5/I · 3253（汉 2933）
